은밀한 욕망을 엿보는

크로스

season 2

은밀한 욕망을 엿보는
크로스 CROSS
season 2

진중권 + 정재승 지음

웅진 지식하우스

차례

프롤로그 008
다시 한번 크로스!

+ 01 로또
혹시 내게도? 누구나 속으로는 대박을 꿈꾼다　010

+ 02 오디션
경쟁사회의 공포조차 오락의 대상으로　028

+ 03 자살
왜 인간만이 스스로 목숨을 끊을까?　046

+ 04 키스
천국의 언어가 아직도 남아 있다면　062

+ 05 트랜스포머
변신, 범블비! 육체를 바꿀 수 없는 인간들의 욕망　080

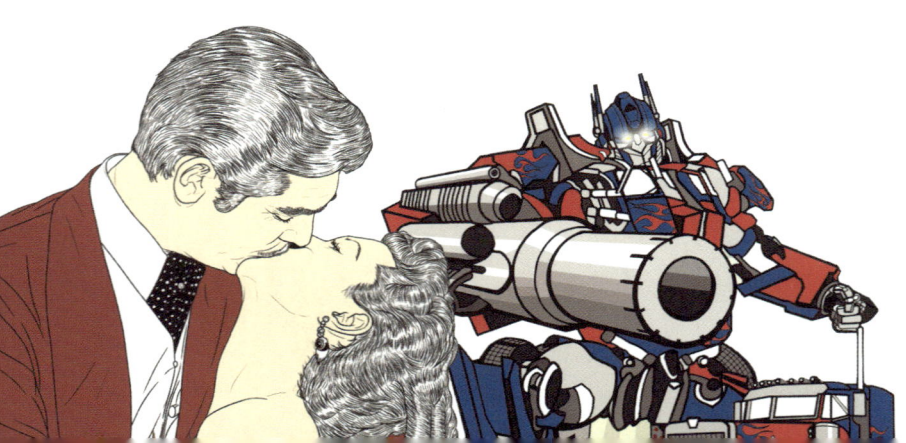

+ 06 라디오
주파수를 타고 아날로그 감성은 흐른다   096

+ 07 학교짱
수컷들의 세계는 어디에서 시작되었나   114

+ 08 뽀로로
애나 어른이나 노는 게 제일 좋아!   128

+ 09 육식
끊을 수 없는 '남의 살'에 대한 갈망   144

+ 10 UFO
외계인. 있다? 없다?   158

+ 11 낙서
끄적임이 보내는 의미 없는 아우성   176

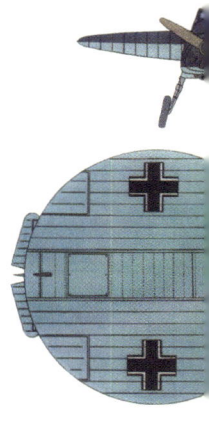

+ 12 종말론
유한한 인간이 만들어낸 환상론 192

+ 13 트위터
이 작은 새가 정말 세상을 바꿀 수 있을까? 210

+ 14 고현정
미모보다는 의리, 까칠해도 솔직해야 진짜 미인 228

+ 15 케이팝
만드는 뮤지션 vs 만들어진 상품 242

+ 16 나는 꼼수다
이것은 디지털 시대의 저잣거리 이야기 258

+ 17 레이디 가가
도발? 예술? 금기를 가지고 노는 아티스트 276

+ **18 아랍의 봄**
혁명을 이끈 스마트 시대의 대자보   294

+ **19 4대강**
이 아름다운 사업이 비참해진 진짜 이유   312

+ **20 컵라면**
3분 만에 만끽하는 따뜻한 한 끼의 위대함   326

+ **21 테오 얀센**
예술가는 끊임없이 창조주가 되려 한다   342

+ **22 올해의 인물**
우리에겐 늘 영웅이 필요하다   360

에필로그   378
진중권+정재승, 그들이 노는 법

+ 프롤로그

다시 한번 크로스!

 미학자 진중권과 자연과학자 정재승이 21세기를 관통하는 문화 키워드를 선정하고, 이를 미학과 과학의 관점에서 바라보았던 《크로스》가 2009년 출간되어 과분한 상찬을 받았다. 하나의 키워드를 서로 각자의 연구 분야 관점에서 바라본다는 설정 자체가 흥미로울 뿐 아니라 독자들 역시 자신의 관점으로 더해 능동적인 독서와 사색을 할 수 있는 기회였다는 점에서 이 책은 (저자가 직접 말하긴 낯간지럽지만) 매력적이다.

 1권을 읽은 독자들의 요청으로 〈한겨레21〉에 다시 연재를 시작하게 되었고, 이번에는 좀더 정치적이거나 사회적인 이슈들 안에서 키워드를 찾아 폭넓은 관점에서 기술하려 노력했다. 둘이서 괜한 날을 세우거나 억지 논쟁을 벌이기보다는 완전히 다른 관점에서 문제를 바라보려는 시도로 글들을 썼다. 오디션 프로그램, 4대강 사업, 〈나는 꼼수다〉 등 시의성이 가득 담긴 키워드를 선정하기는 했지만, 10년쯤 지난 후에 다시 읽어도 여전히 유효한 글이 될 수 있도록 노력을 기울였다. 아마도 그 성공 여부는 10년쯤 후에 드러나겠지만 말이다. 아무튼 그렇게 해서 이 책 《크로스2》가 탄생하게 되었다.

 책이 출간되어 나오는 데 깊이 애써준 웅진지식하우스 김보경 대표와 최지연 편집자, 그리고 〈한겨레21〉의 이제훈 편집장과 신소윤 기자에게 진심으로 감사드린다. 그들의 뭉클뭉클 애정 어린 조언, 아슬아슬 마감을 기다려준 인내, 뽀송뽀송 글을 다듬어준 노력이 없었다면 이 책은 제대로 트랜스포밍하지 못한 채 세상에 나왔을 것이다.

첫 책《크로스》가 출간된 후 두 저자가 '트위터 생중계: 저자와의 만남'을 시도하면서 처음 트위터라는 걸 시작하게 되었고, 날마다 터지는 사건들에 관한 글을 빠르게 쏟아내면서 실시간 검색어 1위에 오르는 등 이 책은 저자들에게 각별한 경험을 준 애정 어린 책이다. 이 책이 아무쪼록 많은 독자들에게 세상을 이해하는 독특한 시각을 살짝이나마 전할 수 있었으면 하는 바람이다. 우리는 이 책에서 단편적인 생각들의 씨줄과 날줄로 이 혼탁한 세상을 이해하는 단초를 제공하려 했을 뿐, 이를 통해 온전히 세상을 파악하고 제 지도를 그리는 몫은 이제 독자들의 것이다. 많이 즐기고 깊이 생각하고 함께 고민하는 기회가 되기를.

2012년 7월

진중권, 정재승

+ 01
로또

혹시 내게도?
누구나 속으로는 대박을 꿈꾼다

LOTTO
— HOW TO —
WHEEL A FORTUNE

이 맛에 일주일을 버티지!

현대 과학 vs 포천 쿠키

당첨확률 814만 5060분의 1, 20주간 매주 10만 원어치의 로또 사기

+ 정재승

나는 2007년 무렵 매주 10만 원어치씩 20주 동안 로또를 구입한 적이 있다. 아니 무슨 과학자가 그런 비과학적인 행동을 하느냐고? 바로 이 글을 쓰기 위해서다. 사연인즉슨 이렇다.

미국에서 유학 생활을 하는 동안 중국음식점에서 식사를 할 때마다 '포천 쿠키'를 꼭 받았다. 그 안에는 행운을 빌어주는 경구와 함께 행운의 숫자 여섯 개가 담긴 포천 종이가 들어 있다. 대개 50 이하의 숫자로 이루어져 있어서 미국 사람들은 이 번호를 로또에 사용한다 (흥미롭게도 정작 중국 내 음식점에선 포천 쿠키를 주지 않는다. 포천 쿠키는 미국인들에게 동양적으로 어필하는 중국식 상업 전략이다).

내가 모은 포천 종이는 무려 200장. 나는 이 포천 종이들을 평소 지갑에 넣고 다니며 내 인생의 '승부 한 방'을 호시탐탐 노리고 있었다. 이 종이들을 지갑에 넣어놓는 것만으로도 마음이 뿌듯했다.

로또에도 과학이 있다?

다른 한편으로 나는 '중국 포천 쿠키의 마력을 믿을 리 없는' 과학자다. 1부터 45까지의 숫자 중에 여섯 개 숫자를 모두 맞혀야 하는 로또는 특별히 어떤 숫자가 선호될 리 없으며, 당첨확률은 누구에게나 814만 5060분의 1이다.

물론 2012년 6월 498회차까지의 통계에 따르면 1등 당첨번호에 가장 많이 나온 숫자는 40이다. 40은 1등 당첨번호에 무려 82회나 등장했다(그 뒤로 20, 37, 34, 1과 같은 숫자들이 가장 많이 등장했다고 한다). 그러나 이것은 로또가 특정 번호를 선호한다는 의미가 아니라 각 번호가 당첨번호에 포함될 확률이 꾸준히 요동치고 있음을 보여줄 뿐이다.

요즘 몇몇 웹사이트들이 로또 당첨번호를 과학적으로 분석해서 예측해준다고 떠들지만, 들여다보면 대개 과학적 근거가 빈약하다. 그들은 순전히 지금까지의 당첨번호들을 통계적으로 분석해서 가장 당첨확률이 높은 번호들을 추출해준다. 그러나 불행하게도 로또는 매회 독립 시행이다.

그런데 2007년 무렵 내 눈을 사로잡은 책이 한 권 있었다. 미국 사람이 한 회차에 등장하는 로또 번호들 사이의 관계를 분석한 책인데, 흥미롭게도 내 전공인 복잡계 모델링 방법을 사용하고 있었다. 꽤 그럴듯하게 보였다. 매회 로또 당첨번호들은 서로 '복잡성'(엔트로피로 특정되는)이 최대화되는 방식으로 정해지더라는 것이다. 즉 1, 2, 3, 4, 5,

6 같은 단순한 숫자 조합이 당첨번호가 될 가능성은 매우 낮다는 얘기였다.

이 책은 내게 묘한 대결 심리를 부추겼다. 과연 현대 과학과 중국의 포천 중에 어떤 것이 더 로또 번호를 예측하는 데 탁월할까? 과연 현대 과학은 중국의 미신이나 영험한 믿음보다 더 그럴듯하게 로또 번호를 예측해줄 수 있을까? 나는 현대 과학의 위용을 로또를 통해 느껴보고 싶었다.

그래서 중국 포천 쿠키가 추천해준 숫자로 매주 10만 원어치씩 10주 동안 로또를 하기로 했다. 그리고 그다음 10주 동안에는 현대 과학이 추천해준 숫자들로 매주 10만 원어치씩 로또를 해보기로 했다. 과연 어떤 전략이 더 실적이 좋을까? 내게는 너무나도 궁금한 질문이었다.

과학적으로 로또 번호를 예측할 때 '평균으로의 회귀' 이론도 적용해보았다. 우리나라에서 로또가 시작된 것은 2002년 12월, 따라서 회차가 별로 되지 않아 아직 평균으로 수렴하기엔 부족한 시간이었다. 이럴 때 평균으로 회귀하려면 자주 나오는 숫자는 오히려 다음 회차에선 잘 안 나온다는 것이 평균으로의 회귀 이론이 주는 메시지다(첫해 타율이 좋았던 선수가 '2년차 징크스'를 겪는 것도 같은 이유다).

흥미롭게도 중국 포천 쿠키의 예측력은 영험했다. 10주 동안 100만 원어치 1000개의 로또 번호쌍 중에서 무려 65개가 세 개 이상의 번호를 맞혔다. 네 개의 번호를 맞힌 경우도 무려 일곱 번. 내가 번 돈은 90만 원 정도. 물론 100만 원을 투자했으니 손해이긴 했지만 생각보다 수익률이 높았다(우리나라 역대 최고 1등 당첨금은 407억 2295만 9400원이었다).

나는 '포천 쿠키의 마력을 믿을 리 없는'
엄연한 과학자다.
하지만 결과는?

판돈 90퍼센트 회수한 포천 쿠키

반면 현대 과학의 예측력은 음식점의 포천 쿠키만 못했다. 세 개 이상의 번호를 맞힌 경우가 54회, 네 개의 번호를 맞힌 경우는 3회에 불과했다. 당첨금은 대략 60만 원. 농협 언니가 매주 내 로또 용지를 검사한 뒤 당첨금을 주면서 나를 '뭐 하는 사람일까?' 신기해하며 보던 눈빛을 지금도 잊을 수 없다.

나는 이 로또 실험을 통해 현대 과학에 종사하는 사람으로서 겸손해지지 않을 수 없었다. 아무리 21세기 과학기술의 시대, 지식정보의 시대라고 하지만 포천 쿠키보다 예측을 제대로 못하는 걸 보며 아직 갈 길이 멀다고 느꼈다(지면이 좁아 충분히 설명하지 못해서 그렇지, 사실 내 로또 번호 예측이론은 꽤 정교했다!).

그로부터 2년 뒤 어느 날 우연히 로또 사이트에 들어갔다가 지난 당첨번호 리스트를 다시 보게 되었다. 그 순간 문득 이런 생각을 했다. 내가 만약 20주가 아니라 아직도 로또를 하고 있었다면 과연 1등에 당첨될 수 있었을까? 그래서 포천 쿠키 번호와 과학적으로 예측된 번호 리스트 중에 혹시 그동안 당첨된 번호쌍이 있는지 무심코 확인해본 것이다.

그런데 이런! 놀라운 일이 발생했다. 몇 달 전의 당첨번호가 내가 과학적으로 예측한 번호와 무려 다섯 개가 정확히 일치했던 것이다. 물론 한 자리 숫자만 다른 경우에도 금액은 수백만 원에 불과하다는 것을 알고 실망하긴 했지만 아직 현대 과학은 죽지 않았고 충분히 실험을 반복하면 현대 과학이 중국의 포천 쿠키를 이길 수 있다는 사실이 너무 흐뭇했다(이 에피소드는 2011년에 출간된 《과학 콘서트》 개정판에 자세히 설명되어 있다).

1971년 6월 미국 뉴저지 주에서 처음 시작되었다는 로또는 그동안 얼마나 많은 사람을 나처럼 흥분시켰을까? 로또복권 수탁사업자인 ㈜나눔로또가 2010년 한 해 동안 로또 1등에 당첨된 사람을 대상으로 실시한 설문조사에 따르면 로또 1등 당첨자들의 표본은 '평소 1만 원 이하 구입에, 조상 관련 꿈을 꾸고 85제곱미터(약 25평) 이하 아파트를 소유한, 고졸 학력의 기혼 40대 생산직 관련 종사자 및 자영업자'라고 한다('인생 한 방'을 노리는 로또 구매자 중에는 여성보다 남성이 두 배나 더 많다!). 한때나마 로또는 이들을 '이 세상에서 가장 운 좋은 사람'으로 흥분하게 만들었을 것이다.

또 로또는 얼마나 많은 사람을 나처럼 낙담하게 했을까? 내 친구 중에는 당첨 횟수가 적은 숫자인 '38'층 아파트에 살다가 재수가 없다며 이사 간 녀석도 있고, 매주 3만 원어치씩 20년째 로또를 하는 녀석도 있다. 그것도 매번 같은 시간, 토요일 아침 9시에.

일상의 탈출구 또는 절망적인 도박

어렸을 때 로또 당첨자에게 돈을 배달해주는 미국 드라마를 보며 울고 웃었던 기억이 난다. 직장을 그만두고 멕시코 칸쿤 같은 곳으로 이민을 갔다가 이혼하고 금세 돈을 탕진했다는 얘기부터, 암에 걸렸으나 수술비가 없어 전전긍긍하다 로또 당첨금으로 수술을 받을 수 있게 된 사연까지 당첨자들의 인생은 참 굴곡이 깊었다.

사실 '로또'란 '확률상 당첨자가 나오기 마련이지만 그게 '나'일 확률은 거의 없는 '심심풀이 도박'이다. 희망 없는 현대인들에게 '일상의 탈출구'지만 아이러니컬하게도 우리 사회가 얼마나 탈출 확률이 낮은가를 보여주는 절망적인 도박이 바로 로또 아닌가? 그러나 나는 매주 로또의 번호를 정성스레 색칠하며 간절하게 TV 앞에 앉은 그들을 비난할 생각은 조금도 없다. 그들이 제 월급으로 편한 집에서 안락한 가정을 이룰 가능성은 로또보다 낮기에 가장 높은 확률인 로또에 매주 1만 원을 걸고 있는 걸 게다.

　추신: 나는 이 글을 〈한겨레21〉에 게재한 후 독자들로부터 약 30여 통의 이메일과 트위터 멘션을 받았다. 로또를 과학적으로 예측하는 법을 알려달라는 내용이 대부분이었다. 내가 그걸 알고 있을 거라고 생각한 그들이 한없이 귀엽다. 그중 한 분은 자신이 로또 당첨번호를 예측하는 능력을 지녔다며, 그것을 알고리즘화해서 함께 떼돈을 벌어보자는 제안을 수차례에 걸쳐 집요하게 해주셨다. 내가 그분의 능력을 믿을 거라고 생각하신 모양이다(고백하자면 카이스트에서 교수 생활을 시작하면서 자신에게 특별한 능력이 있다고 주장하는 분들이 종종 연락을 주신다). "그럼 그걸 증명하기 위해 다음 주 로또 당첨번호를 알려주세요. 그게 정확히 맞으면 바로 연락드릴게요." 그분께 이렇게 말했더니 그 후로는 연락을 안 주신다. 나는 아직도 기다리고 있는데! 이 헛된 욕망이 우리의 삶이며, 이 욕망이 실현될 가능성은 로또 확률보다 낮다. +

로또 실험을 통해 현대 과학에 종사하는 사람으로서 겸손해지지 않을 수 없었다. 아무리 21세기 과학기술의 시대, 지식정보의 시대라고 하지만 중국 포천 쿠키보다 예측을 제대로 못하는 걸 보며 아직 갈 길이 멀다고 느꼈다.

행운을 계산하고 싶은 욕망

복권명당? 당첨확률?
신봉하지 말고 즐기시라

✚ 진중권

〈꺼벙이〉를 그린 길창덕 화백은 어린 시절의 어떤 체험 때문에 평생 복권을 사지 않았단다. 태평양전쟁이 한창이던 1940년대. 일본군이 싱가포르를 함락한 기념으로, 그 지역에서 약탈한 고무로 공을 만들어 소학교 학생들에게 나눠줬다고 한다. 선생의 반에는 50명의 학생이 있었는데 무슨 일인지 공이 하나 덜 왔다. 결국 학생들 전체가 제비를 뽑기로 했다. 공을 받을 확률은 50분의 49, 무려 98퍼센트. 하지만 선생은 '꽝'을 뽑았다. 확률 98퍼센트의 게임에서도 당첨이 못 되는데 복권은 닐러 무삼하리요. 그 뒤로 선생은 평생 복권에 손을 대지 않았다고.

확률은 누적되지 않는다

당첨에도 '비결'이 있다나? 내가 확인한 바에 따르면 거기에는 두 가지 버전이 있다. 하나는 유구한 전통에서 나온 비결로, 풍수지리학이라는 민족 학문을 이론적 토대로 한 것이다. 길거리를 걷다 보면 도처에서 보는 게 '복권명당'이라는 글자. 로또를 판매하는 곳마다 1등 당첨자를 배출하지 않은 곳이 없을 정도다. 그게 다 대한민국 도처가 풍수지리의 축복을 받은 땅이라는 증거 아니겠는가? 아무튼 이 가설에 따르면 그곳에서 복권을 사면 터줏대감이 로또의 뮤즈가 되어 숫자를 기입하는 손의 움직임을 이끌어주시는 모양이다.

또 하나는 서양 오랑캐의 비결로, 확률론을 토대로 한 것이다. 인터넷에 널린 게 "언론에서도 인정한 과학적 방법"으로 당첨번호를 알려준다는 광고. 그중 한 회사의 사이트에 들어가 보니, 이른바 '랜덤워크* 시스템'이라는 것을 사용한단다. 원리는 간단하다. 앞에 나왔던 당첨번호들을 분석해 각 숫자의 출현 빈도를 구하고, 그 빈도에 따라 랜덤하게 번호를 생성시킨다는 얘기다. 그 회사의 사이트에서만 1등 당첨번호를 적중시킨 게 무려 수십 번. 사이트에는 그 회사에서 골라준 번호로 행운을 잡은 이들의 사진이 증거물로 올라와 있다.

로또에 정말 비결이 있을까? 물론 있다. 하지만 유감스럽게도 그것은 '당첨의 비결'이 아니라 '판매의 비결'이다. 다른 복권과 다른 로또의 열풍은 당첨금이 누적된다는 사실과 관련 있을 것이다. 당첨자가

---

* 랜덤워크 random walk

수학, 컴퓨터 과학, 물리학 분야에서 임의 방향으로 향하는 연속적인 걸음을 나타내는 개념이다. 일례로, 액체나 기체 속에서 움직이는 분자의 추적 경로는 랜덤워크라 할 수 있다.

여러 차례 나오지 않을 경우 이월된 상금은 종종 상상을 초월한다. 하지만 그보다 더 중요한 비결은 혹시 '번호를 스스로 고른다'는 것이 아닐까? 이렇게 게임에 사이비 자율성을 부여할 때 참가자들은 자신의 주체적 노력과 능력으로 (부분적으로라도) 상황을 통제할 수 있다고 착각하게 된다. 이는 당연히 게임의 몰입도를 높여준다.

당첨의 비결 중에서 풍수지리 버전은 워낙 사용하는 언어가 달라 논박이 불가능하다. '논'리를 사용해야 '논'박도 가능하지 않겠는가. 논리적으로 반박이 가능한 것은 후자, 곧 확률론 버전이다. 당첨번호 찾아주기의 근본적 오류는 "확률은 누적되지 않는다"는 네덜란드의 물리학자 하위헌스의 원칙을 뻔뻔하게 위반한다는 데 있다. 주사위를 던져 세 번 연거푸 6이 나왔다고 해서 네 번째에도 6이 나올 확률이 커지는 것은 아니다. 그때도 6이 나올 확률은 여전히 6분의 1이다. 하지만 당첨번호 찾아주기 프로그램은 확률이 누적된다는 엉뚱한 전제 위에 서 있다.

황당한 것은, 이들 회사의 엉터리 논리를 반박하는 이조차 종종 같은 오류를 범한다는 점이다. 가령 "특정한 번호가 다른 것보다 빈번히 나오는 것은 우연일 뿐이다. 시행이 반복되면 그 번호 역시 결국 다른 번호와 출현 빈도가 같아질 것이다. 따라서 당첨번호 회사에서 골라주는 번호를 선택하면 외려 손해를 볼 수 있다. 반복되는 시행에서는 앞서 빈번히 나왔던 번호의 출현 빈도가 외려 줄어들 것이기 때문이다." 하지만 앞서 세 번 연거푸 6이 나왔다고 해서 네 번째 시행에서 6이 나올 확률이 줄어드는 것은 아니다. 확률은 여전히 6분의 1이다.

'40'이 가장 많이 나왔다고 다음 주에도 '40'이 나올까?

안 될 걸 알면서 왜 계속 사는가

'앞서 나온 당첨번호의 확률분포를 따름으로써 당첨확률을 높일 수 있다'는 주장이나 '앞서 나온 당첨번호의 확률분포를 피해야 당첨확률을 높일 수 있다'는 주장이나 모두 '선행 사건의 확률이 후행 사건의 확률을 속박한다'는 그릇된 전제 위에 서 있다. 수학적으로 명백한 오류임에도 이 착각이 지속되는 이유는 뭘까? 그것은 발생 확률이 선행하는 사건들에 구속되는 현상이 실제로 존재하기 때문이다. 가령 가위바위보를 생각해보라. 여기서 다음에 어느 것을 내느냐는 앞의 사건에 심리적으로 구속된다.

사건이 앞의 사건에 확률적으로 속박되는 것은 자연 속에 광범위하게 존재하는 현상이다. 이런 현상을 설명하려고 러시아의 수학자 마르코프는 따로 속박확률의 이론을 만들어냈다. 당첨번호를 찾아주는 프로그램은 사실 하위헌스의 독립확률이 아니라 마르코프의 속박확률을 전제한다. 한마디로, 기본 가정에서부터 범주 오류*를 범하고 있는 셈이다. 당첨번호를 뽑는 것은 철저하게 랜덤한 현상이다. 하지만 그 프로그램은 (마치 DNA의 발현처럼) 앞뒤 당첨번호 사이에 무슨 인과관계가 있는 양 가정한다.

• **범주오류** category mistake

논리적으로 다른 범주에 속하는 말들을 같은 범주에 속하는 것으로 생각하는 오류로 영국의 분석철학자인 라일이 처음 사용한 말이다.
예를 들면, 옥스퍼드나 케임브리지를 방문한 사람이 여러 단과대학college, 도서관, 경기장, 박물관 등을 구경하고 나서 "그런데 대학교university는 어디 있죠?"라고 묻는 경우 그 사람은 범주오류를 범한 셈이 된다. 왜냐하면 '대학교'는 그 사람이 구경한 여러 가지 기관들이 조직되어 있는 전체를 말하는 것으로, 단과대학, 도서관 등과 병치되는 기관이 아니라 이것들을 포함하는 상위 개념이기 때문이다.

2012년 6월 498회차까지 당첨번호 속에 가장 많이 등장한 숫자는 40이고, 가장 적게 등장한 숫자는 9라고 한다. 이런 식으로 각 숫자의 발생 확률을 구한 뒤 그 확률분포에 따라 랜덤하게 새 번호들을 생성해낸다. 번호들은 랜덤하게 생성되었지만 적어도 확률분포라는 면에선 앞의 당첨번호들과 거의 동일하다. 이 확률분포의 동일성을 통해 생성된 번호들이 과거의 당첨번호들과 유사해질 수 있다는 발상이다. 이 원리는 초기 컴퓨터 예술가들이 컴퓨터로 예술작품을 시뮬레이션하는 데 사용한 것과 거의 동일하다.

초기 컴퓨터 예술은 마르코프 체인*과 몬테카를로 법**을 사용했다. 먼저 마르코프 체인을 이용해 인간이 만든 음악에서 음렬의 속박 확률을 구한 뒤 몬테카를로 법으로 얻어진 확률분포에 따라 새로운 음렬을 생성해내는 식이다. 이 경우 컴퓨터가 생성한 음악은 확률분포의 동일성을 통해 인간이 만든 음악에 어느 정도 근접하게 된다. 당첨번호를 생성하는 방법도 이와 크게 다르지 않다. 문제는, 인간의 음악작품은 '정보'를 가진 구조물neg-entropy인 반면, 로또의 당첨번호는 애초에 '정보'가 없는entropy 수열에 불과하다는 데 있다.

로또의 당첨번호는 '정보'가 아니다. 당첨번호 속에서 각 숫자의 발생 확률에 차이가 나는 것은 일시적 현상일 뿐, 추첨이 반복적으로

---

* **마르코프 체인** Markov chain
시간에 따른 시스템 상태의 변화를 나타낸다. 매 시간마다 시스템은 상태를 바꾸거나 같은 상태를 유지한다.

** **몬테카를로 법** Monte Carlo method
물리적, 수학적 시스템의 행동을 시뮬레이션하기 위한 계산 알고리즘이다. 다른 알고리즘과는 달리 통계학적이고, 일반적으로 무작위의 숫자를 사용한 비결정적인 방법이다.

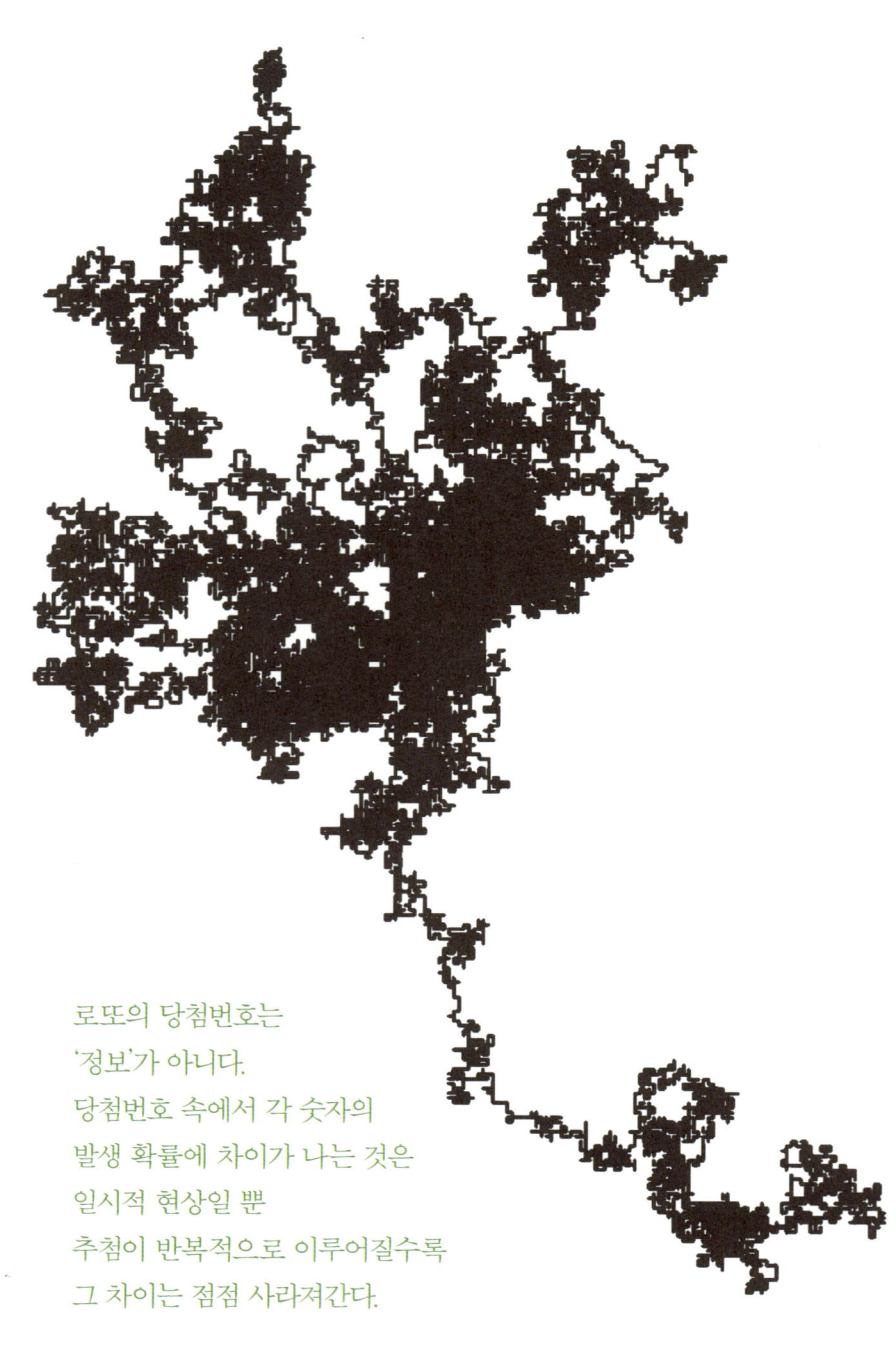

로또의 당첨번호는
'정보'가 아니다.
당첨번호 속에서 각 숫자의
발생 확률에 차이가 나는 것은
일시적 현상일 뿐
추첨이 반복적으로 이루어질수록
그 차이는 점점 사라져간다.

이루어질수록 그 차이는 점점 사라져갈 것이다. 엔트로피 증가에 의한 당첨번호의 열사熱死라고 할까? 그때쯤이면 물론 당첨번호를 뽑아주는 사이트도 문을 닫아야 한다. 로또를 통해 더 부유해질 가능성은 수학적으로 제로다. 당첨금을 당첨확률로 곱해서 얻어지는 숫자는 내가 로또 사는 데 쓴 돈의 50퍼센트 아래로 떨어지기 때문이다. 이 수학적 명증성에도 불구하고 왜 사람들은 계속 로또를 사는 걸까?

사람들이 사는 것은 무엇?

로또를 사는 결정은 기대가치가 아니라 기대효용에서 나온다. 즉 로또로 얻을 수 있는 경제적 가치가 그것을 사는 데 들인 비용보다 적을지라도 추첨을 기다리며 환상에 젖는 행복은 분명히 존재한다. 당첨번호 서비스도 마찬가지. 그들이 정말로 당첨번호를 예측할 수 있다면 애초에 그런 사업으로 돈 벌 생각을 했겠는가? 하지만 그들이 골라주는 번호가 내 로또의 당첨확률을 높여준다는 환상 속에서 나는 좀더 행복할 수 있다. 이것이 로또와 당첨번호 서비스의 진짜 효용이다. 그러니 너무 지나치지 않는 선에서 적당히 즐기시라. Good Luck! +

+ 02
오디션

경쟁사회의 공포조차
오락의 대상으로

만인의 만인에 대한 투쟁.
— 토머스 홉스Thomas Hobbes

현대 사회에 상연되는 경쟁이라는 연극

서바이벌 프로그램에서
연민·공포·카타르시스를 읽다

+ 진중권

몇 번 텔레비전 채널을 돌리면 알 수 있듯이 넘쳐나는 것이 이른바 오디션 프로그램이다. 요리, 패션, 노래 등 경쟁 분야도 다양하고, 아마추어에서 해당 분야의 전문가까지 참가자도 다양하다. 하지만 어디서 이미 본 듯한 느낌이 드는 것이, 아마도 미국에서 방송 포맷을 베낀 모양이다. 미국 방송을 베끼는 것이야 모든 나라에서 하는 일이다. 하지만 오디션 프로그램이 특히 한국에서 이토록 선풍적 인기를 끄는 데는 각별한 이유가 있을 게다. 그것은 한국이 미국 못지않게, 아니 미국보다 더 치열한 경쟁사회이기 때문이 아닐까?

가장 현실에 가까운 '놀이'

경쟁은 우리 신체 안에 프로그래밍된 생물학적 본능일지도 모른다. 자신을 더 널리 퍼뜨리려고 유전자들끼리도 경쟁을 한다지 않는가. 경쟁은 이 체제를 지탱하는 원리이기도 하다. 자본주의 사회에서는 '노동력'이라 불리는 인간들도 서로 경쟁해야 한다. 그 안에도 공평함이 있다면 우리를 경쟁시키는 자본들께서도 서로 경쟁을 해야 한다는 것. 이 치열한 경쟁이 자본주의적 생산력의 비결이기는 하다. 하지만 이 경쟁이 글자 그대로 생존경쟁이 된다면 인간은 늑대가 되고 사회는 "만인의 만인에 대한 투쟁"의 장으로 변할 것이다.

어떤 이론에 따르면 유전자는 이타적이라고 한다. 한마디로 유전자가 늘 경쟁만 하는 것은 아니고 서로 협력하기도 한다는 얘기일 것이다. 사회도 마찬가지다. 비합리적으로 지나친 경쟁은 외려 생산의 효율을 떨어뜨린다. 나아가 과도한 경쟁은 거기에 참여하는 개체들에게 극심한 스트레스를 주게 된다. 유독 우리나라에서 학업 때문에 자살을 하는 일이 빈번히 벌어지는 것은 극심한 입시 경쟁 때문이다. 입시 경쟁은 졸업 뒤 입사 경쟁으로 이어진다. 유난히 경쟁이 과도한 한국이 경제협력개발기구OECD 국가 중에서 자살률이 가장 높은 것은 결코 우연이 아니다.

한편 네덜란드의 역사가 하위징아가 지적하듯이 인간에게는 '유희 본능'이 있다. 그리하여 굳이 삶이 강요하지 않아도 인간들은 무료함을 쫓으려고 경쟁을 즐기곤 한다. 물론 '놀이'로 행해지는 이 경쟁은 진짜가 아니라 허구에 불과하다. 허구라 해서 진지하지 않은 것은 아니다. 남미의 어느 두 나라는 놀이를 너무 진지하게 받아들여 축구경기가 끝난 뒤 서로 전쟁을 벌였다. 반면 놀이를 너무 하릴없이 받아들이면 아예 재미가 없어진다. 놀이의 진정한 적은 상대가 아니라 '쓸데없다'는 말로 '놀이의 분위기를 깨는 자Spielverderber'다.

오늘날 '놀이'는 차고 넘친다. 후기 자본주의는 아예 '엔터테인먼트' 산업이 되어버리지 않았던가. 차고 넘치는 오락들의 경쟁 속에서 살아남으려면 놀이의 몰입도를, 말하자면 놀이에 동반되는 진지함과 긴장감의 수준을 높여야 한다. 놀이는 현실에 가까울수록 진지해진다. 가령 장난으로 하는 카드놀이와 도박으로 하는 카드놀이의 차이를 생각해보라. 수많은 놀이에 익숙해져 웬만한 놀이에 만족하지 못하는 대중을 만족시키려면 놀이를 가능한 한, 현실에 가깝게 가져가야 한다. 오디션이라는 게임은 이 필요성에서 탄생했을 것이다.

다른 게임과 달리 오디션은 현실과 허구가 구별되지 않는 지점에 서 있다. 그 안에서는 현실과 똑같이 경쟁이 일어난다. 가수 지망생들은 노래를 하고, 초보 디자이너들은 옷을 만들고, 미래의 요리사들은 요리를 한다. 이는 '경연대회'나 '선발대회'라는 이름으로 현실에서도 벌어지는 일이나 우리는 이 현실의 경쟁을 '오락'이라 부르지는 않는다. 오디션의 상황은 가령 '가요제'나 '공모전'에서 벌어지는 것과 똑같다. 하지만 그 속에서 벌어지는 경연이나 경쟁은 어디까지나 허구다. 애초에 방송을 위해 연출된 것이기 때문이다.

신자유주의 시대의 카타르시스

미디어 이론의 관점에서 보면 오디션 프로그램은 올드미디어가 뉴미디어를 재매개한 것으로 볼 수도 있다. 치열한 경쟁 속에 살아남는 것이 컴퓨터 게임에 즐겨 사용되는 서사 중 하나라면 오디션은 대중에게 익숙한 이 오락의 문법을 방송에서 차용한 것이라 해석할 수 있기 때문이다. 따라서 그것은 현실과 허구의 존재론적 융합이자, 동시에 방송과 게임이라는 매체의 융합이기도 하다. 이 이중의 융합을 통해 오디션은 경쟁사회의 심리적 압박, 그 스트레스를 오락으로 바꾸어 향유의 대상으로 제공하는 게 아닐까?

이 명제를 그럴듯하게 만들기 위해 고대 그리스로 돌아가보자. 오늘날 우리는 영화나 연극, 드라마가 '허구'에 불과하다고 보나 비극을 보는 고대인들은 '현실'과 '허구'를 그렇게 분명하게 구별하지 못했다고 한다. 아리스토텔레스가 말한 '연민eleos'은 그저 주인공이 '불쌍하다'는 수준을 넘어 그의 운명이 곧 내 것이 될 수 있다는 느낌에 가까웠다. 가령 내 차례를 기다리며 친구가 먼저 선생님에게 매 맞는 모습을 바라보는 심정이랄까? 따라서 그가 말한 '공포phobia' 역시 영화를 보는 우리의 것보다 훨씬 강력해 거의 '경악'에 가까웠다.

그리스 비극의 심리적 바탕이 된 것은 아마 '운명'에 대한 두려움이었을 것이다. 당시에는 아직 인문과학이나 사회과학이 발달하지 않아 인간과 사회의 미래를 예측하는 것이 어려웠다. 게다가 고대 정복사회에서는 한 번의 전쟁 혹은 한 번의 부채로 유력한 시민이 졸지에 처참한 노예 신세가 될 수 있었다. 미래의 불확실성에서 오는 이 두려움을 그리스인들은 비극을 통해 해소했다. 영웅의 피할 수 없는 운명을 통해 '연민'을 느끼고 그의 몰락에 '공포'를 느끼는 가운데 그들은 '운명'이 주는 심리적 압박을 배설(카타르시스)했던 것이다.

지금의 상황과 비슷하지 않은가? 세계를 휩쓴 신자유주의 물결은 현대 사회에 신화적 상황을 연출했다. 도처에서 삶의 안정감은 무너지고 인간은 예측할 수 없는 미래에 불안감을 느끼며, 그 불안함에서 서로 무한경쟁을 하도록 강요받는다. 시청자는 오디션의 참가자들에

'나는 가수다'는
원형극장의 아티카 비극이 아니라
콜로세움의 검투사 대결에 가깝다.
어제의 영웅이 쓰러지면
관객은 일제히 엄지손가락을 밑으로 향한 채
그를 죽이라고 외친다.

게서 생존경쟁의 상황에 처한 자신의 모습을 본다. 그리하여 탈락의 위협에서 '공포'를 느끼고 탈락자의 현실에 '연민'을 느끼는 가운데 대중은 자신의 신체가 살벌한 경쟁사회에서 받은 스트레스를 배설하는 것이다. 그러니 어찌 열광하지 않을 수 있겠는가?

문화방송 〈우리들의 일밤〉 '나는 가수다'라는 프로그램은 좀 다르다. 무명들의 경쟁은 가능성의 지대에서 숨은 재능을 발굴하는 역할을 한다. 반면 현역들의 경우 경쟁은 현실성의 지대에서 검증된 재능을 가짜로 폭로(?)하는 역할을 한다. '탈락'의 의미는 무명과 현역에게 같을 수 없다. 무명의 탈락자는 결과에 '실망'할지언정 '상처'는 받지 않는다. 반면 현역의 탈락자는 그 결과에 치명적 타격과 상처를 받을 수밖에 없다. 쟁쟁한 현역들의 경쟁은 서바이벌 게임의 긴장감을 극도로 높이나 그에 따르는 결과 역시 감당할 수 없을 정도로 난감할 수밖에 없다.

원형극장에서 치명적 콜로세움으로

'나는 가수다'는 원형극장의 아티카 비극*이 아니라 콜로세움의 검투사 대결에 가깝다. 어제의 영웅이 쓰러졌다. 관객은 일제히 엄지손가락을 밑으로 향한 채 그를 죽이라고 외친다. 하지만 갑자기 그에게

---

* **아티카 비극**
고대 그리스 문명의 위대한 유산 가운데 하나라고 일컬어지는 아티카 비극은, 본래 문학이 아닌 국가 차원의 제의로부터 유래했다. 고대에는 원형극장에 맞게 무대가 지휘자와 합창단으로만 이루어져 있었는데 탈종교 및 예술화 과정을 거치며 지금의 연극처럼 배우의 숫자가 차츰 늘어나고 합창단의 비중이 줄어들었다.

연민을 느낀 황제(PD)는 대중의 아우성에도 엄지손가락을 위로 치켜세웠다. 그러자 대중demos은 분노했다. 민란이 일어나고, 황제는 퇴위하고, 그로써 콜로세움의 첫 희생자가 된다. 외려 그리스적인 것은 황제의 운명일 게다. 그리스 비극의 주인공은 도덕적으로 탓할 수 없는 사소한 과실 때문에 몰락한다. ✚

오디션 프로그램은 현실과 허구의 존재론적 융합이자, 동시에 방송과 게임이라는 매체의 융합이기도 하다. 이 이중의 융합을 통해 오디션은 경쟁사회의 심리적 압박, 그 스트레스를 오락으로 바꾸어 향유의 대상으로 제공하는 게 아닐까?

참을 수 없는 경쟁의 초조함

'나는 가수다'에 비친
성선택설과 신자유주의식 경쟁 논리

✛ 정재승

　다윈의 진화론으로 인간의 문화와 예술 행위를 설명하려는 진화심리학자들에 따르면 인간이 노래를 부르는 이유는 이성을 유혹하기 위해서란다. 다윈의 진화론은 크게 두 가지, 자연선택natural selection과 성선택sexual selection이다. 「생존을 위해 자연에 좀더 잘 적응한 개체가 다음 세대에 살아남아 진화가 거듭되었다는 이론이 자연선택 이론으로 동물들의 다양한 특징과 생활 방식을 설명하는 데 매우 유용하다. 더불어 자신이 생물학적으로 뛰어난 형질을 가지고 있으며, 그래서 가족 부양 능력이 출중함을 드러내는 방식으로 동물들은 자주 행동하는데 그것이 이성에게 매우 매력적으로 보여서 짝짓기에도 유리하고, 덕분에 다음 세대에 자신의 유전자를 전할 가능성도 높아진다는 것이 이른바 성선택 이론이다.」

다시 말해 다윈은 성적 에너지가 왕성한 데 비해 그것을 충분히 발산하고 표현하지 못해 '승화'시킨 것이 예술이라고 주장한 정신분석학의 창시자 지그문트 프로이트는 틀렸고, "인류가 살아 있는 한, 에로티시즘은 예술의 원천으로 존재한다"며 섹스 에너지가 예술 창작의 원동력이라고 믿은 프랑스 작가 장 콕토는 옳다고 손을 들어준 셈이다.

유혹하기 위해 노래한다

왜 인간은 마약 산업의 다섯 배나 많은 돈을 매년 음악 파일을 내려 받고 콘서트 티켓을 구입하는 데 사용하는가? 왜 세상의 모든 가수와 연주자들은 배우자 선택이 코앞에 닥친 20~30대에 최고의 기량을 발휘하며 걸작을 남기는가? 왜 사람들은 결혼적령기의 가수와 연주자들에게 깊은 매력을 느끼는가? 진화심리학은 우리가 이토록 열정적으로 음악을 즐기는 이유를 성선택 이론으로 설명한다. 그들이 성적으로 가장 왕성한 시기에 음악에 몰두하고 우리가 그토록 음악에 심취하는 이유는 그것이 '섹스로 가는 지름길'이기 때문이다(그들 스스로는 의식적으로 노력하거나 인지하지 못하겠지만 우리의 유전자는 짝짓기에 유리한 행동을 선호하도록 유전적으로 코딩되어 있다는 의미다).

그런 맥락에서 프로페셔널 가수들을 한 무대에서 노래로 경쟁시켜 꼴찌를 탈락시키는 문화방송 〈우리들의 일밤〉 '나는 가수다'는 진화심리학자들에겐 '서바이벌 버라이어티'가 아니라 '이성 유혹 버라이어티', 자연선택을 위한 서바이벌 게임이 아니라 성선택을 위한 메이팅 게임mating game으로 읽힐 것이다. 설령 일반인 평가단 중에 40~50대 기혼자가 포함되어 있더라도 말이다(진화심리학이라는 삭막한 관점에서

봤을 때 아름답게 노래하는 가수가 아닌 메이팅 게임에서 살아남기 위해 노래새로 전락한 김범수와 짝짓기 유혹에 실패한 꼴찌 정엽에겐 너무 죄송한 말씀. 게다가 성적으로 매력적인 정엽이 왜 꼴찌를 했는지는 진화심리학자들도 설명하기 난감할 게다!).

내공 깊은 고수들이 자신의 기량을 한껏 뽐내고 진 자는 살아남지 못하는 '진검승부'는 항상 매력적인 법. 중국 무협소설의 예술 버전이랄까? 강호에 묻힌 제야의 고수가 최고의 내공으로 세상을 평정하는 모습을 우리는 '나는 가수다'에서 볼 수 있다. 우리가 '나는 가수다'에 열광한 모습을 그 때문이다. '가수들이 이토록 열심히 노래하는 모습을 본 적이 없다'며 감동한 관객들은 아이돌 가수들의 '초콜릿 복근'으로는 충족되지 못한 성적 욕망을 그들에게서 찾았는지도 모르겠다.

그런데 아무리 지난 수십만 년 동안 우리의 유전자가 이런 '노래자랑 경연대회'에 열광하도록 진화해왔다고 믿더라도 우리가 '나는 가수다'에 보인 관심과 반응은 (특히나 시즌1 때는) 많이 지나치다 싶을 정도였다. 첫 경연에서 일반인 평가단 투표로 '꼴찌' 판정을 받은 김건모에게 재도전의 기회를 준 제작진에게 호된 비난을 보내고 이를 부추긴 이소라, 김제동을 (실제로는 제작진의 요청에 의해서 그런 것이었다는 사실이 나중에 밝혀졌음에도) 싸잡아 질책한 것도 그렇고, 그렇다고 '쌀집 아저씨'를 바로 경질한 문화방송 사장의 '참을 수 없는 존재의 경박함'도 그렇다.

탈락 위기 가수와 닮은 우리의 운명

도대체 우리는 왜 그랬을까? 아마도 시청자들은 '나는 가수다'에서 우리의 현실을 보고 있었던 것 같다. 세계화의 깃발이 펄럭이는 21세기 들어 신자유주의 시장 한복판에 내몰린 우리의 운명은 '꼴찌가 되면 탈락하는 가수들의 운명'과 너무도 닮아 있다. 자유주의 사회에선 개인에게 자유가 주어졌지만 신자유주의 사회에서 자유는 우리의 몫이 아니라 시장의 것이다. 그 안에서 무한경쟁으로 살아남아야 하는 무시무시한 적자생존의 원리는 '서바이벌 게임과 메이팅 게임이 결합한 이종격투기' 링 안으로 날마다 우리를 내몰고 있다. 만신창이가 된 우리, 내일의 운명조차 알 수 없는 우리, 그것이 바로 일요일 프라임 시간대에 얼굴을 내비치기 위해 진검승부를 강요받은 '아이돌 시대의 가수들'이 지닌 운명인 것이다(주말 프라임 시간대에 이들을 이렇게 주목해준 적이 있었냐는, 이 프로그램의 옹호 논리는 그래서 더 슬프다).

과학자들이라고 해서 다르지 않다. '영향지수가 높은 과학기술논문인용색인SCI 논문을 얼마나 많이 썼는가'와 '큰 금액의 정부과제를 얼마나 많이 따왔는가'로 평가해 하위 30퍼센트에게는 테뉴어(tenure, 종신재직권)를 주지 않거나 일자리를 뺏는 살벌한 제도 안에서 과학자들은 날마다 진검승부를 강요받는다. 그리고 윗사람들은 유례없는 실적에 감동의 눈물을 훔치며 '세계 대학 랭킹(혹은 세계 연구소 랭킹)'이 자신의 성적표인 양 흐뭇해한다.

학생들이라고, 직장인들이라고 다르겠는가? 밤잠 설치며 공부해서 입학한 대학에서 조금만 학점이 떨어져도 엄청난 액수의 등록금을 부담해야 하는 그들 또한 '제2의 김건모'다. 고가 평가를 신경 쓰고 승진에 목을 매고 불명예스러운 명예퇴직으로부터 벗어나기 위해 날마다

프로페셔널 가수들을 한 무대에서 노래로 경쟁시켜
꼴찌를 탈락시키는 '나는 가수다'는

피 튀기는 '서바이벌 버라이어티'가 아니라
성선택을 위한 메이팅 게임이다.

안간힘을 쓰는 우리 직장인 모두는 (설령 이번 라운드에서 탈락하지 않더라도) 탈락이라는 공포와 날마다 싸워야 하는 '제3의 정엽'이다.

'한 분야에서 일가를 이룬 프로페셔널 가수(예술가)들을 한 무대에 데려다놓고 무슨 경연이냐'고 비판할 만도 한데, '다양성이 존중되어야 할 가수들의 노래를 어떻게 비교하고 점수로 평가하느냐'며 애초에 공정한 평가란 불가능했다고 비난할 만도 한데, 그보다는 지지의 목소리가 점점 커졌고 이제는 대부분 '나는 가수다'의 취지를 자연스럽게 받아들이는 분위기다(전공 분야가 다른 교수들을 상대 평가해서 하위 30퍼센트에게 테뉴어를 주지 않는 시스템과 무엇이 다른가?). 많은 시청자가 '나는 가수다'를 어색하지 않게 보는 이유는 '예술의 다양성'이나 '프로페셔널 예술가들의 개성'을 이해하지 못해서가 아니라 신자유주의 사회에서 그들 또한 예외일 수 없음을 잘 알기 때문이리라. 대중가수들 또한 예술가이면서 동시에 시장에 올라온 상품이라는 사실을 말이다.

'나는 가수다'는 그동안 자신을 가수라 생각했던 자들을 무대에 끌어올려 냉정한 평가와 함께 '당신은 가수가 아니다'라고 낙인찍으며 무대를 박탈한다. 그들이 살 떨리는 경연에서 꼴찌를 하지 않으려 최선을 다하는 것도 바로 이 '낙인'이 두려워서일 게다. 그러나 더 잔인하게도 '나는 가수다'는 동시대의 모든 가요 프로그램이 '음악 프로그램'은 아니었으며, 아이돌은 실상 가수가 아님을 우리에게 주지시켰다. 이제 가요 순위 프로그램에서 1위를 해 팡파르를 받는 것은 '팬덤이 많은 인기인'임을 축하하는 것일 뿐, 가요 프로그램은 더 이상 '가수의 무대'는 아닌 것이다.

어디 '나는 가수다'만이 그러랴. 지난 몇 년간 대한민국 방송을 점령한 오디션 프로그램들을 보라. 분야와 형식만 조금씩 다를 뿐, 우리는 이들 프로그램에서 출연자들이 경쟁하고 실수하고 좌절하는 모습을 가학적으로 즐기면서, 살아남은 자들의 퍼포먼스를 (시청자가 된 순간만이라도) 여유롭게 바라보는, 그리고 결국 경쟁이 만들어낸 감동에 중독된 괴물들로 서서히 변해갔다.

경쟁 무대를 염원하는 이들

많은 젊은 가수가 '나는 가수다'에 초대받기를 은근히 희망하듯, 많은 젊은이가 신자유주의적 무한경쟁의 무대에 오를 수 있는 기회라도 갖기를 절박하게 희망한다. 꼴찌한 자들에게 '재도전'이 사치이듯 그들에겐 '무대의 경쟁' 또한 부럽기만 한 역전의 기회다. 많은 비정규직 박사 후 연구원postdoc들이 테뉴어 경쟁에라도 뛰어들 수 있기를 고대하며 빈 교수 자리를 하염없이 기다리는 것처럼.

일요일 저녁 '나는 가수다'가 끝나고 피곤한 주말을 마무리한 뒤 우리는 다시 월요일부터 '나는 과학자다', '나는 대학생이다', '나는 공무원이다'에 뛰어들어야 한다. 그러면서 우리는 날마다 '나는 인간이다'에서 탈락을 한다. 재도전도 없이. +

03
자살

왜 인간만이 스스로 목숨을 끊을까?

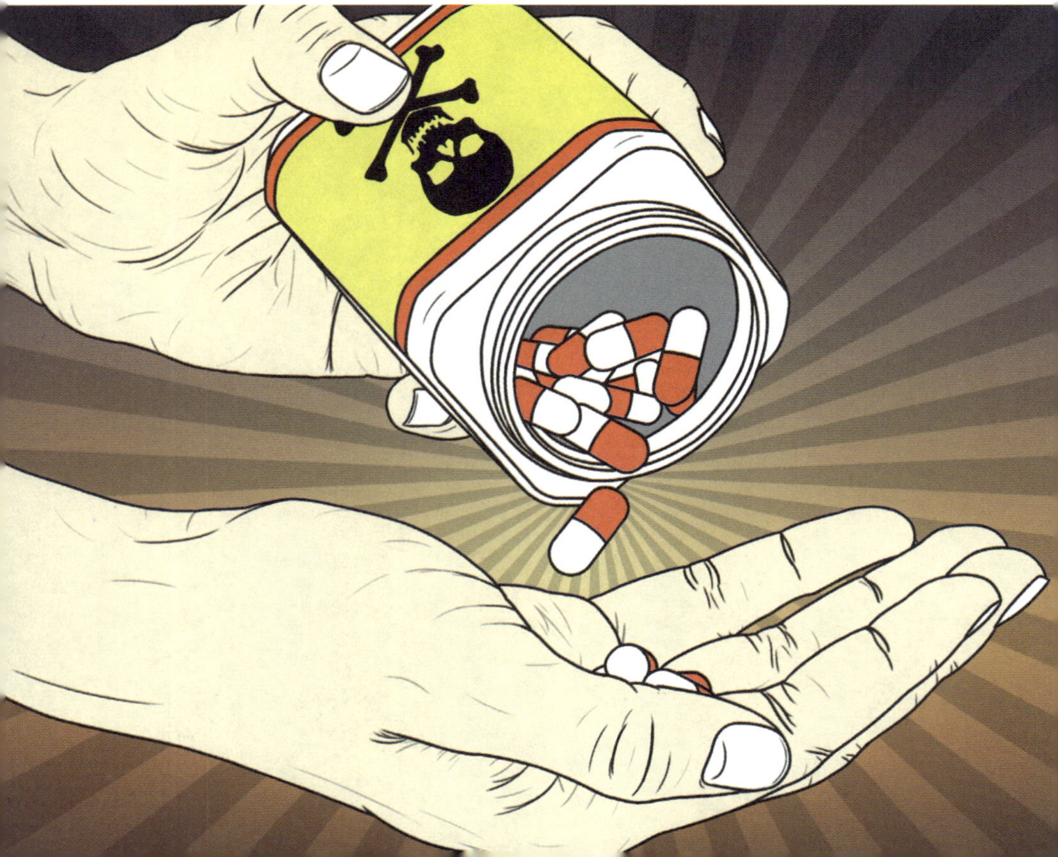

인간만이 자살을 한다.
그 어떤 동물도 스스로 목숨을 끊지는 않는다.

금기인가, 인간만의 권리인가

스스로 목숨을 끊는 비극은
어떤 의사결정 과정을 통해 이뤄지나

+ 정재승

　미안한 말이지만 '세상의 모든 생명은 소중하고, 존엄한 인간이 스스로 목숨을 끊는 행위는 그 자체로 부도덕하므로 절대 자살을 해서는 안 된다'는 훈계나 위로를 듣고 싶다면 이 페이지를 그냥 넘기시라. '최근 한국 사회에선 양극화로 인해 자식에게 신세 지고 싶어 하지 않는 노인들의 자살이 급증하고 경쟁사회에 내몰린 청소년들의 자살이 심각한 사회적 문제로 대두되고 있어 이를 해결하기 위해 우리 사회가 자살 문제에 발벗고 나서야 한다'는 식의 사회적 메시지를 원한다면 다른 글을 뒤져보시라.

자살에 대한 이해

인간의 의사결정을 연구하는 물리학자로서, 선택을 하는 순간 뇌에서 어떤 일이 벌어지는지를 탐구하는 신경과학자로서 내 주된 관심은 '인간이 어떤 과정을 거쳐 결국 자살이라는, 대개의 생명체들이 하지 않는 선택을 시도하는가'다. 생명체로서의 본능에 반하는 의사결정이라는 점에서, 이보다 더 파국적인 선택이 없다는 점에서 자살에 대한 연구는 의사결정 연구의 핵심이다.

실제로 자살은 인간만이 하는 행위로 알려졌다. 자살하는 동물로 알려진 레밍도 실은 자살하려는 의지는 전혀 없으며, 자살로 보이는 투신 행위는 이동 중에 겪는 사고일 뿐이다. 스트레스로 인한 자해 혹은 그로 인한 죽음은 동물에게서 종종 발견되지만 생을 스스로 마감하는 차원의 자살은 아직 다른 동물에게서 발견된 적이 없다는 점에서 자살에 대한 이해는 인간에 대한 이해이기도 하다.

인간에게 자살은 생각보다 흔한 '이상 행위'다. 나라마다 민족마다 그 비율이 조금씩 다르지만 대략 15퍼센트의 성인이 '한때 자살을 생각해본 적이 있다'고 했고, 5퍼센트 내외의 사람들이 '자살을 구체적으로 고민하고 계획한 적이 있다'고 고백했다.

통계청에 따르면 우리나라의 2010년 자살에 의한 사망자 수는 총 1만 5566명, 자살률은 인구 10만 명당 31.2명으로 OECD 평균자살률(11.3명)보다 세 배나 높아 회원국 중 1위를 기록했다. 특히 20대 사망 원인의 44.9퍼센트, 30대 33.9퍼센트, 10대 24.3퍼센트가 자살이라고 하니 이들 연령대에서 전체 사망 원인의 3분의 1이 자살인 셈이다(자살률을 줄이려면 각별한 노력이 필요하다. 2005년 무렵까지 OECD 국가 중 자살률 1위를 기록하던 일본은 매년 3000억 원을 투자해 자살의 사망 원인 비율을 19.7퍼센트로 줄여 유지하고 있다).

특히 심각한 것은 '노인 자살'이다. 2009년 우리나라의 노인 자살 사망자는 무려 5051명으로, 자살에 의한 사망이 지난 10년간 세 배 이상 급증했다. 75세 이상 연령에서 자살 사망 사례가 OECD 국가들의 약 8.3배다. 대부분 자식들에게 폐를 끼치지 않으려는 '부모의 심정'으로 자살을 시도한 것이라서 가슴이 아프다.

'사회적이고 개인적이며 생물학적인' 자살의 원인은 실로 다양하다. 타인에 대한 모방에서부터 경제적 궁핍, 인간적 모멸감이나 무기력감 등 사회적 원인을 비롯해 세로토닌과 도파민 부족, 코티졸 이상 그리고 유전적 원인 등 생물학적 원인이 포함되어 있다. 물론 우울증과 알코올중독, 약물중독도 무시할 수 없는 위험 인자다.

내가 자살에서 각별히 관심을 두는 부분은 의사결정 과정에 어떤 특징이 내재되어 있는가다. 자살을 기도하는 사람은 여성이 두세 배 더 많지만 자살에 성공하는 사람은 남성이 네 배 정도 더 많다. 성호르몬이 관여되어 있나 보다.

미국 펜실베이니아 대학교 에런 티 벡 교수가 만든 '자살의지 척도'를 적용해보면 자살을 고민하는 사람이 항상 정말 죽으려고 자살을 하는 것은 아니다. 자신에게 주어진 상황을 바꿀 수도 있을 거라고 믿기 때문에 자살을 시도하는 경우도 많다. 그렇더라도 자살은 모든 시도자에게 '심각한 고민의 결과물'이다.

자살은 충동적인 의사결정일까, 아니면 계획적, 절차적 산물일까? 자살자가 남긴 유서의 대부분이 생각보다 침착하게 작성되고 논리적 모순이 적다는 점에서, 또 자살 시도자들은 대개 의사를 찾아가 자살 의지를 상담받거나 주변 사람들에게 자살 의지를 자주 암시한다는 점에서 자살은 설령 충동적으로 벌어진 일이라 하더라도, '오랜 고

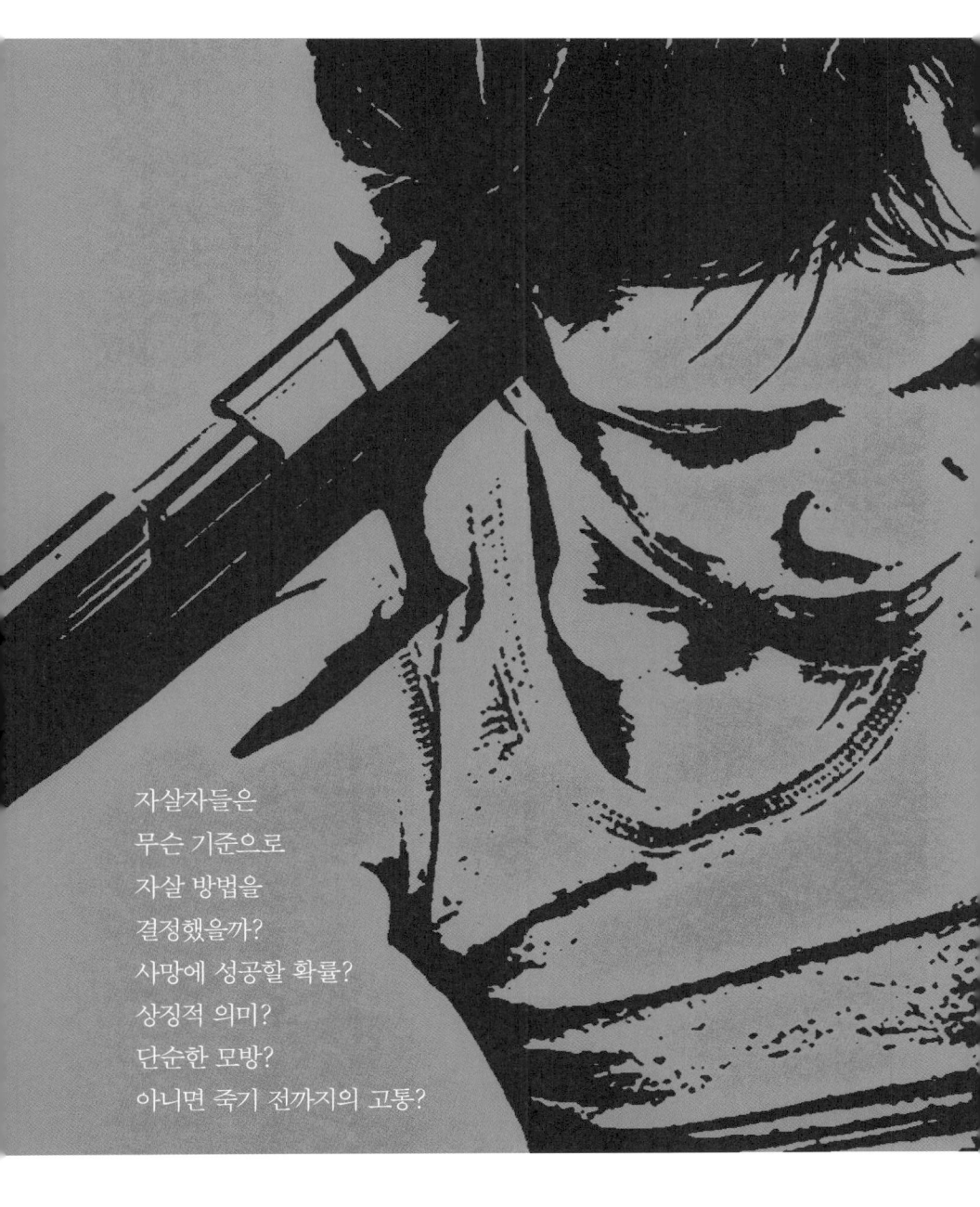

자살자들은
무슨 기준으로
자살 방법을
결정했을까?
사망에 성공할 확률?
상징적 의미?
단순한 모방?
아니면 죽기 전까지의 고통?

민의 결과물'이라고 여겨진다.

시대, 민족, 지역마다 다른 자살의 방법

자살 시도자들이 죽기로 결심한 순간 가장 먼저 뭘 결정할까? 바로 자살하는 방법이다. "죽는 건 오직 한 번뿐인데 그것이 무엇이든 무슨 상관이랴. 밧줄이든, 가터든, 독약이든, 총알이든, 칼이든, 서서히 쇠해가는 병이든, 급소의 동맥이 갑작스레 터져버리든 인생의 고통을 끝내준다는데. 이유야 많고 많겠지만 결과는 하나, 누구든지 하나의 범상한 소멸로 나아가기 마련." 영국의 시인 토머스 채터턴은 이렇게 말했지만 자살 방법은 자살 시도자들에게 중요한 의사결정이다.

"각 민족마다 선호하는 자살 방법이 있으며, 선호하는 방법들의 순위는 거의 변하지 않는다"라고 프랑스의 사회학자 에밀 뒤르켐은 1897년 쓴 글에서 말했지만 실제로는 시대마다 나라마다 민족마다 선호되는 자살 방법이 달랐다. 한 예로, 19세기 러시아인들은 목매기를 선호했고 잉글랜드와 아일랜드인들은 독약을, 이탈리아인들은 총기를, 미국인들은 총기와 약물을 선호했다.

같은 나라라도 지역마다 선호하는 자살 방법이 다르다. 예를 들어 인도에서는 음독과 목매기가 가장 많이 일어나지만 펀자브 지방에서만은 예외적으로 자살 사건의 55퍼센트가 철로 위에 눕거나 달리는 기차를 향해 뛰어드는 방법을 취했다. 벨기에의 남쪽 지역에서는 독약을 많이 사용하는 반면 역사적으로 사냥문화가 강하게 자리 잡은 산림 지역에선 총을 주로 사용하고 고층 빌딩이 많은 브뤼셀에서는 투신자살이 더 자주 일어나는 것처럼.

옛날과는 달리 현재 미국에서는 전체 자살의 60퍼센트 이상이 총기 자살이라고 한다. 목매기와 약물과다 복용이 합쳐서 25퍼센트 정도를 차지하고 가스흡입, 투신, 익사 등이 나머지를 차지한다.

그렇다면 자살자들은 과연 무슨 기준으로 자살 방법을 결정했을까? 사망에 성공할 확률, 상징적 의미, 단순한 모방, 아니면 죽기 전까지의 고통? 과연 무엇이 자살 방법을 고려할 때 가장 중요한 요소였을까?

《자살의 이해》를 쓴 케이 레드필드 재미슨에 따르면 사람들이 자살을 시도할 때 가장 중요한 요소는 '접근성'이다. 구하기 쉬운 재료, 접근이 가능한 방법으로 자살을 생각한다는 것이다. 미국에서는 총기를 쉽게 구하므로 총기 자살이 흔하고 중국, 싱가포르, 스리랑카, 인도 같은 나라에서는 독이 든 열매나 식물, 맹독성 살균제를 구하기 쉬워 이를 이용한다.

자살의 '성공 가능성'도 중요하다. 투신이나 총기 자살은 성공 가능성이 높지만 약물의 경우에는 자살을 시도해서 죽음에 이르기까지 시간이 좀 걸린다. 그사이 갑자기 마음이 바뀌어 자살 시도자가 스스로 응급실을 찾는 경우가 생각보다 많다. 그러니 한 번에 성공할 수 있는, 이왕이면 고통이 적은 방법을 선호한다.

미국의 병리학자들에 따르면 28가지 자살 방법 중 '치명성'이라는 관점에서 순위를 매겨보면 단연 총기와 청산염이 1위와 2위이고 폭발물, 기차에 치이는 행위, 투신을 그다음으로 뽑았다. 여성은 외관 손상에 신경 쓰기 때문에 약물복용을 선호하는 반면 남성은 투신이나 총기 사용을 '좀더 사나이답다'고 여기는 듯하다고 재미슨은 기술하고 있다.

어느 사회, 어느 문화에서도
인간에게 스스로 죽을 권리가 있었던 적은
단 한 번도 없었다.

해부할 수 없는 '균형이 깨진 정신'

한때 자살은 법적으로 금지되었고(특히 노예의 자살!) 영웅적 자살은 국가적으로 추앙받기도 했으며 고대 스토아 학파처럼 자살이 권리가 아닌 '의무'에 가까운 시절도 있었다.

게르트 미슐러가 《자살의 문화사》에서 주장했듯이 "자살은 스스로 죽음을 선택할 수 있는 인간의 권리"로서 인간의 주체적 행위라 할 수 있다. "그럼에도 불구하고 자살이라는 개인의 권리에 권력, 국가, 사회, 종교, 윤리가 왜 개입하는가"라는 질문에 미슐러는 "어느 사회, 어느 문화에서도 인간에게는 스스로 죽을 권리가 단 한 번도 없었다"며 시대와 공간을 막론하고 자살이 금기시되고 죄악시된 것은 국가와 민족에 충성하는 '국민 만들기'에 국가가 혈안이 되어 있기 때문이라고 했다.

자살이 인간만의 권리인지는 잘 모르겠지만 인간만의 복잡한 의사결정인 것만은 확실하다. 그 복잡한 과정을, 그들의 황폐한 우울을 어찌 전부 해부할 수 있으랴. '균형이 깨진 정신'이 행한 일을 어찌 우리가 이해할 수 있으랴. 다만 죽음이라는 방식을 통한 한 사람의 '고통스러운 절규'는 그 곁의 수많은 살아남은 자들에게 슬픔과 반성, 후회와 회한을 안긴다.

자살이 비극인 이유는 자살한 자가 겪어온 고통이 자살의 순간 살아남은 자들에게 고스란히 건네지기 때문이다. 살아남은 자들은 남은 인생 동안 그 고통을 짊어져야 한다. 누구를 위하여 종은 울리나? 죽음은 한 사람의 비극이 아니라 우리 모두의 비극이기에 죽음을 애도하는 종은 우리 모두를 위해 울리는 것이다. ✛

무엇을 위해 목숨을 끊는가

자신을 수단으로 전락시키는 행위인가, 아니면 생의 완성인가

✚ 진중권

'자살'이라는 문제만큼 동서양의 사고방식 차이를 극명하게 보여주는 것도 없다. 대의를 위해 목숨을 끊는 것은 유교문화권에서는 충분히 이해되고, 심지어 상찬받는 행동이다. 우리나라에 수많은 '열사'가 존재하는 것은 그 때문이다. 하지만 기독교 문명에서 자살은 큰 사회적 금기에 해당한다. 심지어 가롯 유다의 가장 큰 죄는 예수를 판 게 아니라 자살한 데 있다고 하지 않던가.

이기적 죽음과 이타적 죽음?

에밀 뒤르켐은 자살을 '이기적 자살'과 '이타적 자살'로 구별했다.

유교문화권에서 상찬받는 자살은 일반적으로 자기 '안'의 동기로 인한 이기적 자살이 아니라 자기 '밖'의 대의나 이념을 실현하기 위한 이타적 자살에 해당한다. 동양에서도 개인적 동기를 위한 자살은 설사 인간적으로 이해될지언정 사회적으로 권장되지는 않는다. 차이가 있다면 동양에서는 자살에 관한 기독교적 편견이 없었다는 것이다.

서구에서 이타적 자살의 예는 보기 드물다. 하지만 기독교 문명 안에서도 '어떤' 자살은 과거에 사회적 상찬의 대상이 되곤 했다. 동양의 열사에 해당하는 것이 서양의 순교자다. '순교'란 사실상 자살에 해당하나 순교자가 스스로 목숨을 끊는 것은 아니다. 한마디로 자신을 위해 죽는 것은 씻지 못할 죄에 해당해도 신을 위해 목숨을 버리는 것은 최고의 덕목이라는 얘기다. 그러고 보면 신처럼 이기적인 분도 없다.

자살의 금기는 당연히 권력의 책략이다. 권력은 죽음의 공포를 통해 작동하는 법이다. 언제라도 죽을 준비가 된 사람들을 지배하는 게 가능하겠는가? 따라서 사회가 권력을 유지하려면 성원들이 사회라는 놀이판에서 스스로 퇴장하는 일만큼은 무슨 수를 써서라도 막아야 한다. '자살하는 자는 사형에 처한다'는 법률만큼 우스운 게 있겠는가. 그래서 내세의 형벌로 협박하면서까지 자살을 막으려 했던 것이리라.

자살에 반대하는 가장 일상적 논거는 '자살은 일시적 문제에 대한 영원한 해결책'이라는 것이다. 물론 '일시적' 고통을 피하려고 '영원히' 목숨을 버리는 것은 합리적이지 못하다. 하지만 그 일시적 고통이 그보다 긴 삶의 행복을 합쳐놓은 것보다 더 크고 강렬하다면 차라리 자살을 택하는 게 합리적이지 않겠는가. 자살하는 이들은 대부분 이런 느낌에서 나름의 합리적(?) 결정을 내린 게 아닐까?

철학적 자살론 중에서 가장 유명한 것은 아마 칸트의 반론일 듯하다. 먼저 '의지의 준칙이 보편적 입법이 되게 하라'는 명법에 따라 그는 자살이라는 해결책을 일반화할 수 있는지 묻는다. 당연히 안 된다. 설사 너는 자살을 하더라도 네 자식에게까지 그것을 권하겠는가? 이어서 '인간을 목적으로 대우하라'는 명법에 따라 그는 자살이 자신을 (자기 안팎의 어떤 목적을 위한) 수단으로 전락시키는 행위라 주장한다.

쇼펜하우어와 같은 낭만주의자는 비교적 자살에 관대한 견해를 보였다. 어차피 개별적 의지는 파괴되어 근원적 의지와 합일하는 게 삶의 목적이라 보았기 때문이다. 하지만 그도 단순한 자살은 무가치하다고 보았다. 다만 해탈하려고 자신을 서서히 굶겨 죽이는 고승처럼 인생의 근원적 고통을 충분히 맛보는 자살만이 진정한 의미에서 생의 완성이라는 것이다. 물론 그는 제 삶을 그렇게 완성하지는 않았다.

자살에도 권리가 있는가

이처럼 자살에 관한 철학에도 찬반 양론이 존재하나 역시 우세한 것은 반대론이다. 심지어 인생의 근본적 무의미를 주장하는 실존주의자까지 쇼펜하우어처럼 삶의 부조리를 끌어안고 견디라며 자살에는 반대하는 견해를 취했다. 철학적 견해는 서로 달라도 사회를 유지해야 한다는 데는 이해가 일치하기 때문일까? 그런 의미에서 흥미로운 것은 사회보다 개인의 권리를 중시하는 자유주의자의 관점이리라.

하지만 자유주의자들 역시 자살이라는 문제에는 견해가 엇갈린다. 먼저 고전적 자유주의자의 견해를 보자. 존 스튜어트 밀은 그 유명한 《자유론》에서 자유의 필요조건은 "결정 내릴 권리"라 주장한다. 이

논리에 따르면 자유주의적 관점에서 자살은 금지되어야 한다. 자살은 개인에게 미래의 결정을 내리는 걸 불가능하게 만들기 때문이다. 한마디로 자살은 개인의 자유를 심각하게 제약하는 행위라는 것이다.

몇몇 현대의 자유주의자는 자살의 권리를 주창한다. 개인의 생명은 그 자신에게 속하므로 타인이 왈가왈부해서는 안 된다는 것이다. 물론 반대자들은 과연 생명마저 소유물로 볼 수 있느냐고 반박할 것이다. 가장 극단적인 예는 오스트리아의 철학자 장 아메리다. 그는 《자유 죽음》에서 자살이야말로 "인간성의 궁극적 자유"에 속한다고 열렬히 설파한 뒤 스스로 목숨을 끊음으로써 발언에 따르는 공약의 부담을 기꺼이 졌다.

철학이 '나는 사유한다Cogito'의 차원에서 자살의 윤리적 문제에 접근한다면 정신분석학은 '나는 욕망한다Libido'의 차원에서 자살이라는 심리적 충동을 설명하려 한다. 전기의 프로이트가 주로 성적 충동에 매달렸다면 후기의 프로이트는 인간에게는 '삶의 충동'과 더불어 '죽음의 충동'이 존재한다는 사실을 발견하게 된다. 모든 인간의 내면에는 처음부터 죽음을 향하는 충동 또한 들어 있다는 얘기다.

쇼펜하우어의 자살론도 어쩌면 이 무의식적 욕망의 산물인지 모른다. 나아가 불교에서 말하는 '열반'이란 세상의 모든 고통과 자극에서 벗어나 궁극적 평온에 도달하고픈 충동을 종교적 계율로 체계화한 것이 아닐까? 프로이트에 따르면 인간은 종종 자신을 겨냥한 이 죽음의 충동을 밖으로 표출한다. 한마디로 타인을 향한 공격인 파괴나 살인은 죽음의 충동이 외면화한 결과일 수도 있다는 것이다.

프로이트 역시 자살했다는 사실을 아는가? 오랜 시간 암에 시달린 프로이트는 1939년 자신의 주치의에게 더 이상의 투병 생활은 "고문에 불과하고 아무 의미도 없다"며 자신의 목숨을 끊어달라고 부탁한다. 프로이트의 딸은 아버지의 결정에 반대했으나 결국 주치의의 설득으로 아버지의 안락사에 동의한다. 1939년 9월 23일 프로이트는 다량의 모르핀 주사를 맞고 숨을 거둔다.

결국 아우슈비츠 같은 삶의 압박이 있다

독일의 평론가 발터 베냐민은 〈파괴적 성격〉이라는 글에서 이런 말을 남겼다. "파괴적 성격은 삶이 살 만한 가치가 있다는 감정이 아니라 자살이 할 만한 가치가 없다는 감정으로 살아간다." 하지만 그렇게 말한 그 역시 국경을 넘지 못해 게슈타포에게 체포당할 위험에 처하자 다량의 마약을 복용하고 스스로 목숨을 끊었다. 아우슈비츠에서의 '삶'에 비하면 스페인 국경에서의 '자살'은 확실히 할 만한 가치가 있었으리라.

우리 사회에서 '자살'이라는 말이 사용되는 맥락을 보면 자살은 개인적 차원을 넘어 동시에 사회적 차원의 문제임을 알 수 있다. 언론 보도를 통해 듣는 자살의 사연은 주로 해고로 인해 살길을 잃은 노동자나 성적의 압박에 시달리는 수험생에 관한 것이다. 한 가지 확실한 것은, 적어도 몇몇 성원들에게 우리 사회는 또 다른 아우슈비츠라는 사실이다. 그런데 이게 그저 우울증에 시달리는 환자의 주관적(?) 느낌에 불과할까? +

오랜 투병 생활을 했던
프로이트 역시
스스로 목숨을 끊었다.
이것은 삶의 충동인가,
죽음의 충동인가?

+ 04
키스

천국의 언어가 아직도 남아 있다면

키스는 마음을 빼앗는
가장 힘세고 위대한 도둑.
— 소크라테스 Socrates

태초에 키스가 있었다

아담과 이브부터 현대의 키스방까지
영혼을 주고받는 의식의 변천사

+ 진중권

    키스는 언제부터 존재했을까? 이 질문은 이른바 '키스학philematologie'에서 중요하게 다뤄지는 물음이다. 지그문트 리브로비치라는 학자는 《키스와 키스하기》에서 키스의 기원을 에덴동산으로 돌렸다. "아담과 이브가 실제로 존재했다면 최초로 키스를 한 것은 그들이었을 것이다. 남은 물음은, 그들이 키스를 한 것이 선악과를 따먹는 동안의 일인가, 아니면 그 후의 일이었는가 하는 것뿐이다." 어느 쪽일까? 영국 소설가 조지프 콘래드의 말이 옳다면 키스는 단연 선악과 이전의 현상이리라. "키스는 천국의 언어 중에서 아직 남아 있는 유일한 것이다."

키스의 기원은 신화인가 동물인가

사실을 말하자면 '근원키스Urkuss'는 아담과 이브보다 더 멀리 거슬러 올라간다. 구약성서 〈창세기〉 2장 7절의 말씀이다. "야훼 하느님께서 진흙으로 사람을 빚어 만드시고 코에 입김을 불어넣으시니 사람이 되어 숨을 쉬었다." 최초의 키스는 이렇게 인간과 인간이 아니라 신과 인간 사이에서 이루어졌다. 또한 그것은 구강 대 구강이 아니라 구강 대 비강의 키스였다. 이 히브리의 창조설화가 옳다면 우리가 가진 생명 자체가 실은 신의 키스의 산물인 셈이다. 〈요한복음〉의 말씀을 패러프레이즈하자면 이렇게 "태초에 키스가 있었다".

이 히브리의 설화는 아마도 기원전 4000년 이전의 이집트 신화에서 유래했을 것이다. 피라미드에서 발견된 텍스트는 근원적 카오스의 인격화인 눈Nun에서 모든 신의 아버지가 될 아툼Atum이 태어나는 과정을 묘사한다. 그때 아툼은 마치 양수 속의 태아처럼 근원적 바다로 표상되는 어머니에 파묻혀 아직 신의 활동을 할 수 없는 무력한 존재였다. "그때 눈이 아툼에게 말했다. 너의 딸 마트Maat에게 키스를 해라. 그에게 너의 코를 갖다 대라. 그렇게 하여 그녀가 네게 떨어지지 않으면 너의 심장은 살아서 뛸 것이다."

구약성서 〈창세기〉와 이집트 신화 사이에는 약 3000년의 간극이 존재한다. 두 텍스트를 비교해보면 그 기나긴 세월 동안 서서히 진행된 관념의 변화를 엿볼 수 있다. 먼저 구약성서에서는 야훼가 아들(인간)의 코에 숨을 불어넣는다. 반면에 그보다 더 오래된 이집트의 텍스트에서는 아툼이 딸의 코에서 숨을 빨아들인다. 다시 말하면 성서에서는 남자가 남자에게 생명을 준다면 피라미드의 텍스트에서는 남자가 여자의 모태에서 여자의 숨을 받아 생명을 얻는다. 모계제 사회의 신화가 어느새 가부장제의 신화로 바뀐 셈이다.

창조의 신화와 설화에서 키스는 인간의 신성한 기원을 보장해주는 장치로 등장한다. 물론 오늘날 이 이야기를 곧이곧대로 믿는 사람은 없을 것이다. 거기서 봐야 할 것은 외려 인간에 대한 고대인들의 관념, 즉 그들이 자신을 무엇으로 간주하고 싶어 했느냐 하는 것이다. '키스학'에 이런 방향만 존재하는 것은 아니다. 키스의 기원을 과학적으로 밝히려는 시도는 인간의 동물적 기원이라는 가정에서 출발한다. 인간은 신과 동물의 중간자가 아닌가? 신이 존재하지 않는다면 인간의 기원은 당연히 동물일 것이다.

동물들이 상대의 몸에 코를 비비는 것은 흔히 볼 수 있는 현상이다. 어떤 설명에 따르면 동물들의 이런 행태는 냄새를 통해 면역유전자에 관한 정보를 얻기 위한 것이라고 한다. 특히 영장류에 속하는 동물들 사이에서는 인간의 키스에 근접한 친교의 행동을 어렵지 않게 발견할 수 있다. 그저 '코키스'만이 아니다. 보노보와 오랑우탄의 경우에는 우리가 '프렌치키스'라 부르는 구강 대 구강 키스도 관찰된다고 한다. 그렇다면 '근원적 키스'란 신과 신, 신과 인간 사이가 아니라 동물과 동물 사이에서 이루어졌다는 얘기가 된다.

신화와 설화에서 키스는 '생령生靈'을 들이마시거나 불어넣는 행위였다. 하지만 진화론적 설명에 따르면 입키스는 새끼에게 먹이를 주는 행위에서 유래했다. 실제로 많은 동물이 새끼에게 입에서 입으로 먹이를 전달한다. 동물만이 아니다. 어린 시절 이웃집 할머니가 밤을 씹어 갓 젖을 뗀 어린 손자의 입에 넣어주는 것을 본 적이 있다. 보는 이들은 눈살을 찌푸렸지만 할머니는 아무렇지도 않게 "요놈은 내 침을 먹고 자라"라고 말했다. 여기서 키스가 전달하는 것은 '생기'라는 추상적 실체가 아니라 '먹이'라는 물질적 실체다.

역사에서 가장 유명한 키스는
남녀 사이가 아니라 남자와 남자 사이에서 행해졌다.
'유다의 키스'가 바로 그것이다.

숭배냐 성애냐

타락 이후의 역사시대로 넘어가자. '역사'에서 가장 유명한 키스는 사실 남자와 여자 사이가 아니라 남자와 남자 사이에서 행해졌다. 가장 유명한 것은 아마 '유다의 키스'일 것이다. 〈마태복음〉과 〈마가복음〉에 따르면 유다는 겟세마네 동산으로 예수를 잡으러 온 유대인들에게 누가 예수인지 알려주려고 키스를 한다. "그는 예수께 다가와서 '선생님, 안녕하십니까' 하고 인사하면서 입을 맞추었다(마태복음 26:49)." 그 뒤로 '유다의 키스'는 '겉으로 친한 척하면서 실제로 해를 끼치는 행위'를 가리키게 되었다. 유다의 키스는 성애의 표현이 아니라 존경과 숭배의 제스처였을 것이다.

역사 속에서 유다의 것 못지않게 유명한 것이 '알렉산드로스의 키스'다. 그의 군대가 목숨을 건 장정이었던 게드로시아 사막 횡단에 성공한 뒤, 그 기념으로 캠프에서 무용 경연이 열렸다고 한다. 경연에서 우승을 한 것은 바고아스. 그는 알렉산드로스가 다리우스 황제에게서 빼앗은 에로메노스eromenos, 즉 동성애 상대였다. 이때 군대는 알렉산드로스를 향해 바고아스에게 키스를 해주라고 요구했고, 대왕은 이 요구에 따라 모두가 지켜보는 앞에서 바고아스에게 입을 맞추었다고 한다. 여기서 알렉산드로스의 키스는 아주 분명하게 성적 뉘앙스를 띤다.

헤브라이즘에서는 키스가 주로 종교적, 제례적, 친교적 의미를 갖고 있었다. 반면에 헬레니즘 문명에서는 키스가 분명하게 성애의 표현으로 간주되었다. 실제로 성행위의 일부 혹은 성행위의 전희前戲로서 키스가 행해진 것은 주로 그리스 로마 지역에서였다고 한다. 물론 성행위 중에 입 맞추는 일이 어디야 없었겠냐마는, 이집트와 같은 근동,

일본이나 중국 같은 동아시아에는 성행위로서 키스에 관한 역사적 기록은 그다지 많지 않다고 한다. 한 가지 정말 궁금한 게 있다. 과연 조선시대에 우리 조상들도 프렌치키스를 했을까?

키스는 신과 동물이라는 이중의 '기원'을 가지며, 또한 신성과 성애라는 이중의 '의미'를 갖는다. 독일의 어느 방송에서 매매춘하는 여성을 인터뷰했다. "손님과 키스도 하느냐?"는 질문에 그녀는 "손님과 키스를 하는 것은 우리들의 의무가 아니"라고 대답했다. 우리가 받는 돈은 신체의 대가지, 영혼의 대가가 아니라는 것이다. 따라서 손님과 키스를 하느냐 마느냐는 여성의 주체적 판단에 따라 결정된단다. 이는 키스가 여전히 성욕 이상의 의미를 갖는다는 뜻이다. 키스는 영혼을 전달하는 신성한 행위다.

키스방에서 왜 얼굴을 마스크로 가리나

한국의 '방' 문화 중에서 가장 독특한 것이 바로 키스방이다. 도처에 키스방이 범람하는 이유는 뭘까? 간단하다. 경제적 약자인 여성들로 하여금 '신체'를 팔 수 없게 만들었기 때문이다. 신체를 팔 수 없다면 팔아야 할 것은 영혼이리라. 오로지 성기의 삽입에만 주목하는 사회에서는 혀의 삽입은 도덕적 부담도 적다. 이 경우 문제는 '영혼을 전달한다'는 키스의 부작용(?)을 없애는 것이다. 키스방의 여성은 종종 마스크로 얼굴을 가리기도 한다. 바로 그 이유 때문일 게다. 마스크는 영혼의 이탈을 막아 키스를 단순한 육체적 접촉으로 유지시켜준다. 그게 과연 키스일까? +

신화와 설화에서 키스는 '생령'을 들이마시거나 불어넣는 행위였다. 하지만 진화론적 설명에 따르면 입키스는 새끼에게 먹이를 주는 행위에서 유래했다.

마음을 훔치는 낭만적 사랑의 징표

본능이냐 학습이냐
가장 일상적이며 짜릿한 애정표현에 대한 연구

+ 정재승

　21세기 들어 두드러진 대한민국의 변화 중 하나는 공공장소에서 애정표현을 하는 사람이 훨씬 많아졌으며, 이를 바라보는 주변 시선 또한 너그러워졌다는 거다. 불과 10년 전만 해도 TV에서 키스하는 장면이 나오면 대서특필 화제가 되었고 공공장소에서 '키스하는 젊은 것들'을 발견이라도 하면 어른들은 혀를 찼는데 이젠 키스라는 애정표현이 일상이 되었다는 얘기다.

　내 삶에서 '가장 위선적인 어른을 목격한 순간'의 기억도 키스와 연관되어 있다. 초등학교 시절 문화방송의 초특급 드라마 〈여명의 눈동자〉의 유명한 장면인 '철조망을 사이에 두고 두 주인공이 키스하는 장면'이 방영되고 며칠 뒤였다. 신문 독자 칼럼에 한 투고자가 글을 실었다. "애들도 함께 보는 TV 드라마에 남녀가 키스를 오랫동안 하는 음란한 장면을 내보내면 어떡하느냐. 너무 선정적이었다!"

그때 그 글을 보고 너무 위선적이어서 토할 뻔했다. 역사적인 비극 상황에서(여주인공은 정신대에 강제로 끌려온 위안부였던 걸로 기억한다!) 벌이는 그들의 애달픈 키스가 선정적이라니, 또 음란하다니! 키스하는 장면만 나오면 기계적으로 무조건 음란하다고 보는 어른들이 가식적이어서 분개했던 기억이 난다. 지들은 밤에 불 꺼놓고 안 하나(내 인생을 거슬러 살펴보면 기성세대의 가식과 위선에 대한 뿌리 깊은 분노가 그때부터 조금씩 시작되었던 것 같다)!

키스로 상대성이론을 경험하다

'성애의 한 표현으로서 상대의 입에 자기 입을 맞추는 행위'인 키스는 '혀들이 벌이는 하키'다. 우리 뇌의 감각 영역 중 가장 넓은 부위를 차지하는 혀와 입술의 격렬한 접촉을 통해 키스는 평소 0.3퍼센트에 불과한 쾌락의 신경전달물질인 도파민을 다섯 배 이상 늘리며 쾌락에 빠뜨리는 '연인들의 은밀한 축제'다. 이 축제를 위해 우리는 70년 인생의 12만 초, 꼬박 2주일을 보낸다. "키스는 마음을 빼앗는 가장 힘세고 위대한 도둑"이라고 소크라테스가 말했던가! 나는 키스를 싫어하는 여자를 만난 적이 없다.

저명한 물리학자 알베르트 아인슈타인은 키스에 관해 유명한 명언을 남겼다. 대중 강연이 끝난 뒤 한 청년이 그에게 다가와 "아인슈타인 박사님, 상대성이론이 도대체 뭔가요?"라는 당돌한 질문을 했는데 이에 아인슈타인은 이렇게 설명한다. "사랑하는 여인과 키스를 하면 3분도 3초처럼 짧게 느껴지지만 난로 위에 손을 얹어놓으면 3초도 3

분처럼 길다." 우리는 키스로 날마다 '시간의 상대성'을 경험하는 과학적인 존재다(아인슈타인, 이분도 보기와는 달리 은근히 키스를 좋아하시는 분인가 봐!).

아인슈타인 못지않게 키스의 본질과 특성을 파헤치려고 인생을 건 과학자가 많다. 이른바 '키스학'이라 불리는 과학 영역을 연구하는 과학자들이다. 그들에 따르면 사랑하는 이와의 열정적 키스는 한 번에 3.8킬로칼로리, 1분에 약 26킬로칼로리를 소모하게 만들며, 가벼운 키스는 두 개의 근육을, 격렬한 키스는 얼굴 근육 34개를 사용하게 만든다.

그들의 중요한 연구 주제 중 하나는 '키스는 인간의 타고난 본성일까, 문화를 통해 형성된 것일까?' 하는 것. 키스의 기원에 대한 명확한 기록은 없지만 1992년 인류학자들이 조사한 바에 따르면 지구상에 존재하는 168개의 민족과 문화 중 약 87퍼센트에서 '낭만적 사랑'의 증거를 발견했으며, 약 90퍼센트에서 키스를 했다는 흔적을 찾았다. 다시 말해 인류 역사상 대부분의 문화에서 입을 맞춘 행동을 발견할 수 있었다는 얘기다. 그러나 오히려 놀라운 것은 그것이 100퍼센트가 아니라 90퍼센트라는 사실일지 모른다. 만약 실제로 10퍼센트의 인류가 키스를 하지 않았다면 이는 키스가 본능적 행동이 아니라 학습된 문화 행위일 가능성을 시사한다.

오늘날 키스는 '낭만적 사랑의 징표'지만 키스가 어느 시대, 어느 나라에서나 환대를 받았던 것은 아니다. 고대 핀란드 사람들은 키스를 매우 불결하고 부도덕한 것으로 여겨서 심지어 발가벗고 섹스를 하는 동안에도 키스만은 하지 않았다. 지금도 미국 인디애나 주에서는 콧수염이 있는 남자가 습관적으로 사람들에게 키스를 퍼부으면 폭력 행위로 간주해 체포한다. 또 믿지 못하겠지만 미국 코네티컷 주

"저는 키스하는 법을 잘 몰라요.
키스할 때 코는 어느 방향으로 가야 하지요?"

© Fabio Novembre

하트퍼드 시에서는 아직도 남편이 아내에게 일요일에 키스하는 것을 불법으로 여긴다. 잡혀가는 사람이 실제로 있을까 싶지만 사실이다.

이집트 카이로의 소아과 의사인 아델 애셔 박사는 최근 새로운 키스반대연합을 조직해 '키스 안 하기' 운동을 벌이고 있다. 그들의 모토는 "더 이상 키스는 안 돼No kisses after today!" 이유는 단 하나. 키스가 조류독감을 옮길 수 있기 때문이란다.

키스할 때 코는 어느 쪽으로 가나요?

키스 하면 제일 먼저 떠오르는 고전 영화 〈누구를 위하여 종은 울리나〉. 이 영화에서 잉그리드 버그먼이 게리 쿠퍼에게 했던 명대사가 과학자들의 탐구심에 불을 지피기도 했다. "저는 키스하는 법을 잘 몰라요. 잘 알았다면 당신에게 키스를 했을 텐데……. 키스할 때 코는 어느 방향으로 가야 하지요?" 잉그리드 버그먼이 던진 이 질문에 답하려고 2년 6개월 동안 실험을 한 과학자가 있다!

독일 보훔에 있는 루르 대학교의 오누르 군투르쿤 교수가 바로 그 주인공이다. 그가 오랫동안 연구해온 분야는 동물과 사람의 '인체 좌우대칭'이다. 어느 날 그는 미국 시카고를 방문했다가 오헤어 국제공항에서 다섯 시간이나 꼼짝없이 갇히는 신세에 처하게 된다. 아무 생각 없이 지나가는 사람들을 쳐다보던 그는 한 커플이 서로 키스를 할 때 얼굴을 오른쪽으로 기울여 키스하는 장면을 목격하게 된다. 그러면서 문득 떠오른 생각. '모든 사람이 그럴까? 오른손잡이라서 키스할 때도 코를 오른쪽으로 기울이는 걸까?' 그는 공항이야말로 키스를 연구하는 데 더없이 좋은 장소라는 사실을 깨닫게 된다.

독일로 돌아오자마자 그는 키스할 때의 머리 기울임에 관한 본격적인 연구에 착수한다. 공항이나 기차역, 해변과 공원 등지를 돌며 짐을 들지 않은 상태에서 얼굴을 마주 보며 입술을 맞대 키스를 하는 124쌍의 커플을 면밀히 관찰했다. 그리고 그들이 키스를 하는 동안 머리를 어느 방향으로 기울이는지 모두 상세히 기록했다.

결과는 매우 명료했다. 3분의 2 정도 되는 사람들이 고개를 오른쪽으로 기울여 키스를 하더라는 것이다. 이에 대해 그는 사람들 대부분이 오른손잡이며, 태어나기 전 며칠 동안 엄마의 뱃속에서 고개가 오른쪽으로 기울어져 있어 그 자세가 본능적으로 좀더 편하다는 것을 이유로 들었다. 두 연인이 오른쪽으로 고개를 기울여 키스를 하고 있는, 구스타프 클림트의 작품 〈키스〉가 우리에게 그토록 자연스럽게 보이는 것도 어쩌면 그 때문이리라.

18세기까지 서양 사람들은 일본 사람들이 키스를 하지 않는다고 믿었다. 아무도 일본 사람들이 키스하는 모습을 본 적이 없기 때문이다. 이런 일은 아시아의 다른 나라에서도 마찬가지였는데 그들이 실제로 키스를 하지 않았던 것은 아니다. 오랫동안 아시아에서는 남성이 키스를 섹스 전에 하는 '전희'로 생각해왔다. 그러니 그들의 섹스 광경을 엿보지 않는 이상, 키스하는 모습을 볼 일이 없었던 것이다.

이런 전통은 현대에 와서도 특히나 남성 사이에 많이 남아 있는 것 같다. 남성은 격렬한 키스를 좋아하며 그것을 '섹스로 가는 길목' 중 하나로 간주하는 경향이 여성보다 강하다. 한 예로 인터넷을 통해 일반인에게 광범위하게 행해진 설문조사에 따르면 남성이 가장 선호하는 키스는 '프렌치키스'인 데 반해 여성은 가벼운 키스를 더 자주 하길 원한다고 한다. 설문조사에서 여성은 처음 만났을 때의 관계로 돌아가고 싶을 때 키스를 원한다고 답했고, 남성은 관계를 앞으로 더 전

진시키고 싶을 때 키스를 하고자 했다고 해석할 수 있다.

키스를 사고파는 몰낭만성

요즘 우리 사회는 '키스방' 때문에 골머리를 썩고 있다. '키스 정도라면 국가가 단속할 정도는 아니다'라는, 윤리적으로 너그러운 판단에서부터 유사 성행위로 간주하고 집중 단속해야 한다는 목소리도 높다. 그러나 불 보듯 뻔하게 키스방은 남성에게 '그다음 단계로 갈 수밖에 없는' 섹스의 길목이다. 키스라는 표현에 현대인이 더 관대해졌다고 해서 키스를 상거래하는 자본주의의 몰낭만성에도 너그러워져선 곤란하다. 윌리엄 셰익스피어는 키스를 '사랑의 도장'이라 일컬었다. 도장 함부로 찍었다간 큰 낭패 본다.

추신: 키스의 미래는? 사랑하는 자의 침은 달콤하고 그렇지 않은, 세상 모든 타인의 침은 더럽다는 점에서 2020년, 2030년에도 우리는 가장 내밀한 감정 고백 중 하나로 키스를 계속할 듯 보인다. 우리 사회가 공개된 공간에서의 키스를 '미풍양속을 해치는 도를 넘어선 행위'로 볼 것인지에 대해서도 의문이다. 성기 노출이라면 모를까, 혀 노출에 대해서는 우리 사회는 관대하니까. ✚

05
트랜스포머

변신, 범블비!
육체를 바꿀 수 없는 인간들의 욕망

국회의사당 지붕이 열리면
로봇 태권브이가 나온대!

현실 세계에서 옵티머스를 만날 수 있는 가능성

트랜스포머의 조립과 변신
'스스로 변신하는 로봇'과의 만남을 꿈꾸며

+ 정재승

아이작 아시모프, 아서 클라크와 함께 미국 3대 공상과학 소설가로 알려진 로버트 하인라인은 이제는 고전이 된 군사과학소설《스타십 트루퍼스》에서 '외골격exoskeleton'이란 개념을 처음 상상했다. 외골격이란 외계인과 맞서 싸워야 하는 인간의 우주방위대(스타십 트루퍼스)가 약한 힘을 보완하고자 몸에 장착해 뇌와 직접 연결한 기계장치를 말한다. 그러면 근육의 힘만으로는 감당하기 어려운 상황에서 훨씬 더 강력하게 힘을 쓰거나 빠르게 대응하도록 외골격이 도와주게 된다.

현실이 되고픈 만화

이 개념은 많은 기계공학자들을 지적으로 자극했고, 미국 캘리포니아 주립대(버클리) 기계공학과 교수들이 이른바 '블릭스 프로젝트 Bleex Project'를 시작하게 만들었다. 전신마비 환자들이 다리근육에 기계장치를 부착하고 뇌파로 움직임을 제어해 보행을 가능하게 만드는 기술은 블릭스 프로젝트의 응용 사례 중 하나다. 일종의 '옷처럼 입는 로봇 기술'이라고나 할까? 그들은 외골격을 개발해 미국의 모든 군인에게 장착시켜 '슈퍼 솔저Super Soldier'를 만들겠다는 야심 찬 계획을 세웠다.

그러자 블릭스 프로젝트의 성과물은 다시 할리우드 영화 제작자들의 비상한 관심을 모았고, 이 프로젝트가 성공할 경우 20년 뒤 미군의 모습을 시각화한 것이 바로 영화 〈아이언맨〉이다(〈아이언맨〉의 엔딩 크레디트에서 캘리포니아 주립대 기계공학과 교수들의 이름을 발견할 수 있다). 이처럼 영화와 과학은, 예술과 테크놀로지는 서로 끊임없이 자극하고 상상력을 공유하며 발전해왔다.

외골격 못지않게 기계공학자들을 자극한 개념이 하나 더 있으니, 바로 '트랜스포머 휴머노이드 로봇Transformer Humanoid Robot'이다. 누가 처음 '스스로 변신하고 조립하는 로봇'이라는 개념을 생각해냈는지는 명확하지 않지만 어린 시절 우리를 열광시킨 일본 애니메이션 〈마크로스〉 시리즈나 〈건담〉 시리즈, 〈태양의 용자 파이어버드〉가 그 시초가 아닐까 싶다.

〈마크로스〉의 메카닉 디자이너 가와모리 쇼지는 1980년대 초 일본의 장난감 회사 다카라와 함께 변신 로봇 시리즈 '마이크로 맨'과 '다이아크론'을 만들었다. 이 장난감들이 세계적 장난감 회사 하스브로를 통해 '트랜스포머Transformers'라는 이름으로 미국에 판매되자 엄청난 인기를 끌게 되었다. 일본에서보다 더 큰 반응을 얻자 미국에선 TV판 애니메이션 〈트랜스포머〉가 1984년부터 방영되었고 만화책은 같은 해 7월부터 미국 마블코믹스를 통해 출간되었다.

그렇다면 거대한 트랙터 트레일러가 이족보행 휴머노이드 로봇 '옵티머스 프라임Optimus Prime'으로 변신하는 것은 과연 과학적으로 가능할까? 과학자로서 이 질문을 생각해보지 않을 수 없다. 과학자들이 내놓을 답은 '아마 가능하겠지만 갈 길이 아주 멀다' 정도의 무책임한 답변이 아닐까 싶다.

이 질문을 제일 먼저 떠올린 과학자는 내가 아니며, 이미 20년 전부터 공학자들이 〈트랜스포머〉에서 영감을 얻어 실험실에서 월화수목금금금 연구해 세상에 내놓은 테크놀로지가 있으니, 바로 '스스로 변신하고 조립하는 로봇(self-reconfiguring robot 혹은 shape shifting robot)'이다. 이 로봇은 자신에게 주어진 임무를 수행하려고 '3차원 프린터'를 활용해 부품을 스스로 만들고, 설계도에 따라 이를 조립해 스스로 변신할 수 있다. 예를 들어 화성 탐사 로봇은 우리가 짐작하지 못한 지형에 맞닥뜨릴 수 있고 그때마다 자신의 형태와 기능을 변형시키며 임무를 무사히 완수해야 한다. 이를 위해 '스스로 변신하는 로봇'은 필수적이다.

아마도 트랜스포머가 21세기를 이해하는 가장 중요한 키워드 중 하나로 선정된다면 그것은 특수효과 과잉의 지루한 영화 덕분이 아니라 변신과 조립이 자동차업계와 로봇업계의 화두가 되고 우리 일상을 이해하는 데 매우 중요한 통찰력을 제공해주는 개념이기 때문일 것이다.

자동차 변신 로봇 연구는 진행 중

그렇다면 왜 우리는 지금 거대한 옵티머스 프라임을 거리에서 만날 수 없는 것일까(대신 손바닥만 한 옵티머스 휴대전화만이 주머니 안에 있다)? 지금의 자기 변신 로봇이 옵티머스 프라임이 되기 어려운 이유는 바로 '크기와 동력'이라는 걸림돌을 해결하지 못해서다. 원리적으로 불가능한 건 아니지만 무게중심을 잘 잡으면서 엄청난 동력으로 트럭만 한 부속품들을 스스로 조립해 변신하는 로봇을 현재 기술로는 절대 못 만든다(대개 자기 변신 로봇은 나노 스케일에서 제안되고 있다).

게다가 영화처럼 디젤엔진을 써서 거대한 옵티머스 프라임을 움직인다는 것은 그야말로 '옥의 티' 수준이다. 휴머노이드 로봇의 힘 구동은 대개 전기식sources-electric, 공압식pneumatic, 유압식hydraulic 방법을 사용하는데, 가장 강력한 힘이 필요한 옵티머스는 유압식 제어가 적절하지 않을까 싶다(전기로 제어하려면 전기 배선이 모든 부품을 서로 연결해야 하는데, 그러면 전기선이 자칫 끊어질 수 있으므로 변신이 어렵다).

그러나 불행하게도 유압을 만들려면 물탱크와 펌프가 필요하고, 이것으로 인해 옵티머스 프라임의 무게는 더 늘어나고 제어도 쉽지 않다. 게다가 평소 트럭이나 자동차로 '정상적으로' 기능하다가 이족보행 로봇으로 변신하려면 고도의 복잡성을 컨트롤할 수 있는 제어 기술이 필요한데, 그게 공학적으로 갈 길이 멀다.

결론적으로 조만간 우리가 과학자들의 연구실에서 옵티머스 프라임을 발견할 확률은 '제로'라는 얘기다. 휴보나 아시모를 포함해 지금까지 인간이 만든 이족보행 로봇은 모두 무게가 100킬로그램 이내다. 꿈을 깨뜨려서 죄송하지만 수십 톤짜리 이족보행 로봇을 만드는 일

어른이 되어도
스스로 변신하고 조립하는 로봇을 꿈꾼다.
언젠가는 현실에서 만날 수 있을 것이란 믿음으로.

은 만만찮다.

하지만 이런 현실적인 어려움에도 트랜스포머 연구는 일본과 미국을 중심으로 계속 진행될 예정이다. 미국이 '스스로 조립하고 변신하는 탐사 로봇' 중심으로 연구를 진행해왔다면 일본은 '휴머노이드'를 중심으로 훨씬 더 트랜스포머에 가까운 연구를 진행하고 있다. 그동안 미국은 휴머노이드 연구에 회의적이었다. 인간을 닮은 이족보행 로봇이 세상에 쓸모 있을 경우가 생각보다 적기 때문이다. 미국은 휴머노이드를 만들어 진공청소기를 쥐어주는 것보다 '룸바Roomba'처럼 청소기를 로봇으로 만드는 게 더 효율적이라고 주장한다.

하지만 마크로스와 건담을 탄생시킨 일본은 휴머노이드가 결국 우리의 동반자가 될 것이라 믿으며, '이동수단으로서의 휴머노이드'를 중요하게 생각한다. 실제로 트랜스포머처럼 자동차로 주행하다가 변신해 사람을 돕기도 하는 로봇을 만드는 것이 원대한 목표다. 그래서 휴머노이드 연구를 가장 열심히 하는 곳이 일본의 자동차 회사 혼다와 도요타다(아시모도 그들의 작품이다).

이야기보다 강한 변신의 스펙터클

1998년 개봉한 〈고질라〉가 그랬듯이 〈트랜스포머〉도 많은 연인들을 얼굴 붉히며 싸우게 만들었다. "네가 먼저 보자 그랬지?" "네가 먼저 보자 그랬잖아!"

이야기 없고, 재미없고, 감동 없는 〈트랜스포머〉가 우리에게 주는 유일한 위안은 조립과 변신이 주는 스펙터클이다. 관객은 조립과 변신의 〈트랜스포머〉에서 '정교하게 맞물려 돌아가는 톱니바퀴 같은

21세기 테크놀로지의 결정체'를 경험한다. 〈트랜스포머〉는 영화가 아니라 거대한 로봇들의 전시장이다. 이제 식상해진 이 시리즈가 세상에서 살아남을 수 있는 유일한 기술은 조립과 변신의 다음 단계인 '합체'에 달려 있다. 그들이 합체해 더 강력한 적을 무찌르는 스토리가 속편에서 기다리고 있지 않을까 몽상해본다. ✛

변신, 그 식지 않는 매력

자동차가 로봇으로, 로봇이 트럭으로
완벽한 변이에 대한 소박한 기대

✛ 진중권

  평단의 평가는 엇갈리나 영화 〈트랜스포머〉는 관객으로부터 비교적 호의적 반응을 얻었다. '외계인(?)이 지구를 침공하고 인류는 지구를 지켜낸다'는 스토리는 할리우드에서 늘 보던 것이라 특별히 새로울 것이 없다. 그런데도 이 성인용 아동영화가 그렇게 많은 관객을 끌어들이는 것은 엄청난 예산이 들어가는 화려한 컴퓨터그래픽CG 덕분일 것이다. 사실 로봇이 자동차로 변신한다는 모티브에는 묘한 매력이 있다. 게다가 스크린에서 보는 변신 로봇은 애들이 가지고 노는 장난감과는 애초에 차원이 다르지 않은가.

변형의 모티브는 일상생활에서도

고대 그리스 철학자 헤라클레이토스에 따르면 만물은 유전한다. 이 때문에 우리는 같은 강에 두 번 몸을 담글 수 없다. 우리는 그 강을 '같은 강'이라 부르나 그 강을 이루는 물은 전에 이미 내가 몸을 담갔던 그때의 그 물이 아니기 때문이다. '변형'은 특별한 현상이 아니다. 세상에 존재하는 모든 것은 형태를 바꾸기 때문이다. 우주도 탄생 이후 변형되어왔고, 지구도 탄생 이후 계속 변화되어왔고, 그 위에 사는 나도 바로 몇 년 전과는 확연하게 달라져 있다. 물론 〈트랜스포머〉의 '변형'은 일반적 의미의 만물 유전을 말하는 게 아니다.

우리의 맥락에서 관심을 끄는 것은 역시 한 형태가 완전히 다른 형태로 바뀌는 급진적 변형이다. 자연 속에는 그런 놀라운 변형의 예가 존재한다. 가령 곤충의 '변태'를 생각해보라. 고치 속에서 잠자던 애벌레가 나비가 되어 아름다운 날개를 펼치는 모습은 거의 숭고의 감정을 불러일으킨다. 그에 필적할 만한 것이 달걀의 부화다. 액체 상태의 물질이 깃털이 달린 생명이 되어 부리로 껍데기를 깨고 나오는 데에는 어떤 경이로움이 있다. 새끼 고슴도치의 등이 태어난 지 몇 시간 만에 새까만 가시로 뒤덮이는 모습도 경탄을 자아낸다.

동일한 사물이 형태만 바꾸는 것이 '변형transformation'이라면 한 사물이 완전히 다른 사물로 둔갑하는 것은 '변신metamorphosis'이다. 변신은 마법과 신화의 영역에 속한다. 가령 해리 포터는 마법의 지팡이로 한 사물을 완전히 다른 사물로 바꾼다. 그리스 신화에서 신은 종종 동물로 둔갑하고 인간은 종종 식물로 변신한다. 특히 아폴론의 연애 행각은 종종 연인의 죽음이라는 비극적 결말로 끝나는데, 그때마다 그는 죽은 연인을 식물로 둔갑시키곤 한다. '아폴론의 연애 행각이

없었다면 오늘날 식물도감은 매우 빈약했을 것이다.'

'변형'의 모티브는 디자인에서도 중요한 영감의 원천이 된다. 가령 펼치면 침대가 되는 소파, 잡아당기면 식탁이 되는 선반을 생각해보라. 너무 익숙해져 의식조차 못하지만 사실 접는 우산이나 접이식 의자도 이른바 '변형 디자인'의 예라고 할 수 있다. 건축에서도 벽을 움직여 실내 공간의 형태를 자유롭게 바꾸는 변형 디자인의 예를 심심찮게 볼 수 있다. 〈트랜스포머〉에 영감을 준 장난감 변신 로봇들은 변형 디자인의 한 종류, 그것도 매우 급진적인 종류라고 할 수 있다.

변형 디자인에는 크게 세 가지 원칙이 있다고 한다. 첫째, '재분배re-distribution'는 사물을 이루는 요소들의 물리적 배치를 바꾸는 것이다. 가령 펼치면 침대가 되는 소파를 생각해보라. 이 경우 사물의 형태와 기능이 바뀐다. 둘째, '재정향re-orientation'은 사물의 위치를 바꾸는 것이다. 가령 벽에 세워져 있다가 당기면 내려오는 침대처럼, 이 경우 사물의 형태와 기능은 변하지 않는다. 셋째, '통합integration'은 외부 요소를 첨가해 해당 사물의 형태와 기능을 바꾸는 것이다.

기계공학이라기보다 생물학적인

이렇게 볼 때 〈트랜스포머〉에 등장하는 오토봇과 디셉티콘은 변형 디자인의 '재분배' 원칙을 사용하고 있음을 알 수 있다. 그렇다면 도대체 옵티머스 프라임은 어떻게 트럭으로 변할 수 있는 것일까? 위키피디아를 뒤져보니, 오토봇의 변형에 관해 언급한 것은 딱 한마디뿐이다. "영화 제작자들은 그들의 디자인 속에 타당한 물리학을 구현하여 로봇의 크기가 그것이 변장한 형태(자동차)에 조응하게 만들었다." 한

동일한 사물이
형태만 바꾸는 것이 '변형'이라면
한 사물이 완전히 다른 사물로 둔갑하는 것은
'변신'이다.
변신은 마법과 신화의 영역에 속한다.

마디로 다른 것은 고려하지 않고 그저 사이즈만 맞추었다는 얘기다.

하다못해 허접스러운 장난감 변신 로봇도 실제로 다른 사물(가령 권총)로 모습을 바꾼다. 그런데 천문학적 예산을 들인 영화에서 변형의 알고리즘조차 제시하지 않았다는 것은 실망스러운 일이 아닐 수 없다. 하나의 3차원 입체를 또 다른 3차원 입체로 변형시키는 데 따르는 위상학적 문제 같은 것은 아예 관심의 대상도 되지 못한 모양이다. 그러다 보니 오토봇의 변형은 과학적, 기술적으로 이루어진다기보다는 행여 관객이 지각이라도 할세라 후다닥 돌아가는 고속의 CG에 힘입어 얼렁뚱땅 이루어진다.

〈트랜스포머〉에 나오는 오토봇이나 디셉티콘처럼 자동차로 형태를 바꾸는 로봇들을 디자인하는 게 위상학적으로 가능할까? 루빅스 큐브가 좌우상하로 돌아가는 원리조차 이해하지 못하는 주제에 그런 복잡한 문제의 해답을 갖고 있을 리 만무하다. 다만 외형을 트럭에서 로봇으로 바꾸는 것 정도는 가능하지 않을까 생각한다. 하지만 트럭의 외형을 바꾸는 게 문제가 아니다. 그렇게 변형된 로봇이 동시에 작동해야 한다는 것이다. 그러려면 동력을 전달하는 유압계통의 복잡한 재구성이 필요할 게다.

오래전에 비슷한 문제에 봉착한 이가 있었다. 러시아혁명 직후 구축주의자 타틀린은 '제3 인터내셔널 기념탑'을 지으려 했다. 400미터 높이의 규모로 구상되었던 이 기념비는 재원과 기술의 부족으로 결국 3~4미터 높이의 목제 모형으로 남았다. 원래의 구상에 따르면 이 건축물의 하단과 중단과 상단은 해와 달과 지구의 주기에 맞춰 각각 일 년, 한 달, 하루의 주기로 회전하게 되어 있었다. 문제는 각각 상이한 주기로 회전하는 이 세 부분을 엘리베이터로 연결하는 것. 타틀린은 이 문제를 기술적으로 해결할 수 있으리라 믿었다.

각각 따로 회전하는 건물의 세 부분을 지상층에서 꼭대기까지 이어지는 엘리베이터로 연결하는 것은 오늘날의 기술로도 쉽지 않을 것이다. 하지만 그 어려움도 자동차를 실제로 '작동하는' 로봇으로 바꿔놓는 것에는 비할 수 없을 것이다. 따라서 오토봇과 같은 로봇을 실제로 디자인하는 것은 사실상 불가능한 임무라 할 수 있다. 설사 미래에 그와 같은 변형의 기술이 개발된다 해도 그것은 영화에서처럼 기계공학적 방식이 아닌 후기 생물학적 방식을 택할 것이다. 애벌레는 완벽하게 잠자리의 성체로 변태를 하지 않던가.

멋진 완성품을 보고 싶은 게 아니다

현실에서 실제로 작동하는 오토봇이나 디셉티콘을 디자인하는 것은 불가능하다 해도 적어도 자동차의 외형을 로봇의 외형으로 바꿔주는 알고리즘 정도는 꾸며낼 수 있을 게다. 비록 조잡한 수준이지만 장난감 회사에서는 로봇이 권총이 되고, 다시 권총이 로봇이 되는 알고리즘을 만들어냈다. 물론 영화 속의 옵티머스 프라임은 애들이 갖고 노는 장난감보다는 훨씬 복잡한 구조를 갖고 있다. 하지만 영화는 어느 정도 허구를 허용한다. 그 자유를 이용해 적어도 '영화적으로' 납득할 만한 변형의 논리 정도는 제시했어야 한다.

〈트랜스포머〉에서 내가 보고 싶은 것은 자동차가 후다닥하는 사이에 벌써 로봇으로 변신해 있는 모습이 아니라 자동차의 각 부품이 개연적인 논리에 따라 로봇의 각 지절로 변하는 과정을 슬로모션으로 담은 시퀀스다. 하지만 나의 이 소박한 기대는 여지없이 배반당하고 말았다.

✚ 06
라디오

주파수를 타고
아날로그 감성은 흐른다

모두가 잠든 늦은 밤,
감미로운 목소리로 이야기를 들려주는
당신만 있다면!

현대에도 이어지는 이 따뜻한 '구술문화'

선전·선동의 도구에서 학창 시절의 추억까지 무엇보다 따뜻한 이 희한한 매체

+ 진중권

'라디오radio'라는 말은 일반적으로 무선통신에 사용되는 기기를 일컫는다. 무선통신의 발명자는 이탈리아의 기술자 마르코니로 알려져 있다. 물론 전파, 즉 전자기적 방사electromagnetic radiation를 산출하고 탐지할 수 있다는 사실은 이미 독일의 물리학자 하인리히 헤르츠에 의해 발견된 바 있다. 거기에 사용되는 기계장치 역시 마르코니에 앞서 존재했지만 이 실험실 안의 장치를 실용적인 무선통신의 체계로 만든 업적은 온전히 마르코니에게 돌려야 할 것이다. 1895년 최초의 야외실험 이후 송수신의 거리를 점차 넓혀가던 그는 1901년 대서양 횡단 통신에 성공한다.

라디오는 귀, TV는 눈의 연장

오늘날 무선통신은 일상이 되어버렸다. '무선wireless'이라는 말이 여전히 유의미하게 사용되는 곳이 있다면 그것은 컴퓨터와 주변장치 사이에서일 게다. 하지만 마르코니의 시대에 '무선'통신은 기술적 발명을 넘어 지성적 충격을 의미했다. 한쪽 끝에 존재했던 신호가 중간에 사라졌다가 다른 쪽 끝에서 다시 나타나는 현상은 '존재'라는 것을 새롭게 사고할 기회를 주었다. 아인슈타인의 공식($E=mc^2$)이 철학에서 '사물=(공간을 차지하는)연장실체'라는 데카르트의 존재론을 무너뜨렸다면 마르코니의 무선통신은 일상에서 '존재'의 사라짐을 확인시켜 주었다.

당시에 무선통신이 던진 형이상학적 충격의 자취를 러시아 화가 말레비치의 절대주의 회화에서 볼 수 있다. 한마디로 〈검은 사각형〉에 나타나는 순수추상은 무선통신에 나타나는 '존재의 사라짐'이라는 계기를 회화적으로 수용한 결과였다고 할 수 있다. 무선통신의 등장은 동시에 거대한 패러다임의 전환을 의미했다. 마르코니의 무선통신을 통해 기술은 기계의 수준에서 전자의 수준으로 진화하고 사회는 산업혁명의 단계에서 정보혁명의 단계로 진입하기 때문이다. 오늘날 우리의 문명은 실은 마르코니의 패러다임을 아날로그에서 디지털로 바꿔놓은 것에 지나지 않는다.

우리가 흔히 '라디오'라 부르는 것은 송신 기능 없이 오로지 수신만 할 수 있는 특수한 형태의 무전기다. 무선통신이 개인과 개인 사이의 소통을 의미한다면 라디오는 집단적 수용을 목표로 하는, 이른바 대중소통mass communication 매체라 할 수 있다. 널리 알려진 것처럼 마셜 매클루언은 대중매체, 특히 라디오와 TV 같은 전자매체가 끼치는 사회적 영향에 관심을 기울였다. "미디어는 인간의 확장"이라는 그의 '의족명제'에 따르면 라디오는 귀의 연장이요, TV는 눈의 연장일 것이다. 그것들은 인간을 전자 감각기관을 갖춘 일종의 사이보그로 만들어준다.

매클루언을 비롯한 토론토 학파의 학자들은 전자매체에서 사라진 '구술문화'의 부활을 기대했다. 구텐베르크의 인쇄술 이후 '말'은 '글'이 되어 목소리를 잃어버렸다. 과거에는 책조차도 낭송을 했으나 인쇄술이 등장하면서 독서는 목소리를 잃고 묵독이 되어버렸다. 묵독이 독서의 대표적 형태가 되었다. '말'에는 상대가 필요하기에 말을 통한 소통은 '나와 너(1인칭-2인칭)' 사이에서 이루어진다. 반면 '글'에는 굳이 상대가 필요하지 않다. 묵독을 하는 인간은 '나와 그것(1인칭-3인칭)'의 관계 속에서 고독해진다. 무엇보다 글 속에서 말이 가진 원초적 표현력은 사라지고 만다.

'미디어는 의식을 재구조화한다.' 과거에는 정보가 사운드로 전달되었다면 인쇄술 등장 이후에 정보는 텍스트로 전달된다. 인쇄술은 청각을 시각화함으로써 감각들 사이의 균형을 깨뜨렸다. 토론토 학파의 학자들은 전자매체가 청각을 부활시켜 이 무너진 감각의 균형을 바로잡아줄 것이라 기대했다. 그들은 동시에 전자 구술매체의 정치적 함의에도 주목했다. 즉 이 새로운 구술매체가 모든 시민이 말로 함께 국사를 논하던 고대 그리스의 직접민주주의를 부활시켜줄 것이며, 나아가 이 전자매체를 통해 한때 사라졌던 공동체 문화(지구촌)가 다시 생명력을 얻을 수 있다는 것이다.

우리가 '라디오'라 부르는 것은 송신 기능 없이
오로지 수신만 할 수 있는 특수한 형태의 무전기다.
무선통신이 개인과 개인 사이의 소통을 의미한다면
라디오는 집단적 수용을 목표로 하는
이른바 대중소통 매체라 할 수 있다.

이 작은 것이 가진 무시무시한 전체주의적 힘

하지만 이 가톨릭 보수주의자들의 다분히 낭만적인 소망과 달리 '매스커뮤니케이션'의 '매스'라는 접두사 속에는 이미 전체주의적 경향이 내재되어 있는지도 모른다. 나치 시절 히틀러의 연설은 외딴 농촌의 부엌으로까지 구석구석 중계되었다. 라디오의 구술문화적 성격은 외려 이성을 마비시키는 히틀러 연설의 선동적 어조와 신경증적 표현성을 날 것 그대로 각 가정으로 나르는 데 적합했다. 선동의 효과는 엄청났다. 훗날 연합군 쪽에서 "독일의 저항 의지가 꺾인 것은 군사력을 무력화했을 때가 아니라 선동기구를 파괴했을 때"였다고 술회할 정도였다.

세계사에서 가장 인상적인 라디오 방송은 아마도 1945년 8월 15일에 있었던 일본 국왕의 항복 선언일 것이다. "적은 새로이 잔학한 폭탄(원폭)을 사용하고 끝없이 무고한 사람들까지도 살상하고 있어 그 참담한 피해가 어디까지 미칠지 전혀 예측할 수 없는 상황에 도달했노라." 이 방송을 통해 제국의 신민들은 신에서 인간으로 내려온 '천황'의 목소리를 처음 들을 수 있었다. 전 국민이 90도로 고개를 숙이거나 바닥에 무릎을 꿇은 채 천황의 방송을 들으며 오열하는 장면에는 어떤 섬뜩함이 있다. 국가 자체가 거대한 종교 집단으로 바뀐 것 같은 느낌을 주기 때문이다.

한국에서 가장 유명한 라디오 방송은 6·25 발발 직후에 나갔던 이승만 대통령의 대국민 담화일 것이다. "나는 서울을 사수할 것이니 동요 말고 생업에 종사하라." 녹음된 담화가 전파를 타고 흘러나갔을 때 그는 이미 서울을 떠난 상태였다. 4·19 직후에 그는 또 하나의 역사적 방송을 남긴다. "국민이 원한다면 대통령직을 사임할 것이고……."

여전히 그는 "국민이 원한다면"이라는 조건을 달았다. 내가 들은 방송 중에 가장 인상적인 것은 1980년 5월 계엄사의 담화였다. 차마 입에 담지 못할 잔혹한 내용을 나열하더니 이런 유언비어를 유포하는 사람은 신고하란다.

어린 시절 아버지의 머리맡에는 진공관 라디오가 놓여 있었다. 거기서 흘러나온 프로그램 중에 기억나는 것이 〈김삿갓 북한 방랑기〉다(나중에 노무현 전 대통령의 집사 노릇을 했던 이기명 씨로부터 자신이 그 프로그램의 작가였다는 말을 들었다). 내게 처음 라디오가 생긴 것은 초등학교 5~6학년 시절의 일이다. 납땜인두로 조립한 광석 라디오였는데, 연결된 집게로 금속이나 전선을 집어주면 신기하게도 별도의 전원 없이도 작동했다. 학창 시절 숙제나 시험 공부를 하는 자리에는 늘 감상적인 시그널 뮤직과 함께 흘러나오던 음악방송이 있었다.

당시 라디오 음악방송은 최신 유행의 가요나 팝송을 접하는 거의 유일한 통로였다. LP를 구입할 돈이 없던 시절 녹음기가 딸린 카세트 라디오로 방송에 나온 음악들을 녹음해 돌려 듣던 기억이 난다. 노래가 시작한 다음에 흘러나오는 DJ의 멘트는 녹음을 망치는 주범이었다. 돌이켜보니 이미 그 시절에 라디오 음악방송의 몰락은 시작되었던 것 같다. "비디오 킬드 더 라디오 스타 Video Killed the Radio Star." 당시에 나와 같은 까까머리 학생들은 비디오라는 게 뭔지도 모르면서 라디오에서 흘러나오는 스타의 부음을 열심히 뇌까려댔다.

라디오가 사라질 거라고? 과연?

TV가 등장했을 때 라디오가 사라질 것이라 예견한 이들이 있었지

만 라디오는 기능을 전환해 훌륭하게 살아남았다. 오늘날 TV는 '여가'의 영역에 속하나 라디오는 '노동'에 수반된다. 물론 라디오가 살아남았다 하여 라디오 스타들까지 살아남은 것은 아니지만. ✛

귓속말하는 친구여, 영원하라

4D 영화가 지배하는 세상에도 살아남은 '명품'
과학 시대에도 '낭만'을 보여줘

+ 정재승

　1997년 가입자가 무려 1500만 명을 웃돌 만큼 폭발적인 인기를 끌었던 삐삐. 그 많던 삐삐는 지금 다 어디로 갔을까? 휴대전화 가입자 수가 4000만 명을 넘어선 요즘과 비교하면 삐삐는 말 그대로 '골동품'이 되었다.

　그렇지만 삐삐가 완전히 사라진 것은 아니다. 지금 대한민국에서 삐삐를 사용하는 사람은 약 12만 명 정도다. 의사나 군인처럼 직업상 사용해야 하는 사람들을 빼더라도 순수 삐삐 이용자가 5만 명에 이른다. 매달 1000명 정도가 새로 삐삐를 찾고 있으며, 삐삐를 사랑하는 사람들의 모임인 이른바 '삐사모' 회원 수도 매달 꾸준히 늘어가고 있다. 통신료도 싸고, 스팸도 없으며, 시도 때도 없이 받으라고 아우성치는 휴대전화 벨소리와는 달리 '호출'과 통화 사이의 여유를 즐길 수 있는 삐삐가 아예 사라지는 일은 없을 거라고 삐사모 회원들은 항변한다.

결코 사라지지 않을 기술 10가지

삐삐의 아슬아슬한 연명은 비단 우리나라만의 일이 아니다. 1990년대 중반 전 세계적으로 큰 인기를 누렸던 삐삐는 휴대전화에 밀려 사라지는 듯싶더니, 2002년부터 오히려 판매량이 적게나마 증가하는 추세로 돌아섰다. 몇몇 대기업은 여전히 상당한 업무를 삐삐에 의존하고 있으며, 자그마한 크기에도 불구하고 좋은 수신률을 자랑해 휴대전화 불통 지역에서 자주 애용되고 있다. 무엇보다 운전 중 통화로 인해 일어날지 모를 교통사고를 예방하고, 전화 통화로 개인 시간을 방해받고 싶지 않은 사람들에게 좋은 수신기가 되어주고 있다.

과학자들이 즐겨 보는 〈테크놀로지 저널〉은 몇 년 전 '기술의 비약적인 진보에도 불구하고 결코 사라질 기미를 보이지 않는 기술 10가지'를 소개하는 특집 기사를 실었다(물론 삐삐도 그중 하나다). 그 기사에 따르면 불멸의 10대 기술은 최첨단 기술이 놓치고 있는 틈새를 메우기도 하고, 때론 결코 추월당할 수 없는 기술적 우위로 입지를 더욱 공고히 하고 있다고 평가받았다.

예를 들면 '도트매트릭스프린터'도 그중 하나다. 1980년대에 등장한 이 프린터는 '찌직~ 찌직~' 소리로 유명하다. 그때는 그 소리가 엄청나게 귀에 거슬렸지만 '올디스 벗 구디스oldies but goodies'를 선호하는 골동품 애호가들은 이젠 이 소리에서 추억의 향기를 맡는다. 특히 회사나 은행, 약국 등 빠른 속도, 신뢰성, 경제적 효율성을 요구하는 곳에서 인기 만점이다. 분당 2000줄, 한 달에 무려 250만 장 이상을 프린트하면서도 비용은 장당 1센트에 불과하니, 미국에선 살아남을 만하다(우리나라에선 AS 받을 곳이 마땅치 않다).

이 목록에 '타자기'가 끼어 있다는 사실은 즐거운 발견이다(미국 전자소비재협회에 따르면 미국에서 타자기를 사용하는 사람은 약 50만 명이라고 한다). 컴퓨터 바이러스에 걸릴 위험도 없고 소프트웨어 고장이나 배터리 소모도 걱정할 필요 없는 타자기는 모든 작가들의 로망이다.

그 외에도 1960년대 처음 등장한 골동품 '카세트테이프'에서부터 인간적인 소리로 많은 오디오 마니아를 광분시키는 '진공관', PC가 도래하면서 더 이상 쓸모없을 것처럼 보였지만 은행에선 여전히 건재함을 과시하는 '메인프레임컴퓨터', C언어와 자바스크립트가 난무하는 오늘날에도 과학기술 연산에 꿋꿋이 사용되는 '포트란 언어' 등이 '결코 사라지지 않을 기술 10가지'에 포함되었다.

라디오, 우주에서도 인간 존재 증명

날마다 21개 기술이 새롭게 등장한다는 21세기. 도대체 어떤 기술은 살아남고 어떤 기술은 사라지는 것일까? 인류가 외면한 기술은 무엇이며, 오랫동안 사랑한 테크놀로지는 과연 무엇일까? 그 해답은 결코 사라지지 않을 기술 10가지 목록에 가장 빛나는 이름으로 자리한 '라디오'에서 찾을 수 있다. 나는 라디오가 아주 오랫동안 '인류의 문화유산'으로 인간과 함께하리라 믿기 때문이다.

라디오는 캐나다 발명가 레지널드 페선던이 1906년 진폭 변조 방식을 이용해 세계 최초로 라디오 방송을 송출하면서 탄생했다(2006

날마다 21개 기술이 새롭게 등장한다는 21세기.
도대체 어떤 기술은 살아남고 어떤 기술은 사라지는 것일까?

년 라디오 탄생 100주년 방송 현장에 있었던 것은 라디오 마니아인 내겐 너무나도 뜻깊은 순간이었다). 1910년대 무선통신 사용이 크게 늘고, 특히 1912년 타이타닉호가 빙산에 좌초되었을 때 무선통신을 통해 인근 선박이 조난신호를 수신해 인명을 구하자 그 관심이 급증했다.

제1차 세계대전 이후 유럽과 미국에선 한정된 전파 자원을 이용하는 라디오 방송을 공공서비스로 볼 것인지, 개인 영리사업으로 볼 것인지 논쟁이 벌어졌고, 그 결과 유럽에선 라디오를 공공서비스로 간주하고 국가 독점의 방송사를 설립했다. 한편 미국에선 제너럴일렉트릭, AT&T, 웨스팅하우스 등이 지분을 소유한 RCA를 설립해 라디오 방송을 시작했다(우리나라 최초의 라디오 방송은 1927년 한국방송의 전신인 경성방송에서 했다).

라디오의 등장을 인류가 처음부터 반긴 것은 아니었다. 음반회사에선 '라디오에서 공짜로 음악을 틀어주면 누가 음반을 사냐'며 격렬히 반대했다. 물론 지금은 음반 발매의 가장 중요한 홍보매체가 라디오이며, 음반회사에서 가수의 앨범이 나오면 매니저가 가장 먼저 하는 일이 라디오 PD들의 책상 위에 앨범을 살포시 갖다놓는 것이다.

과학자에겐 라디오가 각별한 매체다. 인류의 목소리와 수많은 민족의 음악 그리고 세상에 대한 메시지를 담고 있는 라디오 전파는 날마다 지구를 떠나 이 우주로 송신된다. 전 우주적 스케일에서 보면 라디오는 지구라는 작은 행성에 사는 인류가 이 거대한 우주에 쏟아내는 특정 주파수의 메시지다. 어느 귀 밝은 외계인들이 인류의 라디오 전파에서 비틀스의 〈히어 컴스 더 선Here Comes the Sun〉을, 이글스의 〈호텔 캘리포니아Hotel California〉를 우연히 발견한다면 얼마나 근사할까? (아마 그들도 곧바로 비틀스와 이글스의 팬이 될 것이다. 이 음악을 듣고도 우리를 쳐들어오겠다고 생각하는 '비인간적인' 외계 종족은 하나도 없을 것이다). 1000년, 2000년, 수많은 세대가 지난 뒤 우주의 어느 한 언저리에서 인간의 존재를 증명해줄 전파는 라디오뿐일지 모른다. 설령 그 크기는 자그마하더라도.

1940년대 TV가 등장하면서 이미 사망선고를 받았던 라디오. TV와 영화의 시대를 거쳐 이제는 3D TV, 4D 영화가 세상을 지배하는 시대다. 하지만 〈비디오 킬드 더 라디오 스타〉라는 노래가 나온 지 40년 가까이 되었지만 라디오는 아직도 우리 곁에서 외로움을 달래주는 친구, 무료함을 달래주는 청량제 구실을 톡톡히 하고 있다.

삶을 더욱 인간적으로 만드는 기술

라디오를 보고 있노라면 세상의 모든 기술은 제자리가 있다는 생각이 든다. 수많은 기술들이 나타났다 사라지는 요즘, 결국 살아남는 것은 우리 곁에서 우리 삶을 더욱 인간적이고 풍요롭게 해주는 기술들이다. 기술이 문화가 되는 순간 기술은 우리 삶의 동반자가 된다. 귓속말하는 친구 라디오가 꾸준히 우리 곁에 남아서 '과학의 시대에도 낭만이 있음'을 보여주기를 간절하게 바란다.

추신: 과연 라디오는 정말로 2020년, 아니 2050년에도 우리 곁에 살아남을 것인가? 의외로, 오늘날과 같은 비디오 시대에 라디오를 그 존재만으로 기적이라 여기는 분들이 많다. 하지만 인간 본성에 비추어보면 그 미래는 어둡지 않다. 정보 과잉은 사람들의 욕망을 거세하고 정보 결핍은 사람들의 욕망을 부추긴다. 라디오는 인간 두뇌의 정보처리 과정 중 절대적인 역할을 수행하는 시각정보의 결핍으로 비

로소 그 생명력을 얻는다. 청각정보에만 의지해야 하는 라디오의 결핍은 시각적 욕망을 낳고, 충족되지 않는 욕망은 상상력의 여백을 메우면서 라디오의 수명을 조금씩 연장한다. 라디오가 처음 등장했을 때 수많은 음반회사들은 '음악을 공짜로 틀어주면 누가 음반을 사냐'며 격렬하게 반대했지만, 결국 음반 홍보의 가장 강력한 매체로 라디오가 자리하게 되면서 '공생'이 이루어졌다. 이 관계가 계속 유지되는 한, 라디오는 '골골 할아버지'로 100년은 너끈히 버틸 것이다. ✚

라디오를 보고 있노라면 세상의 모든 기술은 제자리가 있다는 생각이 든다. 수많은 기술들이 나타났다 사라지는 요즘, 결국 살아남는 것은 우리 곁에서 우리 삶을 더욱 인간적이고 풍요롭게 해주는 기술들이다.

학교짱

수컷들의 세계는
어디에서 시작되었나

"대한민국 학교, 좆 까라 그래!"

불안과 열패가 불러온 야만과 폭력

교실에서 주먹을 겨루는 아이들…
굴종의 다른 이름이 된 의리와 얄팍해진 우정

+ 정재승

대한민국에서 학교를 다니는 학생들은 '두 개 리그'에 출전해야 한다. 서로 성적을 경쟁해야 하는 '공부 리그'와 누구 주먹이 더 센지를 가르는 '싸움 리그'. 학생들은 날마다 두 리그에서 자신의 위치를 확인한다. 리그 안에서 더 높은 숫자를 가진 학생들은 학교 생활이 좀더 편하다.

친구 안에 형성된 권력구조

공적 영역에서 수행되는 공부 리그의 경쟁은 온 나라의 관심거리이기도 하다. 내가 학교에서 어느 정도 순위에 있는지는 내신으로 가르고 다른 학교 학생들과의 비교는 수능을 통해 이루어진다. 초등학교부터 12년간 공부 리그에서 뛴 결과는 고등학교 3학년 대학입시를 통해 최종 성적표를 얻는다. 대한민국 학생은 '이 살벌한 공부 리그에서 이기는 자만이 세상에서 살아남는다'는 절체절명의 명제를 끊임없이 학습한다. 행복은 성적순이 아니지만 성적이 나쁘면 행복할 수 없다.

학생들 사이에서 은밀히 수행되는 싸움 리그는 온 학생들의 관심거리다. 서로의 순위를 위해 모든 학생이 매번 싸울 필요는 없다. 싸우지 않아도 판가름이 나는 경우가 태반이다. 대충 내 순위는 친구들이 알아서 정해주며, 더 높은 순위에 오르려면 '도전'해야 한다. 이 리그에는 사교육도 없다(억울하면 합기도나 격투기를 배우면 된다. 나도 그래서 태권도를 배웠다).

대한민국 학생들은 이 살벌한 싸움 리그에서 '제 순위에 맞게' 같은 반 친구를 대하고 선후배를 대하는 법을 배운다. 복종하는 법, 불의에 눈감는 법, 더 맞지 않으려고 주머닛돈을 내주고 답안지를 보여주는 법을 배운다. 싸움 잘하는 녀석들과 웃으며 친해지는 법을 배운다. 이 리그에서 낙오되면 남은 학교 생활이 평탄하지 않은 '왕따'로 낙인찍힌다. 행복이 싸움순은 아니지만 주먹이 약하면 학교 생활이 비참할 수밖에 없다.

싸움 리그는 아주 원시적인 '짐승들의 세계'다. 고등학교를 미처 졸업하지 않은 우리 시대 젊은이들의 무리는 그야말로 '짐승들의 세상'이다. 힘이 강한 자가 윽박지르고 싸움을 잘하는 자 앞에 모두가 무릎을 꿇는다. 때론 선생님 이상의 권력을 가진다. 싸움 리그의 순위에 따라 모든 학생의 친구관계가 형성되고 권력구조가 만들어진다. 그 권력구조의 정점에 있는 싸움 1등을 우리는 '짱'이라고 부른다.

나는 중학교 때 날마다 살벌한 싸움 리그를 치르며 학교를 다녔다.

수업이 끝나고 청소 시간이 되면 책상과 걸상을 모두 교실 가장자리로 옮겨 링을 만들고 몇몇 아이가 망을 보는 사이에 학생들 간의 경기가 치러진다. 대진표는 그날 아침에 나온다. 경기를 위해 긴 시간이 필요하진 않다. 피가 터지고 살이 찢겨져나가는 짐승들의 싸움을 지켜보며 심장이 마구 두근거리고 손에서 땀이 흐르는 시간을 통해 점점 '굴종의 자세'를 학습한다. 대한민국 청소년은 '주먹의 힘'을 교실에서 배운다.

싸움 리그, 자연선택의 각축장

싸움 리그는 약육강식 원리가 지배하는 자연선택의 정글이다. 공부 리그가 '내가 얼마나 똑똑한가'를 드러내고 '더 나은 대학'이라는 사회적 기표를 얻으려는 경쟁 리그라면, 그래서 결국 더 높은 사회적 지위를 얻고 더 나은 이성에게 최종 선택을 받기 위해 치러야 할 두뇌 리그라면 싸움 리그는 그야말로 아직 인간이 덜 된 청소년들의 생존 투쟁이다. 이 투쟁에서 낙오되면 주먹으로 얻어터지고 학교를 더 이상 다니지 못할 수도 있다.

싸움 리그의 승자는 이성 친구들에게 인기를 독차지한다는 점에서 성선택의 예비전일 수도 있겠다. 침팬지 사회의 사회적 서열처럼 학생들은 싸움 리그라는 '자연선택과 성선택의 각축장'에서 더 높은 순위를 얻으려고 노력한다(여학생들의 '얼짱 문화' 역시 성선택의 예비 과정이 아니겠는가!).

무엇이 이 아이들을 악마로 만들었을까? 영국 소설가 윌리엄 골딩의 《파리대왕》에서 보았듯이 아이들만의 교실은 그 자체로 '불안으로 가득 찬 거대한 무인도'다. 학생들은 누가 가르쳐주지 않았는데도 강한 자에게 복종하고 약자를 공격하며 '폭력에 매혹당한 야만인'처럼 행동한다. 싸움 리그를 지배하는 것은 조폭의 원리다. 주먹이 센 자가 교실을 지배하고 '의리'가 그들 사이의 가장 중요한 가치다.

'결국 내가 이 공부 리그가 끝나고 어떤 대학에 들어가게 될까'에 대한 막연한 불안감, 공부 경쟁이 불러일으키는 긴장감과 공부 리그에서 이길 수 없을 것 같은 열패감이 그들을 더 야만인으로 만든다. 그래서 싸움짱은 공부짱을 함부로 대하지 않는다. 결국 그들도 알고 있기 때문이다. 학교를 졸업하고 이 미친 리그전이 모두 끝나고 나면, 결국 우리가 사회에서 어떤 모습으로 만나게 될지 막연하게나마 말이다.

짱의 비극은 학교를 졸업하는 순간 그들이 사회에서 쓰레기 취급을 받는다는 사실이다. 왜소하고 병약했던 공부 1등은 학교를 졸업하는 순간 명문대생이 되고 사회에서 인정받는 지위에 올라 떵떵거리며 살지만(요즘엔 그것도 보장받진 못하지만) 싸움 1등 짱은 잘되어야 주먹의 세계에서나 불러주는 '사회적 낙오자'가 되기 일쑤다.

싸움짱을 졸졸 따랐던 친구 녀석들은 졸업과 함께 뿔뿔이 흩어지고 곁에 남는 녀석은 아무도 없다. 왕따에게는 학교를 졸업하는 순간 비극이 끝나고 상처가 아무는 시간만이 필요하지만 짱은 졸업하는 순간 비극이 시작된다. 싸움 리그나 공부 리그에서 비리비리하던, 그래서 교실에서 존재감이 없던 녀석들이 나중에 큰돈을 벌어 짱과 우등생을 엿 먹이며 동창회에서 한턱내는 것으로 이 아이러니는 결말을 맺는다.

세상에 그 많던 짱들은 다 어디로 갔을까? 그들을 따르던 친구들은 지금 어디로 사라졌을까? 윤성현 감독의 영화 〈파수꾼〉이 우리에게 물었듯 '과연 대한민국 학교에 우정이란 존재하는가?'에 대해 심각하게 고민해야 한다. 패거리를 이뤄 돌아다니며 학생들을 때리고 죄책감을 공유했던 일진들, 과연 그들에게 우정과 의리가 존재했을까? 그들의 우정이 굴종의 다른 이름에 불과한 '조폭의 의리'와 무엇이 다르단 말인가? 우리가 우정이라 믿었던 바로 그것이 어쩌면 우정이 아닐 수 있다.

따 문화는 짱 문화의 거울 이미지다. 학생들이 맘에 안 드는 애를 집단적으로 괴롭히고 따돌리는 문화는 짱 문화와 함께 비뚤어진 학교 통제, 경쟁 외에 다른 대안을 생각하기 어려운 숨 막히는 학교 공간에서 그들이 보이는 비이성적인 행위의 스펙트럼 양끝을 차지한다. 우리는 집단 따돌림과 학업 스트레스로 자살이라는 극단적인 선택을 하는 학생들이 더 이상 없도록 짱과 따가 모두 사회적 살인으로부터 벗어나 정상적인 학교생활을 할 수 있게 도와야 한다. 성인 애니메이션 〈돼지의 왕〉에 나오는 짱과 따의 비참한 파국을 피하기 위해서라도.

무기력한 어른이 된 학교짱

대한민국 학교는 청소년들에게 '말죽거리 잔혹사'를 선사한다. 성적이 나쁘면 사람 취급 안 하는 살벌한 공부 리그에서 주먹이라도 가진 녀석들은 그것이 알량한 힘이자 권력인 양 학생들을 때리며 불안을 해소한다. 친구들의 따귀를 때리고 돈을 뺏고 모멸감을 주며 잠시나마 우월감을 느끼지만 그것은 열등감의 다른 모습일 뿐이다. 학교짱도 세상에 나오면 냉엄한 사회의 정글에서 심판을 받는다. 내가 아는 학교짱들은 지금은 그저 무기력한 사회 일원으로 살고 있을 뿐이다. 옛 기억들을 '한때 잘나가던 추억'이라 떠올리며. +

세상에 그 많던 짱들은
다 어디로 갔을까?
그들을 따르던 친구들은
지금 어떻게 살고 있을까?

동물로서의 습속과 '짱'이라는 이름

덜 자란 어른들이 만들어내는 폭력의 맹아
'우리들의 일그러진 영웅'은 원래 어린아이였다

+ 진중권

　일본 규슈에서 오키나와로 길게 이어지는 열도 중에 '야쿠시마'라는 섬이 있다. 이 섬에는 '야쿠자루'라 불리는 덩치가 작은 토종 원숭이가 서식하고 있어 자동차로 산길을 달리다 보면 도처에서 이 조그만 원숭이 무리를 만나게 된다. 한 번은 잠시 차를 멈추고 내려 조심스레 한 무리의 야쿠자루에게 다가갔다. 다른 놈들은 슬슬 피하는 눈치였지만 한 놈이 당당하게 내 앞길을 가로막고 나선다. 그놈이 이른바 무리의 '짱'인 모양이다. 조그만 녀석이 그 주제에 무리를 보호하겠다고 나서는 데 어떤 감동이 존재했다.

동물에서 인간으로

무리 속 개체들이 서로 힘자랑하는 것은 동물의 세계에서 흔히 볼 수 있는 일이다. 발정기 때 대부분의 수컷은 암컷을 차지하기 위해 힘을 겨룬다. 경우에 따라서는 오직 한 놈이 무리의 모든 암컷과 관계를 맺기도 한다. 이는 흔히 우월한 유전자를 퍼뜨리는 것이 무리의 생존에 유리하다는 '섭리'로 설명되곤 한다. 굳이 생식의 필요가 아니더라도 많은 종류의 동물이 무리의 '짱'을 선출하기 위해 서로 힘을 겨룬다. 아무래도 우월한 놈이 리더가 되는 것이 종족의 생존 가능성을 좀더 높일 것이다.

언젠가 TV에서 러시아 비행 청소년들의 행태를 동물행동학 관점에서 조명한 프로그램을 본 적이 있다. 폭력으로 타인을 제압하는 이들의 독특한 제스처가 동물원의 원숭이 무리 사이에서도 관찰된다는 내용이다. 거만한 자세로 어깨를 으쓱이며 걷는 것이라든지, 상대에게 눈을 아래로 깔라고 요구하는 것이라든지, 맘에 안 들면 위협적인 표정을 지어 보이는 것 등은 원숭이 무리의 '짱'에게서도 그대로 나타난다. 비행 청소년과 두목 원숭이 사이에 차이랄 게 있다면 한 놈의 피부에는 털이 나지 않았다는 것뿐이다.

인간이 동물 세계에서 벗어난 뒤에도 이 습속은 여전히 남아 있었던 모양이다. 예를 들어 영국의 인류학자 J. G. 프레이저의 《황금가지》에는 '왕의 살해'라는 원시적 관습이 기록되어 있다. 원시인에게 왕은 자연의 생장력을 상징했다. 자연이 풍성하려면 왕이 젊고 건강해야 한다. 자신의 건재를 증명하기 위해 왕은 늘 다른 사람의 도전을 물리쳐야 한다. 한동안 그는 왕좌를 지킬 것이다. 하지만 그의 젊음과 건강이 영원히 지속될 수는 없는 일. 언젠가 그는 더 젊고 건강한 자에게 살해당할 수밖에 없다. '짱'은 이렇게 늘 위협을 받는 자리이기도 하다.

현대의 정글

학교는 또 다른 세계다. 왕따를 당하는 아이들이 부모에게조차 차마 그 사실을 털어놓지 못하는 것은, 학교라는 곳이 현실 사회의 논리가 미치지 않는 또 하나의 독립국가임을 보여준다. 그 세계의 시간대는 사회계약 이전의 시대, 말하자면 힘이 곧 정의였던 청동기의 영웅시대에 가까울 것이다. 아이들은 두 세계에 속한다. 성인의 세계에서 아이들은 보호의 '대상'이나 학교라는 세계에서 아이들은 행위의 '주체'다. 아이들에게 더 실재적인 것은 후자다. 그들이 '주체'가 되어 행동하는 세계는 전자가 아니라 후자이기 때문이다.

학교는 자연과 사회의 중간에 존재한다. 학교란 그 정의상 아직 사회화가 덜 된 인간을 사회화하는 곳이다. 그래서 이곳에 질서가 수립되는 방식은 대단히 '자연'스러울 수밖에 없다. 어른들은 '공부'를 잘하는 것으로 서열을 매기려 하나 정작 아이들 사이에서 서열은 '싸움'을 잘하는 것으로 매겨진다. 공부는 미래 권력을 약속할지 모르나 그것이 현재에 권력을 가져다주지는 못한다. 현재의 권력을 보장하는 것은 역시 싸움이다. 공부는 미래에 속하나 싸움은 현재에 속한다. 현재는 언제나 미래보다 생생할 수밖에 없다.

자장면을 시켰더니 마침 배달 온 사람이 학창 시절 자신을 괴롭혔던 학교짱이더라는 얘기. 이런 일이 없으리라는 법은 없지만 이건 실화라기보다 꾸며낸 얘기로 보인다. 부당한 일을 당한 이는 어떤 식으

굳이 생식의 필요가 아니더라도
많은 종류의 동물이 무리의 '짱'을 선출하기 위해
서로 힘을 겨룬다.

로든 그 부당함을 보상받기 원한다. 나를 괴롭힌 자가 아무 처벌을 받지 않고 멀쩡히 세상을 살아가는 것처럼 분통 터지는 일도 없을 게다. 정의는 회복되어야 한다는 소박한 바람이 이런 종류의 통쾌한(?) 복수담을 만들어내지 않았을까? 아무튼 이는 나쁜 짓을 한 자는 죽어서 지옥에 간다는 비굴한(?) 믿음과 크게 달라 보이지 않는다.

사회라고 학교와 크게 다르겠는가? 솔직히 '싸움' 대신에 '학력', '재산', '출신'이 사용될 뿐, 더럽고 치사하기는 사회도 마찬가지다. 성인의 사회에서 완력을 쓰는 자들은 사회의 주변으로 밀려난다. 사회의 중심에 들어가려면 '완력'보다는 머리를 써야 한다. '권력'이란 물리적 완력이 아니라 합법적 수단으로 타인을 움직이는 물질적 '능력'을 말한다. 그 능력을 흔히 '정치'라 부른다. 물론 학교에도 정치라 할 만한 게 있다. 가령 특정한 아이를 '왕따'시키는 것은 직접 완력을 가하는 것보다는 꽤 진화한 형태의 폭력이다.

학교 안에는 나중에 사회에서 발현될 모든 폭력과 권력의 맹아가 존재한다. 우리 문단에는 이문열이라는 이름의 탁월한 '17세기 작가'가 있다. 그의 작품 중에서 정신성의 현대적 수준에 도달한 몇 안 되는 예 중의 하나가 바로 〈우리들의 일그러진 영웅〉이다. 적어도 이 작품이 한국 문학이 낳은 최고 걸작 중 하나라는 데는 이견이 없을 것이다. 이 소설 속의 엄석대는 그저 완력만 사용하지 않는다. 그는 매우 정교한 방식으로 아이들을 자신의 권력 아래 잡아놓는다. 교실에서 그가 행사하는 것은 프랑스의 철학자 미셸 푸코가 말한 '미시권력'이다.

엄석대는 아이라기보다 성인에 가깝다. 그의 폭력은 소박하기보다 성숙하다. 그는 교실에서 성인이 사회에서 행사하는 것과 비슷한 방식으로 권력을 휘두른다. 엄석대라는 아이가 현실에 존재한다면 '학교짱' 중에서 가장 진화한 종족에 속할 것이다. 일반적인 학교짱이 단순무식한 청동기의 다혈질적 영웅이라면 엄석대는 냉정한 계산에 따라 움직이는 근대적 유형의 영웅이기 때문이다. 이른바 '학교짱'은 학교 밖에서는 더 이상 짱이 될 수 없다. 학교 밖에서 짱을 먹는 것은 외려 엄석대 같은 냉정한 유형의 인간들이다.

사회에서도 짱 행세하는 어른들

학교를 졸업했다고 다 성인이 되는 것은 아닌 모양이다. 다 커서도 학교짱 수준의 폭력을 저지르는 이들이 있다. 최태원 SK회장의 사촌동생인 최철원 M&M 전 대표는 한 대에 100만 원씩 쳐주겠다며 야구배트로 노동자를 구타했다. 고교 시절 학교짱 모시고 껄렁하게 놀던 아이들은 이런 걸 전문 용어로 '깻값 문다'고 표현했다. 유성기업이라는 곳에서는 파업에서 복귀하는 노동자에게 "나는 개다"라고 복창하게 했다고 한다. 발레오전장시스템스코리아라는 회사에서는 50대 노동자들을 세워놓고 '오리걸음', '한강철교' 등의 얼차려를 준다고 한다.

학교짱이야 학창 시절에 잠깐 철이 없어 하는 짓이라 치자. 성인이 되어서 이런 동네 양아치 수준의 폭력을 저지르는 것은 개체발생적으로는 발달장애일 것이고, 계통발생적으로는 진화의 순서를 거스르는 종種의 퇴화 현상이라 할 수 있다. 이 회사를 각하께서는 노사상생의 모범으로 칭찬했다고 한다. 각하의 장점이 이른바 '현장 정치'가 아닌가. 산업 현장의 실태를 직접 파악한다는 차원에서 잠깐 이 회사에 입사해 오리걸음과 한강철교를 하시면서 본인이 극찬한 그 흐뭇한 노사상생의 분위기를 직접 체험해보시는 건 어떨까? ✚

애나 어른이나 노는 게 제일 좋아!

아이들의 뽀통령, 부모들의 뽀느님.

아이들도 아는 진리 "노는 게 젤 좋아"

어린이의 신이자 대통령
뽀로로의 권능을 어른의 눈으로 해석하다

+ 진중권

　세계에서 가장 유명한 한국인은 연임에 성공한 반기문 유엔 사무총장일 것이나 어린이 세계에도 유엔이 있다면 전 세계의 유아들은 역시 만장일치로 '뽀로로'를 사무총장으로 뽑을 것이다. 유튜브에 들어가면 전 세계 유아들이 TV 앞에서 애니메이션 〈뽀롱뽀롱 뽀로로〉(이하 〈뽀로로〉)에 몰입한 모습을 담은 비디오를 쉽게 찾아볼 수 있다. 〈뽀로로〉를 시청하는 아이들의 태도는 거의 종교적 경건함에 가깝다. 〈뽀로로〉는 국적이나 인종의 차이를 넘어 범지구적 인기를 누리고 있다. 듣자 하니 이미 전 세계 80개국 이상의 나라에서 유아들이 〈뽀로로〉를 시청한단다.

다른 종과 대화하는 초자연적 현장

〈뽀로로〉의 권능을 증거하는 전설적 이야기. 서너 살 먹은 아이가 장난을 치다가 주전자에 빠져 몸이 끼어버렸다. 결국 119 구급대가 출동해 주전자에 낀 아이의 몸을 빼내야 했는데 구조 작업이 벌어지는 내내 아이는 전혀 그 나이답지 않게 울거나 떼쓰지 않고 어른 뺨칠 정도로 놀라운 평정심을 보여주었다. 그 순간 〈뽀로로〉를 시청하고 있었기 때문이란다. 인터넷에는 아이들을 휘어잡는 〈뽀로로〉의 위대한 권능을 증거하는 부모들의 세속적 간증이 차고 넘친다. "우리 아이의 절반은 〈뽀로로〉가 키워줬어요."

〈뽀로로〉를 찬양하는 데는 크게 두 가지 노선이 있다. 하나는 세속적 노선이고 다른 하나는 종교적 노선이다. 세속적 노선을 따르는 이들은 뽀로로를 '뽀통령'이라 부른다. 그들에게 뽀로로는 정치적 군장이다. 종교적 노선을 견지하는 부모들은 뽀로로를 '뽀느님'이라 부른다. 울고 불며 떼쓰는 아이를 달래는 일, 괴성을 지르며 사방천지 뛰어다니는 아이를 말리는 일은 '인간'의 능력을 넘어서는 일이다. 그런 아이들을 일거에 진정시키는 것은 '인간' 부모의 눈에 초자연적 이적으로 보일 수밖에.

두 노선이 서로를 배척하는 것은 아니다. 뽀통령을 모시는 이들이라고 그분을 뽀느님으로 섬기기를 꺼리지 않고, 뽀느님을 섬기는 이들이라고 그분을 뽀통령으로 모시는 데 이견을 달지는 않을 것이다. 천년왕국이 도래하면 어차피 하느님이 세속의 군주들을 제치고 직접 이 땅을 통치하신다지 않는가. 한마디로 뽀로로는 제정일치의 수장, 단군왕검 이후 최초로 한반도에서 다시 정치적 군장과 종교적 수장을 겸하신 분이다. 이러다가 민족의 토템이 곰에서 펭귄으로 바뀌는 사태가 일어날지 모르겠다.

펭귄을 주제로 한 애니메이션은 과거에도 있었다. 예를 들어 〈핑구*〉를 생각해보라. 〈핑구〉도 당시에 제법 인기를 끌었지만 몰입도에서는 〈뽀로로〉에 비할 바가 못 된다. 아마도 감정이입에 한계가 있어서 그럴 것이다. 〈핑구〉도 의인화된 형상이나 외관이 인간보다는 외려 펭귄에 가깝고 행동은 아이보다는 어른에 가깝기 때문이다. 〈핑구〉에서는, 가령 러시아의 애니메이션 감독인 유리 노르슈테인의 〈안개 속의 고슴도치〉에 등장하는 곰과 돼지처럼 친구 사이의 따뜻한 우정 같은 것이 별로 느껴지지 않는다.

아이들이 유난히 애니메이션을 좋아하는 것은 유년기의 '애니미즘'과 관련 있을 게다. 영화와 달리 애니메이션은 무생물에 생명을 부여한다. 이는 모든 사물에 생명이 있다고 느끼는 애니미즘의 감정과 통하는 데가 있다. 일찍이 러시아 영화 감독인 세르게이 예이젠시테인은 월트 디즈니를 부러워했다. 자기와 달리 디즈니는 무無에서 유有를 창조한다고 보았기 때문이다. 애니메이션에 대한 에이젠시테인의 열광에는 아마 아주 오래전 인류가 아직 유년기에 갖고 있던, 그러나 진화 과정에서 버려야 했던 애니미즘 감정이 깔려 있을 것이다.

게다가 〈뽀로로〉는 아이들이 좋아하는 동물 캐릭터를 주인공으로 삼았다. 인간은 성장 과정에서 자신을 동물과 구별함으로써 정체성을 형성하지만 유아들은 자신이 동물과 대화를 할 수 있다고 믿는다. 어른들은 동물을 3인칭으로 간주하나 아이들은 동물과 1인칭, 2인칭

* 핑구 Pingu
스위스의 클레이 애니메이션 시리즈. 이 애니메이션은 펭귄들이 이글루에서 살고 일하는 남극이 배경이며 남극점에 있는 펭귄 가족 이야기를 다루고 있다. 주인공은 그 가족의 아들인 핑구다.

ⓒ동촌종합사회복지관

의 관계를 맺고 싶어 한다. 사실 자신과 종種이 다른 존재와 대화가 가능하다면 그처럼 매력적인 세계도 없을 것이다. 유아들은 그렇게 멋진 세계에 산다. 동물을 주인공으로 한 애니메이션에 유아들이 매혹당하는 것은 어찌 보면 당연한 일이다.

아이들만의 것으로 온전히 구현된 이상 세계

하지만 〈뽀로로〉가 누리는 특별한 인기를 동물 애니메이션 일반의 특성으로 설명할 수는 없을 것이다. 흔히 그 인기 비결로 지적되는 것이 캐릭터의 매력이다. 제작진은 "아이들과 똑같은 체형인 2등신으로 캐릭터를 만들어 마치 자신의 이야기인 듯한 느낌이 들게 한 점이 적중한 것 같다"고 말한다. 아직 보행이 자유롭지 못해 뒤뚱뒤뚱 걷는 것도 네다섯 살 유아의 특성과 일치한다. 게다가 〈뽀로로〉는 자주 정면을 응시하며 TV를 보는 아이들과 눈을 맞춘다. 아무래도 이것이 '감정이입'을 더 쉽게 해줄 것이다.

아이들은 왜 자신들을 이 고글 쓴 펭귄과 쉽게 동일시하는 걸까? 뽀로로는 전혀 모범적이거나 이상적인 캐릭터가 아니다. 뽀로로는 크롱에게 짓궂은 장난을 하기도 하고, 에디의 장난감 비행기를 망가뜨리기도 하고, 루피가 구워놓은 맛있는 쿠키를 몰래 훔쳐먹기도 한다. 〈하멜른의 피리 부는 사나이〉 이야기에 겁먹은 친구들을 놀려주기 위해 밤에 변장을 하고 친구들을 찾아가 겁주기도 한다. 때로 '못된' 짓을 한다는 점에서 뽀로로는 평범한 유아의 모습 그대로다. 이것이 유아들에게 쉽게 감정이입되도록 해주었을 것이다.

〈뽀로로〉에는 펭귄 뽀로로 외에도 크롱(공룡), 에디(여우), 루피(비버), 포비(백곰), 패티(펭귄) 등 매력적인 캐릭터들이 등장한다. 자주 등장하지는 않지만 해리(새)와 뿌꼬(고래)도 있다. 각각의 캐릭터는 글자 그대로 저만의 '캐릭터'를 대표한다. 여우 에디는 발상이 뛰어난 발명왕이고 비버 루피는 얼굴에 이미 수줍음이 묻어나며 백곰 포비는 덩치만큼 육중한 신중함으로 아이들의 맏형 노릇을 한다. '크롱, 크롱' 외에는 몇 마디 말을 못하는 공룡 크롱은 아이들에게 아직 말을 못하는 아기 동생을 연상시키지 않을까?

뽀로로 마을은 어른이 없는 꾸러기 세상이다. 거기에는 공부를 하라고 다그치는 사람도 없고, 말 안 듣고 소리 지른다고 혼내는 사람도 없다. 로켓을 타고 하늘로 올라가다 떨어져도 다치지 않고, 썰매를 타고 달리다가 엎어져도 아파하지 않는다. 바람이 곧 현실이 되는 유아들의 이상 세계 속에서 각자 성격이 다른 여러 캐릭터들이 부대끼며 제법 갈등을 일으키고 그 갈등을 어른의 도움 없이 자기들끼리 해결해낸다. 뽀로로 마을에서 벌어지는 일들은 대여섯 살 아이들이 실제로 일상에서 겪을 법한 이야기다.

뽀로로 마을로 날아간 아이들은 거기서 어른의 도움을 받지 않는 유사 주체가 된다. 수용의 관점에서도 마찬가지다. 이제까지 유아를 대상으로 한 프로그램에는 이렇다 할 갈등 구조가 없었다. 갈등 구조가 있는 애니메이션은 유아에게는 너무나 복잡하고 어려웠다. 이 경우 유아들은 형이나 언니가 보는 애니메이션을 따라 보는 수준에 머문다. 하지만 〈뽀로로〉는 유아들도 이해할 수 있는 갈등 구조를, 유아들이 집중할 수 있는 최대 한도인 5분 남짓한 시간 안에 해결해준다. 이로써 유아들은 수용의 주체가 된다.

동심이 없다면 공감도 없다

하지만 이 모두는 어차피 어른들의 추측에 불과하다. 그렇다고 아이들에게 물을 수도 없는 일. "왜 재미있냐?"고 물어봐야 고작 "재밌으니까"라는 대답을 들을 테니까. 바나나가 맛이 있는 데도 이유가 있단 말인가? 너희에게 진실로, 진실로 이르노니, 너희 마음이 저 어린 아이와 같지 않으면 결코 뽀로로 마을에 들어갈 수 없느니라. 그래도 한 가지 이 나이 되도록 〈뽀로로〉에 진정으로 공감 가는 요소가 있긴 하다. "노는 게 제일 좋아 뽀롱뽀롱." +

뽀로로 마을은 어른이 없는 꾸러기 세상이다. 거기에는 공부를 하라고 다그치는 사람도 없고, 말 안 듣고 소리 지른다고 혼내는 사람도 없다. 로켓을 타고 하늘로 올라가다 떨어져도 다치지 않고, 썰매를 타고 달리다가 엎어져도 아파하지 않는다.

뽀롱뽀롱 눈으로 먹는 사탕

과학자 아빠가 관찰한 '뽀로로 앓이' 유아들의 욕망을 한 화면에 담다

+ 정재승

  서너 살밖에 안 된 애들을 데리고 여행을 가려면 반드시 챙겨야 할 필수품이 있다. 바로 〈뽀롱뽀롱 뽀로로〉 DVD. 칭얼거리거나 짜증낼 때 〈뽀로로〉만 한 특효약도 없다. 보여주려고 DVD 플레이어 앞에만 가도 애들은 TV 앞에 모여앉아 머리를 TV 안으로 박을 태세다. 두 시간 집중도 아마 끄떡없을 게다. 다년간의 관찰 결과 〈뽀로로〉에 대한 아이들의 몰입 시간은 초자연적인 수준이다.

뽀로로는 영락없이 우리 애들

  내게 〈뽀로로〉란 '아이들의 측좌핵(쾌락의 중추)을 활성화하는, 눈으로 먹는 사탕'이다. 주기적으로 보지 않으면 아이들은 화를 내고, 한동안 못 보면 금단증상을 보인다. 길거리에서 뽀로로 캐릭터 사진만 봐도 집에 가서 보겠다고 조르고, 뽀로로 인형만 봐도 사달라고 난리다.

듣자 하니 이젠 전 세계 아이들이 비슷한 증세에 시달리고 있는 모양이다. 일본, 프랑스, 영국 등 전 세계 110여 국에 이미 수출했고, 애니메이션 속 캐릭터를 활용한 완구, 출판, 가구, 문구 등의 매출도 2009년까지 판매 매출 누적액 기준으로 약 8300억 원에 이른다고 한다. 〈뽀로로〉를 보겠다며 서너 살 애들이 TV 앞을 떠날 줄 모르는 이 비정상적인 사회현상은 이제 유엔이 나서서 풀어야 할 국제적 이슈가 될 전망이다. 도대체 〈뽀로로〉의 무엇이 우리 아이들을 이 지경으로 만들었을까?

과학자로서 〈뽀로로〉를 체계적으로 분석하기보다는 '〈뽀로로〉 시청자'를 옆에서 다년간 관찰한 아빠로서 판단하기에 〈뽀로로〉의 매력은 '애들이 공감할 수 있는 캐릭터와 덜 교육적인 이야기'에 있지 않나 싶다.

〈뽀로로〉의 등장인물은 지구 생태계를 전혀 고려하지 않은 동물들의 조합이다. 남극 펭귄 뽀로로와 북극곰 포비, 북미 산악지대에 어슬렁거릴 법한 여우 에디와 강가의 비버 루피 그리고 6500만 년 전에 멸종한 공룡 크롱 등 전 세계에서 가장 귀엽고 아이들이 좋아할 만한 동물들을 서식지와 상관없이 한데 모았다. 이처럼 캐릭터를 동물로 한 것은 수출을 대비한 글로벌 전략으로 유효해 보인다(〈뽀로로〉에 등장하는 모든 책이 영어책인 것을 아는가? 처음부터 글로벌 전략을 염두에 둔 설정일까? 설마!).

서너 살 아이들처럼 등장인물들은 하나같이 얼굴이 크고 팔다리는 짧은 2등신. 크롱처럼 "크롱크롱"이라는 옹알이만 할 줄 아는 녀석부터 펭귄처럼 뒤뚱뒤뚱 걷는 녀석까지 유아들의 모습을 많이 닮았다. 실제 사람이 아니라서 해외에서도 공감할 수 있게 보편성을 가지면서도 외형이나 행동이 아기들을 쏙 빼닮아 유아들이 열광할 만하다. 아마도 아이들은 자신과 체형이나 걸음걸이가 비슷한 캐릭터를 보며 친구처럼 동료의식을 느꼈을 것이다(그 또래의 아이들은 만화에서 사람 캐릭터보다 동물 캐릭터를 더 친근하게 생각한다).

아이들이 좋아하는 강렬한 색감과 다채로운 성격을 부여한 것도 캐릭터의 매력을 더하는 데 한몫했을 것으로 보인다. 수많은 캐릭터가 산재한 쇼핑몰 매대 위에서도 〈뽀로로〉의 캐릭터들은 가장 먼저 눈에 띈다. 우리 애들도 언제 어디서든 뽀로로와 친구들은 가장 먼저 발견한다. 파란색, 노란색, 분홍색, 흰색, 초록색 등 화려하면서도 귀여운 색감은 캐릭터가 동물을 넘어 완전히 새롭게 창조된 '미지의 존재'처럼 느껴지게 만든다(그런 의미에서 강아지나 고양이, 토끼 같은 친근한 동물을 사용하지 않은 것은 적절한 선택이었다).

하늘을 날고 싶어 매일같이 파일럿 모자와 고글을 쓰고 있는 펭귄 뽀로로는 영락없이 우리 애들이다. 하늘을 날고 싶지만 제대로 걷지도 못하는 펭귄, "노는 게 제일 좋아, 친구들 모여라!"라고 노래하는 뽀로로는 서너 살배기 아이들의 욕망을 그대로 대변한다. 크롱은 뽀로로를 능가하는 장난꾸러기인데, 말은 잘 못하지만 개념 없이 장난이 심한, 어느 집에나 있을 법한 '동생'을 연상시킨다. 아이들은 크롱의 장난에 종종 당하는 뽀로로를 보며 동정과 연민을 느끼기도 한다(뽀로로도 반격을 시도하고 꾀를 내지만 번번이 당하고 만다).

3D로 표현된 배경도 몰입 요소

유아가 집중할 수 있는 시간은 겨우 5분 내외, 따라서 유아용 애니메이션은 5분 안에 모든 재미있는 요소를 쏟아부어야 한다. 5분짜리 스토리에 무슨 '재미'를 담을 수 있을까 싶지만 어른인 내가 봐도 〈뽀로로〉는 재미있다. 짧지만 기승전결의 구조가 잘 담긴 이야기가 우선 흥미롭다. 가끔 감동도 준다. 종종 밋밋하게 끝나기도 하지만 아이들에겐 기승전결이 크게 중요하지 않다.

게다가 섬세한 묘사가 재미를 더해준다. 지구를 구하거나 예쁜 공주로 변하는 식의 영웅 모험담이 아니라 서너 살 아이들이 일상에서 겪는 소소한 경험을 다루다 보니, 애들은 또래 친구들과 어울려 노는 느낌을 받으며 공감한다. 우상화보다는 친근감에 무게를 두었다고나 할까? 서로 골탕 먹이고 장난치는 모습을 보면 영락없이 우리 애들이다.

등장인물들의 행동은 굉장히 섬세하게 우스꽝스럽다. 작은 동작에도 아이들의 웃음이 빵 터질 수 있도록 의외로 소소한 '슬랩스틱'이 많다. 슬랩스틱의 숨은 공헌자는 단연 에디와 패티다. 이들이 뽀로로나 루피와 벌이는 슬랩스틱 코미디가 5분 동안 아이들을 완전히 몰입하게 만든다. 너무 교육적이려고 노력하지 않고 힘을 뺀 이야기가 오히려 아이들에게 어필했다고나 할까?

많이들 주목하진 않지만 개인적으로 강조하고 싶은 대목은 '3D로 표현된 배경'이다. 문화신경과학을 연구하는 과학자들에 따르면 만화나 그림책을 볼 때 서양 아이들은 인물에 주목하는 반면에 아시아 아이들은 '배경과 함께 선 인물'에 주목한다. 다시 말해 서양 아이들은 어떤 상황에서든 금세 캐릭터를 인지하지만 동양 아이들은 배경과 함께 인물을 파악하기 때문에 배경이 바뀌면 캐릭터를 다르게(혹은 낯설게) 인지한다는 것이다. 이처럼 우리나라 아이들은 배경에 민감하다는 얘기다(그래서 서양의 유아용 만화는 오랫동안 배경 묘사가 최소화되어 있었지만 요즘은 점점 늘어나는 추세다).

또 다른 펭귄 만화 〈핑구〉에 비해 〈뽀로로〉의 탁월한 점 역시 3D로 표현된 배경이다. 침엽수들이 울창하고 눈으로 덮인 숲 묘사가 실감나며, 낚시를 하거나 숲 속 오두막에서 놀 때 묘사된 뒷배경은 아이들이 몰입할 만큼 큰 즐거움을 준다. 침엽수림 속에 있는 펭귄 뽀로로와 패티, 낚시하는 공룡 크롱처럼 '공간과 캐릭터의 이질감'은 아무것도 모르는 아이들이 보더라도 오래도록 '낯선 광경'으로 신선함을 줄 수 있다.

"뽀로로의 엄마, 아빠를 찾아주세요"

〈뽀로로〉를 수출 역군으로만 여기는 기성세대에게 뽀로로와 루피, 크롱과 에디, 포비는 그저 '기특한 녀석들'일 것이다. 아이들을 조용히 시키려는 '시각적 사탕발림'으로 여기는 부모들에게 〈뽀로로〉는 '이걸로 우리말을 좀 배웠으면' 하는 교육용 교재일 뿐이다.

그러나 〈뽀로로〉는 '서식지에서 벗어난 고아 동물들이 부모의 보살핌 없이 스스로 생활을 꾸려가는 이야기'를 담은 엽기적인 애니메이션이다. 그들은 내일을 걱정하진 않지만 보살핌을 기대하지도 않는, 숲 속에 버려진 고아들이다. 바라건대 이 애니메이션을 보고 자란 아이들이 EBS 앞에서 언젠가 "뽀로로와 패티를 남극으로 돌려보내주세요!", "뽀로로와 친구들을 부모의 품으로 돌려보내주세요!"라고 피켓 시위를 하는 아름다운 광경을 보고 싶다. ✚

육식

끊을 수 없는 '남의 살'에 대한 갈망

소를 포함하여 여타 가축들은 미국에서 생산되는 모든 곡물의 70퍼센트를 소비한다. 지구상에서 생산되는 전체 곡식의 3분의 1을 소와 다른 가축이 먹어치우고 있는 반면 수없이 많은 사람들이 기아와 영양실조에 허덕이고 있다.

— 제레미 리프킨,《육식의 종말》중에서

육식 도시인의 비애

잡식 동물로 진화해온 인간에게 육식 전폐는 본성을 거스르는 일?

+ 정재승

영국의 작가 존 버거는 〈왜 동물을 보는가?〉라는 에세이에서 인간은 동물과 접촉하지 않게 되면서, 특히 눈과 눈을 서로 들여다보지 않게 되면서 동물들과 잔인한 관계를 맺게 되었다고 주장한다. 어린 시절 도축장에 끌려가는 소의 눈망울을 본 뒤 한동안 고기를 먹지 못한 경험을 해본 사람이라면 존 버거가 무슨 말을 하는지 쉽게 수긍이 가리라. 나도 역시 초등학교 시절 TV 다큐멘터리에서 '소를 도축장에 끌고 가는 장면'을 보고서 한동안 비슷한 '육식 전폐'를 경험한 적이 있다.

동물과 시선을 마주해본 사람이라면

존 버거에 따르면 우리는 동물의 눈을 바라보며 (다시 말해 어느 정도 신비롭다고 할 수 있는 '시선 접촉'을 통해) 인간이 동물과 대단히 비슷하면서 동시에 매우 다른 존재라는 사실을 인식하게 된다. 우리는 동물의 눈을 바라보며 그들과 공감하고 그들의 감정을 엿보며 때론 동일시한다. 최소한 그들이 우리와 비슷한 감정과 고통 그리고 존엄한 생명을 가진 존재라는 사실을 그 순간 인식하게 된다.

그러나 도시가 발달하고 도축장이 도시인들의 삶에서 점점 멀어지면서 시선 접촉을 해본 적이 없는 도시인들은 점점 '잔인한 육식동물'로 진화해왔다. 그들에게 고기는 그저 얇게 잘 썰어진, 살코기가 튼실한 혹은 냉동포장 안에 평화롭게 누워 우리의 식탁 위에서 맛있게 요리되기를 기다리는 식재료, 그 이상도 이하도 아닌 존재가 되어버렸다. 동물과의 시선 접촉이 사라진 시대에 사람들은 동물에게 시선을 돌리고 그들을 편하게 잡아먹는 '먹이사슬의 관계'로 회복되었다.

동물의 눈을 피하지 못한 사람들은 점점 채식주의자가 되어가는 추세이며 이를 내 주변에서도 자주 목격하게 된다. 채식주의자들은 전 지구적으로 매시간 400마리의 송아지가 도축장에서 총이나 주사에 맞고 죽어간다는 사실을 식탁에 앉을 때마다 인식한다. 그보다 훨씬 더 많은 닭과 돼지들이 인간의 식탁에 올라오기 위해 훨씬 더 잔인한 방식으로 죽어간다는 사실 또한 기억하고 있다. '산업적 도축 현장'이 얼마나 잔인한가를 인식하는 사람들은 채식을 일상화하는 놀라운 능력을 발휘한다.

'육식'을 테마로 글을 쓰면서 미국의 석학 제레미 리프킨처럼 육식에 대한 맹비난과 함께 육식을 하지 말자고, 우리 모두 채식주의자가 되자고는 차마 말하지 못하겠다(난 오늘도 고기를 구워 먹었으니까). 자본주의의 몸뚱이를 가진 사람으로서, 글과 삶을 일치시키려고 노력하는 사람으로서, 무엇보다 그토록 꽃등심을 즐기고 한 달에 몇 마리의 닭을 먹지 않으면 삶이 유지되지 않는 육식주의자로서 나도 못하는 '육식 끊기'를 권할 순 없는 노릇이다. 그저 채식주의자들에게 경의를 표하고, 도시에 살고 있는 사람들에게 "우리 앞으로 되도록 육식 소비를 줄입시다!" 정도로만 말할 수밖에 없는 저를 용서하시길.

과학자로서 부끄러운 축산업 공장

동물과의 시선 접촉이 사라진 도시 시공간에서 동물의 시선을 느끼는 채식주의자는 그 자체로 훌륭한 사람들이다. 그들은 육식이라는 인간 본성을 거슬러가며 생태계 안에서 우리가 동물과 행복하게 공존하는 세상을 꿈꾼다. 실제로 프랑스의 사법관이자 문인인 브리야사바랭의 말처럼 "세상에서 먹을 수 있는 모든 것이 인간의 거대한 식욕 앞에 송두리째 맡겨져 있는 오늘날, 인간의 복잡한 미각은 거의 '완성' 단계에 이르렀고 자연 생태계 전체에서 인간은 유일한 미식가"다. 동물과 식물을 가리지 않는 인간의 왕성한 식욕과 잡식 능력은 그 자체로 유일하며 위대하다는 얘기다.

알다시피 인간의 몸은 고기와 채소를 먹기에 아주 잘 발달해왔다. 인간의 이는 동물의 살을 무자비하게 찢기에 효율적으로 어금니와 앞니가 발달해왔고, 오래도록 식물성 섬유를 찢기에도 적절하게 진화해왔다. 이 두 쌍의 도구를 모두 갖춘 동물은 많지 않다.

인간의 위장과 소장이 가진 능력 또한 각별하다. 인간의 위는 특별

식용으로써 먹도록 인도하고 쾌락으로써 보상한다.

조물주는 인간이 먹지 않으면 살 수 없도록 창조하였으며,

히 '엘라스틴'이라는 단백질을 분해하는 효소를 생산하는데, 엘라스틴은 고기 말고는 어디에서도 발견되지 않는다. 인간의 대사는 특정한 화합물들을 필요로 하는데, 비타민C처럼 어떤 화합물은 식물에서만 얻을 수 있고 비타민B_{12}처럼 어떤 화합물은 동물에서만 얻을 수 있다. 다시 말해 지난 3만 년간 느리면서도 오랜 진화 과정을 거쳐 인간은 '잡식동물의 몸'을 갖게 된 것이다.

게다가 1.4킬로그램의 무거운 두뇌를 갖게 된 인간은 여기에 창의적인 미식 문화까지 갖게 되어 유례를 찾아볼 수 없는 잔인한 동물로 변모했다. 돼지와 닭, 소들을 좁은 공간에서 대량으로 키우고, 그들에게 하루 종일 음식을 먹게 만드는 끔찍한 장치를 개발하고, 기름기가 잘 배어 있는 살코기를 만들어내려고 먹여서는 안 될 사료를 대량으로 제공하는 무자비함을 테크놀로지화했다.

불행하게도 몬샌토 같은 거대 기업이 과학기술로 무장해 그 최선봉에 서 있다는 사실을 과학자의 한 사람으로서 반성하지 않을 수 없다. 슈퍼마켓의 풍요로운 음식 풍경을 제공하려고 유전자를 조작한 식물을 대량재배하고, 부적절한 사료를 대량생산하고, '유기농'이라는 그럴듯한 이름을 내세워 지금의 산업적인 음식 사슬의 모순과 폐해를 더욱 공고히 하는 일을 조직적으로 자행하고 있다. 그들이 만든 살충제는 생태계의 먹이사슬을 왜곡하고 식물을 비정상적으로 성장하게 하며 육식 세계를 유지하는 데 필요한 자원을 제공하는 데 기여한다.

아리스토텔레스가 말했듯이 인간은 "식욕을 통제하는 가치 있는 미덕이 없다면" 모든 동물 가운데 음식과 관련해 유례를 찾아볼 수 없는 가장 불경하고 잔인하며 사악한 동물이다. 제레미 리프킨이《육식의 종말》에서 언급한 수많은 통계가 아니더라도 지금까지 육식으로 인해 지구와 자연 생태계가 입은 피해는 상상을 초월할 정도다.

음식사슬이 짧은 식탁을 꿈꾸며

점점 미국인의 몸을 닮아가는 우리나라 사람들도 미국인들이 가장 부러워하는 '프랑스인의 역설'에 주목할 만하다. 비만이 '전 국가적 우환'인 미국 사람들은 프랑스인의 식생활에 관심이 많다(치즈와 함께 와인을 적당히 마시면 심장병과 비만에 걸릴 확률이 낮아진다는 신문 기사를 미국에서는 일주일에 서너 번씩 보게 된다!). 그들은 프랑스인들이 몸에 안 좋은 음식을 충분히 즐기면서도 어떻게 심장병과 비만 문제를 잘 해결하고 장수를 얻게 되었는지 관심이 많다.

실상 탄수화물과 지방이 많이 든 음식은 맛있지만 '독'이라고들 한다. 그런데 어떻게 프랑스인들은 독을 즐기면서도 장수하게 되었을까? 프랑스인들은 음식을 어떻게 먹느냐 그리고 어떻게 대하느냐가 무엇을 먹느냐만큼 중요하다고 주장한다. 프랑스인은 몸에 좋지 않은 각종 음식을 먹는다(푸아그라를 생각해보라!). 하지만 그들은 엄격하고 안정된 일련의 규칙에 따라 음식을 먹는다. 적은 양을 먹고 식사 외에 간식은 삼가며 거의 혼자 먹는 법 없이 여럿이 함께 오랫동안 여유로운 식사를 한다. 이거, 우리에게 쉽지 않은가! 우리는 프랑스인들보다 더 훌륭한 음식문화를 가지고 있으니까. 우리의 전통 음식과 식사문화는 프랑스인들보다 더 건강하다.

도시에 사는 인간은 점점 음식사슬이 긴, 그래서 세상에 대한 의존도가 높은 삶을 살고 있다. 하지만 언젠가는 나도 음식사슬이 짧은 식사 생활을 꿈꿔본다. 내가 재배한 것을 먹고, 직접 사냥한 무언가를 요리하고, 채집해 얻은 것으로 식사를 하는 삶 말이다. '자연이라는 풍요로운 레스토랑에서 요리사로서 사는 삶'을 오늘부터 꿈꿔본다. +

육식과 채식 사이에서

고기를 먹는다는 것에 대한 사회학적 고찰
영양 과잉, 노동계급의 식단이 된 육식

+ 진중권

어느 채식주의자의 강연을 듣고 한동안 고기를 안 먹고 살았다. 그 결심은 오래가지 못했다. 고기를 포기하면 식당에서 딱히 시킬 게 없었기 때문이다. 게다가 굳이 고기를 구워 먹지 않아도 고기는 가령 뼛국물이나 만두소의 형태로 거의 모든 음식에 이미 들어가 있다. 완벽한 채식을 체험하려고 서울 인사동의 사찰음식 전문점을 찾아가 봤다. 값은 엄청나게 비싼데, 먹고 나니 뭔가 허전한 느낌. 역시 고기의 빈자리를 푸성귀로 채우기에는 역부족이었다. 역시 고기는 맛있다.

고기의 추억

흔히 소득이 증가함에 따라 우리의 식단도 '서구식'으로 변하고 있다고 말한다. 그 변화의 핵심은 물론 육류 소비의 증가일 것이다. 지금이야 고기가 흔해졌지만 내가 어린 시절만 해도 식탁에 고기가 오르는 일은 드물었다. 어쩌다 한 번 고기가 올라오면 식탁 위에서는 식구들 사이에 고기를 둘러싸고 치열한 쟁탈전이 벌어졌다. 내가 우리 집안의 독자이기를 얼마나 바랐던가. 설이나 추석 같은 명절이 되어야 비로소 고기를 먹으면서도 가족애를 유지할 수 있었다.

그 시절 그나마 단백질을 보충해주었던 것이 닭고기. 지금이야 온갖 브랜드의 튀김 닭이 난무하지만 당시에는 '전기구이 통닭'이 그 분야에서 독보적 존재였다. 그때 먹었던 전기구이 통닭이야말로 온갖 종류의 치킨에 길들여진 지금까지도 내 생애 최고의 통닭으로 남아 있다. 당시에는 닭조차 사 먹을 형편이 안 되어 주로 손님이 선물로 들고 왔을 때나 맛보았던 것으로 기억한다. 하긴 그 시절 우리 어머니 소원이 달걀을 잔뜩 사서 원 없이 삶아 먹이는 것이었다고 하니까.

군대생활을 할 때 우리는 쇠고깃국을 '황소도강탕'이라 부르곤 했다. 황소가 건너간 강물을 떠다가 끓인 국이라는 뜻이다. 아무리 휘저어도 숟가락 끝에 고기는 걸리지 않으나 국물을 떠 마시면 살짝 혀끝에 걸리는 아련한 황소의 자취. 군대에서 쇠고기는 부재하면서 존재했다. 돼지고기는 그보다는 조금 나았다. 하지만 군대생활을 하며 내가 발견한 것은, 군대 밖에서 통용되는 생물학적 상식과 달리 돼지라는 동물은 100퍼센트 비계로만 이루어졌다는 사실이다.

과거에 고기는 부자들만 먹는 것이었으나 오늘날 고기를 먹는 것은 대수롭지 않은 일이 되었다. 거리로 나가보라. 도처에 널린 것이 고깃집이다. 노동계급 중에서 하층에 속하는 이들도 고된 일을 마치고 근처의 고깃집에서 불판 갈아가며 삼겹살 구워 소주 한잔 걸칠 정도의 여유는 갖고 있다. 물가가 뛴다 하나 한국의 중산층이라면 일주일에 한 번 정도는 가족과 함께 외식을 나가 꽤 비싼 쇠고기를 1인당 2~3인분씩 시켜 먹곤 할 것이다. 경제성장과 더불어 육식은 보편화되었다고 할 수 있다.

프랑스 사회학자 피에르 부르디외에 따르면 서구에서도 산업화와 더불어 육류 소비가 급증했단다. 소득이 늘자 노동계급까지도 대거 고기 소비에 뛰어들었기 때문이다. 하지만 그때쯤 상류층은 고기의 폭식에서 벗어나 열량이 적은 가벼운 식단으로 바꾸기 시작한다. 물론 이는 양 적고 질 좋은 음식을 통해 자신들을 하류계층과 차별화하려는 일종의 기호학적 행위다. 고기가 사회적 기호의 기능을 상실하자 외려 채식이 고급스러운 식문화로 부각되고, 육식은 노동계급적인 식단으로 여겨지기 시작한다.

하긴 정신노동에는 많은 신체적 열량이 필요 없다. 하지만 한국에서는 화이트칼라마저도 여전히 노동계급적 식단을 좋아하는 것 같다. 왜들 그렇게 고기를 좋아할까? 못 먹던 시절의 기억이 아직 남아서? 하지만 이것이 오래가지는 않을 것이다. 이미 상류층은 담백한 낮은 열량의 식단으로 옮아갔고 머잖아 중산층도 그들의 뒤를 따를 것이다. 그들이 모두 채식을 하지는 않을 것이다. 하지만 고기를 먹어도 그들은 양보다는 질, 고급스러운 부위를 섬세하게 조리해 먹는 쪽을 택할 것이다.

더 이상 필연적 이유가 없는 육식

영양 결핍의 시대에 고기는 영양의 대명사였으나 오늘날처럼 영양 과잉의 시대에 육식은 외려 건강에 해로운 것으로 여겨진다. 오늘날 의사들은 환자에게 콜레스테롤 얘기를 하며 고기 섭취를 줄이라고 권한다. 육식이 건강에 해로울 수 있다는 인식은 오래전부터 존재했다. 가령 칸트는 고기를 먹을 때 육즙만 빨아먹고 고기 자체는 식탁에 뱉어냈다고 한다. 그와 더불어 사유를 하는 것은 좋은 일이나 그와 더불어 식사를 하는 것만은 사양하고 싶다.

이빨의 모양으로 판단하건대 인간은 원래 잡식동물이었던 것으로 추정된다. 인간은 육식을 통해 뇌를 발달시킴으로써 원숭이의 상태에서 벗어나 오늘날의 인간이 될 수 있었다는 가설도 있다. 하지만 스님이나 채식주의자들이 일절 육식을 하지 않고도 뇌기능에 전혀 지장이 없는 것을 보면 인류 전체가 장기간에 걸쳐 채식을 한다고 해서 진화를 거슬러 다시 원숭이로 퇴화할 것 같지는 않다. 뇌의 크기가 지능을 결정한다면 지구는 오래전에 흰긴수염고래에게 장악되었을 것이다.

흔히 단백질은 고기를 통해 섭취해야 한다고 하나 단백질은 채식을 통해서도 섭취할 수 있다. 칼슘을 섭취하려면 우유를 마셔야 한다고 하나 정작 골다공증 환자가 많은 곳은 우유 소비가 왕성한 서구라는 얘기도 있다. 건강과 영양에 관한 얘기는 워낙 논란이 분분해 어느 쪽이 진실인지 알 수 없으나 분명한 것은 인간이 굳이 육식을 해야 할 필연적 이유는 없다는 것이다. 더군다나 육식을 위해 지불해야 할 대가가 크다면 한 번쯤 육식 없는 식문화를 상상해볼 필요가 있지 않을까?

이 문제에 사회적 관심을 모으는 데 결정적 기여를 한 것이 제레미 리프킨의 저서 《육식의 종말》일 것이다. 방대한 자료를 동원한 이 저서에서 리프킨은 (특히 미국 사회에서) 육식이 초래하는 문제들을 충격적으로 보여준다. 하지만 그가 당장 완전한 채식으로 전환해야 한다고 주장하는 것 같지는 않다. 당장의 목표는 미국에서 육류 소비를 50퍼센트가량 줄이는 데 있다. 이 목표를 달성하려고 그는 지금도 다양한 사회적 실천을 하고 있다.

인류가 채식으로 전환해야 한다는 주장에는 크게 네 가지 근거가 있다. 인간의 건강, 동물의 권리, 식량의 배분, 생태의 보존이 그것이다. 채식을 할 경우 일단 먹는 이의 건강에도 좋고 불필요하게 동물을 죽이지 않아도 되며 가축을 기르는 공간에 농사를 지어 기아를 해결할 수 있고 가축 분뇨로 인한 수질 오염 및 이산화탄소 방출로 인한 온실효과도 방지할 수 있다는 것이다. 육식의 포기로 이렇게 많은 문제를 해결할 수 있다면 당장 채식으로 전환하는 것이 합리적일 게다.

고기 굽게 하는 글쓰기의 고통

문제는 그 실천이 쉽지 않다는 것. 개인적으로는 낮은 수준에서 이 전환을 시도하고 있다. '개고기는 일절 먹지 않고, 면이나 국의 육수로 나오는 경우가 아니라면 쇠고기, 닭고기, 돼지고기는 삼가고, 남의 살에 대한 욕망은 되도록 생선으로 채우자.' 물론 이마저 쉽지 않아 가끔은 원칙을 어긴다. 하지만 어디 고기를 일절 먹지 않는 것만 실천이겠는가? 되도록 적게 먹는 것도 앞에 나열한 문제를 해결하는 데는 어느 정도 도움이 될 것이다.

물론 극심한 정신적 스트레스로 신체에 원기가 떨어졌을 때는 고기로 보충할 수는 있다. 가령 어제 같은 경우가 그랬다. 마감 전에 원고를 써 보내야 하는 글쟁이들의 정신적 고통을 아는가? '육식'이라는 주제로 무슨 글을 쓰냐고 서로 걱정하며, 대전의 한 식당에서 정재승 선생과 고기를 구워 먹었다. +

+ 10
UFO

외계인.
있다? 없다?

미확인비행물체.
unidentified flying object.

불합리하기 때문에 믿는다

이집트 하늘을 떠돈 '불로 된 원들'부터
외계의 신을 모시는 21세기 UFO종교까지

+ 진중권

오늘날과 같은 UFO 신드롬은 1947년 아마추어 조종사인 케네스 아널드의 목격담이 언론에 대서특필됨으로써 시작되었다. "그 물체들은 마치 찻잔 받침(접시)처럼 날아다녔다." 그의 목격담 때문에 UFO는 한동안 '비행접시'라 불려지게 된다. 하지만 UFO를 목격한 역사는 아주 오래전으로 거슬러 올라간다. 예수 탄생 1400여 년 전 이집트의 파라오 투트모세 3세의 문헌에 "불로 된 원들"이 며칠 동안 하늘에 떠돌아다녔다는 기록이 등장한다.

UFO는 원래 신의 영역에서 먼저 등장했다

성서에도 UFO를 연상시키는 구절이 다수 등장한다. 가령 "여호와의 신이 수면을 운행하시도다"는 〈창세기〉 구절, 이집트에서 탈출한 이스라엘 백성 앞에 불기둥이 나타났다는 〈출애굽기〉의 구절을 생각해보라. 무엇보다도 흥미로운 것은 에스겔 선지자가 목격한 이상한 장면이리라. "그 순간 북쪽에서 폭풍이 불어오는 광경이 눈앞에 펼쳐졌다. 구름이 막 밀려오는데 번갯불이 번쩍이어 사면이 환해졌다. 그 한 가운데에는 불이 있고 그 속에서 놋쇠 같은 것이 빛났다(에스겔 1:4)."

로마 작가 율리우스 옵세쿠엔스도 저서 《징조의 서》에서 "배", "둥근 방패", "불로 된 구체" 등 다양한 모양의 물체에 관해 언급한다. 16세기에 발간된 〈뉘른베르크 전단〉에 따르면 1561년 4월 뉘른베르크의 하늘에서 구, 십자가, 접시, 원통, 쐐기 등 다양한 모양의 물체들이 "서로 싸우기 시작"하더니, 한 시간 뒤 하늘로 치솟았다가 불타며 땅으로 추락해 하얀 김을 내며 사라졌단다. 뉘른베르크 시민들이 본 것은 UFO의 공중전이었을까?

UFO 목격담은 조선시대에도 있었다. 가장 유명한 것은 광해군 시절에 강원도에서 목격된 UFO에 관한 기록이다. 이는 국가의 공식 문서인 《조선왕조실록》에 기록되었기에 각별한 의미를 갖는다. 광해군 1년(1609년)에 강원 감사 이형욱은 강원도에서 목격된 이상한 물체에 관해 보고한다. 흥미로운 것은 이 현상이 한 곳이 아니라 비슷한 시간에 간성, 원주, 강릉, 춘천, 양양 등 여러 지역에서 동시에 목격되었다는 점이다. "간성군에서 8월 25일 사시(오전 10시) 푸른 하늘에 쨍쨍하게 태양이 비치었고 사방에는 한 점의 구름도 없었는데, 우레 소리가 나면서 북쪽에서 남쪽으로 향해 갈 즈음에 사람들이 모두 우러러

보니, 푸른 하늘에서 연기처럼 생긴 것이 두 곳에서 조금씩 나왔습니다. 형체는 햇무리와 같았고 움직이다가 한참 만에 멈추었으며, 우레 소리가 마치 북소리처럼 났습니다."

다른 지역의 목격담도 내용이 대체로 일치한다. 특히 강릉부의 기록은 그 물체의 형상을 자세히 묘사하고 있다. "강릉부에서는 8월 25일 사시에 해가 환하고 맑았는데, 갑자기 어떤 물건이 하늘에 나타나 작은 소리를 냈습니다. 형체는 큰 호리병과 같은데 위는 뾰족하고 아래는 컸으며, 하늘 한가운데서부터 북방을 향하면서 마치 땅에 추락할 듯하였습니다. 아래로 떨어질 때 그 형상이 점차 커져 3, 4장丈 정도였는데, 그 색은 매우 붉었고 지나간 곳에는 연이어 흰 기운이 생겼다가 한참 만에 사라졌습니다. 이것이 사라진 뒤에는 천둥소리가 들렸는데……."

이 목격담을 소재로 사극이 만들어지기도 했다. 당시 조정에서 이 현상을 어떻게 받아들였는지 알 수는 없지만 드라마는 그것을 새로 부임한 왕(광해군)의 치세에 관한 불길한 징조로 풀었다. 그럴듯한 해석이다. 현대에 들어오기 이전에 UFO는 실제로 '신의 역사'나 '하늘의 징조'로 해석되곤 했기 때문이다. 아직 과학이 없던 시절에 이해할 수 없는 현상을 사유체계에 통합시키는 유일한 틀은 신학적, 신화적, 주술적 패러다임이었다.

너무도 외계적이며, 너무나도 인간적인

UFO 현상의 물리적 특성은 예나 지금이나 동일할지 몰라도 오늘날의 UFO는 과거의 그것과는 전혀 달랐다. 1947년 이후 UFO 신드롬은 당시 국가기관에서 이 현상에 관심을 보인 것과 관련 있다. 국가의 공인(?)에 힘입어 UFO가 대중의 의식 속에서 실존하게 된 것이다. 하지만 당시 각국 정부의 UFO에 대한 관심은 그때 막 등장한 냉전의 산물이었다. 즉 그들은 비행물체가 혹시 적국(가령 소련)의 비밀무기가 아닌가 의심했다.

이와 비슷한 민간 담론으로는 이른바 '나치 테크닉' 신화가 있다. 실제로 제2차 세계대전 때 독일 기술자 아르투어 작이 'SACK AS6'라는 접시 모양의 비행체를 만들었다. 하지만 그것은 두 개의 프로펠러로 움직이는 목재의 원시적 비행체로, 비행 성능이 형편없는 것으로 드러나 폐기되었다. 이것이 존재하는 유일한 역사적 실체이며, 이 외에 인터넷에 떠도는 제법 그럴듯한 모양의 '제국비행접시' 사진이나 설계도는 모두 조작된 것이다.

UFO가 적국의 비밀병기일 가능성이 희박한 것으로 드러나자 각국 정부는 차츰 UFO에 흥미를 잃게 된다. 1950년대 초만 해도 UFO는 실존하는 물체로 여겨졌으나 1950년대 후반에 이르러 적어도 공적 영역에서는 UFO의 실존에 대해 회의론이 우세하게 된다. 이때부터 UFO는 본격적으로 사적 담론과 대중문화의 영역으로 흘러 들어가 왕성한 공상과학적 상상력의 풍부한 자양분이 되어준다. 우리에게 익숙한 UFO의 관념은 실은 이때 형성된 것이다.

이 시기의 특징은 UFO가 본격적으로 외계인과 연결되기 시작했다는 데 있다. 1950년대 말은 본격적으로 우주비행이 시작된 때였다. 이로써 대기권 너머의 세계, 아니 지구 바깥의 세계가 대중의 의식 속으로 들어오게 된다. UFO가 적국의 비밀병기가 아니라면 그것의 유일한 출처는 우주가 아니겠는가? 이른바 '로스웰 추락 사건*'은 1947년에 발생했으나 그것을 본격적으로 외계인과 연결시키기 시작한 때는

제2차 세계대전 때 독일 기술자 아르투어 작이
'SACK AS6'라는 접시 모양의 비행체를 만들었다.
이것이 UFO에 대해 존재하는 유일한 역사적 실체다.

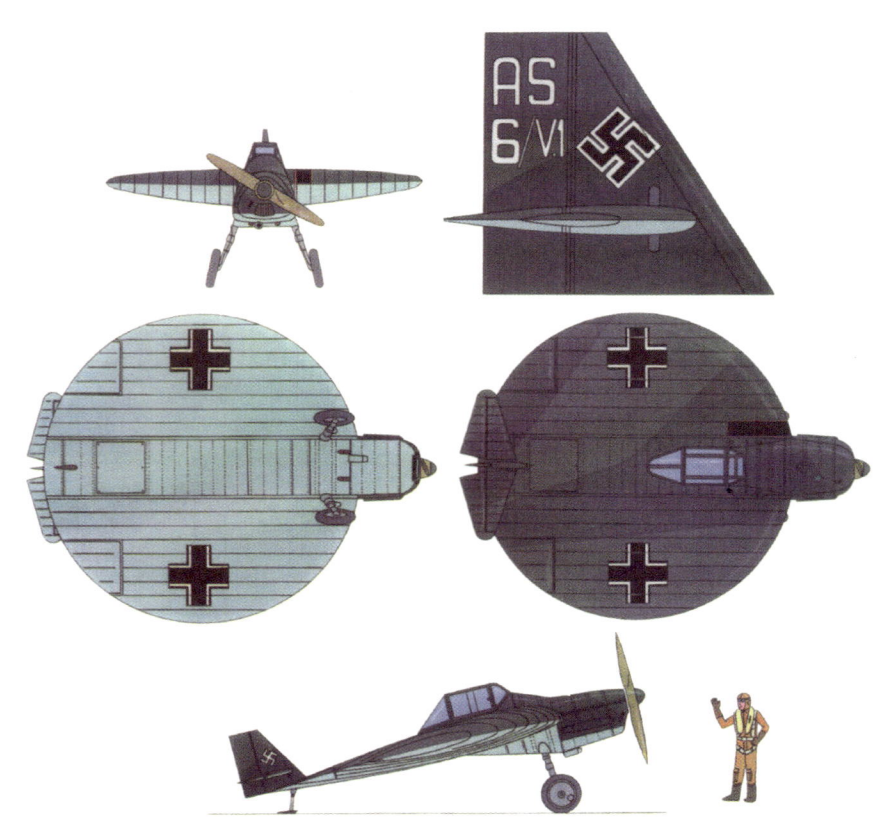

1980년대다.

UFO가 일단 외계인과 연결되자 연관된 상상력이 등장한다. 대표적인 것이 자신이 외계인의 손에 끌려 UFO에 납치되어, 심지어 생체실험을 당했다는 체험담이다. 이른바 '크롭서클**'도 그런 상상력 중 하나일 것이다. 크롭서클의 역사를 살펴보면 시간이 흐를수록 문양이 복잡해지는 것을 알 수 있다. 결국 크롭서클이 회화처럼 '양식'을 가졌다는 것인데, 이는 그것이 인간적인, 너무나 인간적인 현상임을 암시한다.

왜 UFO를 믿고 싶어 하는 걸까? 신의 존재에 대한 믿음을 잃자 외계인이 신의 자리를 대신하게 된 것이 아닐까? 과거에 합리적으로 설명할 수 없는 현상을 신의 역사로 돌렸으나 오늘날에는 그것을 즐겨 외계인의 소행으로 돌린다. 최근에는 모든 고대문명이 외계인의 소산이며, 모든 종교의 시조도 실은 외계인이었다는 주장까지 등장했다. 인터넷에 들어가니 일군의 기독교인들이 야훼가 외계인이었다는 주장을 열심히 반박하고 있었다.

글자 그대로 신을 외계인으로 대체할 때 '라엘리언' 같은 UFO 종교

* **로스웰 추락 사건**
1947년 7월 2일 미국 뉴멕시코 주의 시골 마을인 로스웰에 UFO가 추락했으며, 미국 정부가 이 비행접시에서 외계인의 시신을 수습해 비밀에 부쳤다는 사건. 이 사건은 당시 정부가 공식적으로 기상관측기구의 추락이라는 입장을 밝혔음에도 불구하고 가장 신빙성 높은 UFO 사건으로 인식되고 있다.

** **크롭서클** Crop Circle
밭이나 논의 곡물을 일정한 방향으로 눕혀서 어떠한 형태를 나타낸 것을 말한다. 이런 크롭서클이 생기는 원인에 대해 흔히 UFO착륙 흔적설이 널리 알려져 있으며, 연구가들에 따라 회오리바람설, 정전기설, 지자기설, 중력설, 조류설, 인간조작설, 플라스마 보텍스설 등을 주장하고 있지만 설득력 있는 가설은 아직 나오지 않은 상태다.

들이 등장한다. 거기에도 수많은 종류가 있을 터이나 이들이 과거의 종교와 다른 점이 있다면 '신성'에 대해 나름의 합리적인(?) 설명을 내놓고 있다는 것이다. 즉 신의 전지함은 외계인의 발달한 과학으로 설명되고 신의 전능함은 그들의 발달한 테크놀로지로 설명된다. 그뿐인가? 그들은 도덕적으로도 우리보다 더 우월한 존재다. 왜? 그들은 우리보다 더 진화했기 때문이다.

신앙의 대상이 된 외계인

스위스의 정신분석학자 카를 구스타프 융은 UFO에 대한 믿음을 '현대의 신화'라 부른다. 사실 우리에게는 '불합리하기 때문에 믿는다'는 피데이즘Fideism의 거의 본능적 욕구가 있다. 하지만 오늘날에는 과학이 그런 믿음의 대상을 제거해버렸다. 그것을 보충해주는 것이 UFO 신앙이 아닐까? 하늘에서 목격된 물체 중 일부는 현대 과학으로 설명할 수 없다는 것이 엄연한 사실이다. 그러니 UFO가 새로운 신앙의 대상으로 떠오르는 게 당연하지 않겠는가?

여기서 우리는 두 갈래 길로 나아갈 수 있다. 하나는 글자 그대로 외계인의 전능과 선의를 믿음으로써 라엘리언 같은 신흥종교에 이르는 것이다. 다른 하나는 'UFO의 실존을 진지하게 믿지는 않으나 그것의 존재를 믿고 싶어 하며, 또 믿는 척해주는 것'이다. 현대인의 UFO 신앙은 대부분 후자에 가깝다. 이 넓은 우주에 달랑 우리만 존재한다면 그 얼마나 외롭고 심심하겠는가? ✚

하룻밤 사이 생겨난 이 미스터리 서클은
인간의 작품인가, 외계인의 장난인가.

왜 보이지 않는 것에 집착하는가

과학의 시대, 불안한 신비감을 제공하는 UFO
인간의 오만함을 압도하는 미지의 물체

✚ 정재승

　과학 소년이 으레 그렇듯 나도 한때 UFO에 심취해 있었다. 〈학생과학〉이나 〈소년중앙〉 같은 어린이 잡지나 비슷한 류의 책에서 읽은 UFO 관찰 사례에 대해 수업이 끝나면 친구들과 침이 마르도록 떠드는 것이 취미였다. 그중 백미는 《히틀러와 UFO》라는 책이었다. 히틀러는 외계인 고대문명설(이집트 등 고대문명이 외계인에 의한 것이라는 주장)에 심취해 있었는데, 실제로 히틀러가 과학자들에게 비행접시 개발 프로젝트를 맡겼고, 히틀러의 주검이 아직도 발견되지 않았다는 사실에 기반해 그가 남미 페루 근처 깊은 땅속이나 남극 지역에 살아 있다는 것이 이 책의 메시지였다. 또한 히틀러와 나치 잔당이 독일 과학자들을 시켜 만든 엄청난 비행물체가 현재도 지구를 관찰하고 있는데, 그것이 바로 UFO라는 주장이었다. 여러 역사적 사실들과 함께 잘 짜인 이 가설은 당시 우리에게 거의 사실처럼 받아들여졌다.

우주의 진실을 엿본 각별한 존재?

나도 어린 시절에 UFO를 봤다고 광분한 경험이 두 번이나 있다. 기차를 타고 가는 내 눈앞에 이상한 비행물체 편대(3~4대 정도였다고 생각한다!)가 빠르게 나타났다 이내 사라지는 광경이 펼쳐졌다. 비행기 형태가 독특했고 움직임도 예사롭지 않았다. 지금 떠올려봐도 마치 영화 속 한 장면 같다.

매년 UFO를 봤다고 신고하는 사람이 전 세계적으로 약 3만 명이나 된다고 한다. 그중에서 의미 있는 신고로 분류된 것만도 100여 건에 달한다고 하니, 나는 그들이 모두 거짓말을 하고 있다고 생각하진 않는다(UFO 신고가 들어오면 국방부 등을 통해 확인 절차에 들어가는데 대개 어떤 비행체였는지 확인이 가능하지만, 개중에는 레이더에도 안 잡히고 확인이 불가능한 경우도 100여 건이나 된다는 얘기다).

그러나 수많은 비행체들이 지구의 하늘을 점령한 지 100년. 세상의 모든 비행물체가 '확인될 수 있다'고 믿는다면 그것은 '세상에 대한 무리한 요구'다. 각별히 화제가 된 사건들의 경우 대부분 집중 조사 끝에 어떤 비행체였는지 (혹은 어떤 착시였는지) 확인된다는 점에서 매년 쏟아지는 미제 사건 100여 건도 UFO에 각별한 의미를 부여할 만한 증거로는 불충분하다.

1970~80년대 냉전시대에 UFO 발견 사례가 집중되었다는 사실은 UFO 발견이 사람들의 '집단불안'에 기인한 것이라는 주장을 설득력 있게 한다. 알 수 없는 외계 생명체가 UFO를 통해 지구를 관찰하

는 설정은 공산주의에 대한 두려움과 (영화 〈신체강탈자의 침입〉처럼 공상과학 영화에선 외계 생명체를 '냉전시대의 위협적인 외부자'에 대한 정치적 상징물로 등장시킨 경우가 종종 있었다) 정부에 대한 심각한 불신이 그것을 X파일류의 다양한 UFO 음모론으로 키운 것이라는 주장이다.

나는 수많은 UFO 발견자들이 정신분열증에 걸린 사람들처럼 망상에 사로잡혀 거짓말을 했다고 보진 않는다. 그들에겐 그것이 거부할 수 없는 각별한 경험이었음이 (나 역시 체험했기에) 틀림없다. 다만 개개인은 자연현상이나 기상상태에 대한 지식, 비행체를 만드는 현대 과학기술에 대한 이해, 현대 군사훈련 및 항공 상황 등에 대한 이해가 부족해 자신이 본 비행체가 외계에서 온 것이라 굳게 믿을 수 있다.

개인적 체험을 바탕으로 덧붙이자면 UFO를 발견했다고 주장하는 상황은 종종 내가 '각별히 선택받은, 혹은 우주의 진실을 엿본, 아니면 외계인과 극적인 소통을 한, 아주 특별한 사람'이라는 행복한 착각을 만들어낸다. 외계에서 보낸 비행물체가 내 눈에만 발견되었다는 사실(혹은 의도된 오해)은 '선택받은 자만이 느끼는 극적 만족감'을 제공한다.

가능성은 있지만…

UFO는 눈 깜짝할 새 눈앞에서 사라지고 (먼 거리에 있는 비행물체임에도 나타났다 빠르게 사라진다는 것은 인간의 현재 기술로는 만들 수 없을 정도로 무척 빠르다는 의미이고 대개 이런 비행물체는 공군 레이더에도 포착되지 않는다) 진행 방향을 직각으로 바꿀 수 있다(현재 인간의 항공기술은 진행 방향을 직각으로 바꾸거나 비행접시처럼 다양한 방향으로 진행이 가능한 비행체를 만들 수 없다)는 관찰 사례는 'UFO가 우리보다 지적 능력이 뛰어난 외계 생명체에 의해 만들어진 것이다'라는 과감한 가설을 낳았다.

외계 생명체를 찾는 탐사계획(SETI, Search for Extra-Terrestrial)이 제대로 된 증거를 찾지 못했다고 해도 외계에 생명체가 존재할 가능성은 충분히 있다. 지난 10년간 천문학적 관찰과 천체물리학적 연구는 '생명의 토대인 물이 지구에만 존재하는 것이 아니며 다른 태양계 안팎의 행성에도 존재했을 가능성'의 증거를 꾸준히 찾아내고 있다. 지구가 '인간 같은 지적 생명체를 탄생시킬 수 있는 유일한 행성'이 아니라는 사실은 우주 어딘가에 생명체가 존재했거나 존재하고 있을 가능성이 얼마든지 있다는 뜻이다(확률적으로는 존재하지 않는 것이 오히려 이상할 정도다!).

그러나 외계 생명체가 존재할 가능성이 있다고 해서 그들이 UFO를 만들어 보냈다고 확대해석하는 것은 적절해 보이지 않는다. 만약 실제로 먼 행성에서 지구까지 와서 우리를 몰래 관찰할 정도의 지적 생명체라면 UFO 같은 비겁한 방식으로 지구인과의 접촉을 시도하진 않으리라는 게 개인적인 판단이다. 물론 외계인의 깊은 마음을 우리 인간이 어찌 알랴마는.

요즘 지나치게 자주 창궐하는 UFO는 우리 시대를 읽는 중요한 단서다. 음모론이 횡행하는 우리 시대의 비정상적인 징후를 단적으로 보여주는 현상이기 때문이다. 야구에서 타자, 투수, 야수 중 누가 가장 징크스가 많을 줄 아는가? 단연 타자다. 타자들이 매번 타석에 들어설 때마다 신발로 흙을 고르고, 코를 만지고, 배트로 신발을 치고, 몸을 흔드는 모습을 자주 볼 것이다. 그들은 그런 행동이 안타를 만들어내는 데 도움이 된다고 믿는다. 일종의 심리적 습관이자 징크스

다. 투수도 비슷한 징크스가 있다. 로진백을 만지며 송진가루를 손에 묻히고 모자챙을 두 번쯤 흔들면서 포수의 사인을 확인한다. 하지만 그 정도는 타자에 비해 훨씬 덜하다. 야수는 징크스가 별로 없는 편. 주먹으로 글러브를 몇 번 치는 게 고작이다.

징크스의 비율은 정확하게 자기통제권에 반비례한다. 10번 타석에 들어서서 세 번 안타를 치면 훌륭한 축에 드는 타자들은 안타를 만들어낼 자기통제권이 적기 때문에 어떤 것이든 인과관계를 만들어내 타율을 높이려고 애쓴다. 그러나 야수는 여러 번 공을 받지만 한 경기에 한두 번 실책하면 많이 하는, 그만큼 공에 대한 자기통제권이 높은 편이라 굳이 징크스가 필요 없다. 사람들은 상황 속에서 무기력할 때 상관없는 것 사이에 인과관계를 상상해 통제권을 높이려 한다.

요즘 우리는 어려운 시대를 살면서 자기통제권을 상실하고 무기력감을 느낀다. 학생은 학생대로, 직장인은 직장인대로, 주부는 주부대로, 퇴직자는 퇴직자대로. 게다가 그것이 어디 대한민국만의 일이던가? 줄리안 어샌지의 위키리크스는 지금까지 전 세계가 대다수의 시민들은 몰랐던 음모들에 의해 굴러왔다는 사실을 폭로하고 있지 않은가? 이런 상황에서 어떤 음모론을 떠올리든 그것이 절대 사실이 아니라고 어찌 말할 수 있을까? 위키리크스에 담긴 '대한민국 뉴스'를 읽고 있노라면 신발로 흙을 두 번 고르는 것과 안타를 치는 것 사이의 상관관계나 UFO와 히틀러의 연관성만큼이나 황당하지 않은가? 그러나 어샌지에 따르면 전자는 사실이라고 하니 야구장의 징크스나 UFO 또한 사람들이 믿을 수밖에. 이제 세상에 못 믿을 게 어디 있어!

'미확인'이 지속되길 바라는 이유

미국의 인류학자 로렌 아이슬리가 그의 에세이 《광대한 여행》에서 "비행접시가 외계 생명체가 보낸 것인지 아닌지 내 생전에 밝혀지지 않았으면 좋겠다"고 말한 것처럼 사람들은 '미확인'이라는 꼬리표가 주는 신비로운 매력에 사로잡혀 있다. 천둥만 쳐도 '하늘이 노했나' 두려워하던 원시시대에서 벗어나 자연현상의 과학적 원리를 밝혀내 더이상 두려운 것이 없어진 과학기술의 시대에 우리가 컨트롤할 수 없는 외계 생명체에 의해 확인할 수 없는 무언가가 아직 지구상에 존재한다는 사실은 '불안한 신비감'을 제공한다. 아직 인간은 모르는 것이 많고 과학으로 다 알 수 있다는 주장은 오만하며 우리보다 더 지적인 생명체가 얼마든지 존재할 수 있다는 '꼬리표'는 우리에게 종교가 주는 겸손함을 선사한다.

나 역시 이 '미확인'이라는 꼬리표가 한동안은 유효했으면 한다. 첫째, UFO에서 외계 생명체가 내려오는 순간 '외계인은 우리가 전문'이라며 인간을 대표한답시고 떠들 미국이 몹시 아니꼽다. 둘째, 현재 유엔은 외계 생명체와 협상할 정도로 정치적으로 성숙하지 못하고 협상과 설득 능력이 현저히 떨어져 보인다. 반기문 유엔 사무총장의 '외계 생명체에 대한 정치적 대응 능력'은 아직 검증된 바 없다. 셋째, 기독교 같은 지극히 인간 중심적인 종교들이 외계 생명체의 존재를 심리적으로 받아들일 준비가 아직 안 되어 있다. 넷째, 무엇보다 우리나라 국가정보원엔 진실을 전해줄 스컬리와 멀더가 없다.

세상에 '미확인'이라는 꼬리표가 붙은 게 비행물체뿐이더냐! 호수에도 있고, 바다에도 있고, 원자력발전소 근처에도 있다. 우리가 날마다 경험하는 수많은 사건 사고에도 어쩌면 확인된 것보다 '미확인'이라는 꼬리표가 붙은 것이 더 많을지 모른다. 해결되지 않은 '의혹'이 많은 나라일수록 UFO를 목격하는 시민도 더 많은 듯하다. '미확인'과 '의혹'이 둥둥 떠다니는 나라, 우리나라도 예외는 아니다. ✢

 11 낙서

끄적임이 보내는 의미 없는 아우성

무의식적 흐름의 기록.

두들링의 낭만은 살아남을까?

스마트 디바이스 넘쳐나는 21세기에도 낙서는 계속 될 것인가

+ 정재승

2005년 영국에선 웃지 못할 낙서 해프닝 하나가 있었다. 그해 1월 스위스 다보스에선 세계 정치 경제 지도자들의 연례회의인 세계경제포럼이 어김없이 열렸다. 전 지구적 경제위기 이슈를 다룬 회의가 끝난 뒤 영국 토니 블레어 총리가 앉았던 자리에서 낙서가 가득한 종이 한 장이 발견되었다.

"그건 빌 게이츠의 낙서였네"

낙서를 긴급 입수한 영국 언론은 심리학자들과 서체 전문가들을 동원해 낙서에 드러난 총리의 속마음을 연일 분석하기 시작했다. "삼각형을 겹쳐 그린 것을 보면 총리가 집중하려고 무진 애를 썼지만 마음이 딴 데 가 있었음을 알 수 있습니다." "동그라미의 끝이 완전히 맞물리지 못한 건, 블레어 총리가 평소 신앙심이 깊지 못하고 타고난 지도자감은 아니라는 사실을 보여주네요." 낙서 한 장 덕분에 영국인들은 블레어 총리의 심리 상태를 총리 자신보다 더 잘 알게 되었고, 블레어 총리는 졸지에 '과대망상에 시달리는 불안정한 지도자'가 되어버렸다. "그러고 보니 지난날 그가 했던 행동들이 이 낙서와 잘 맞아 떨어지는 것 같다"는 언론의 사후 논평과 함께.

하지만 영국 언론의 보도에 대해 블레어 총리 쪽은 태연하게 (전혀 불안정하지 않은 태도로) 이렇게 응수했다. "그건 블레어 총리의 낙서가 아니라 그 옆에 앉았던 빌 게이츠의 낙서요!"

심리학자들은, 그리고 그 덕분에 수많은 사람들은 낙서 안에 한 인간의 심리가 통째로 들어가 있다고 믿게 되었다. 이른바 '자유연상', 즉 머릿속에 떠오른 생각을 특별한 목적이나 자기 검열 없이 적어나간 낙서에는 내면의 의식 흐름이 잘 포착되어 있으며, 낙서 안에서 우리는 '무의식적 불안과 욕망'을 읽을 수 있으리라 믿는다.

우리 주변 도처에 산재해 있는 낙서를 흔히 '스크리블scribble'이라 부르며, 낙서하는 행위를 심리학자들은 '두들링doodling'이라 부른다. 학술검색엔진에서 이 단어들로 연구논문을 찾아보면 700여 편의 논문과 참고문헌이 검색된다. 이 연구논문들은 대부분 낙서를 정신분석학이나 심리학적 방식으로 해석해 질병을 진단하거나 인간 행동을 이해하려는 시도들이다. 미국 시애틀 대학교 인간발달연구소의 로버트 번스 박사가 아마 대표적인 학자일 텐데, 그는 "낙서라는 의식적 패턴 안에 무의식적 메시지가 담겨 있다"고 주장한다.

이른바 '낙서학doodleology'의 아버지는 지그문트 프로이트와 카를

융이다. 그들의 '꽤 그럴듯하게 들리나 아직 검증되지 않은' 이론 덕분에 온갖 낙서 해석이 난무해왔다. 해소되지 못한 성적 욕망으로 충만한 사람은 뱀이나 촛불, 과녁에 제대로 맞은 다트 같은 걸 낙서로 그리고, 금전적 욕망에 사로잡힌 남자는 숫자 낙서를 즐기고, 집에 대한 욕망은 기하학적 도형 낙서를 만들어낸다고 주장한다. 여성은 사람의 몸이나 얼굴을 그리는 경우가 많은데, 지나치게 크거나 작게 그려진 신체 부위는 불안정한 욕망이 투영되었기 때문이라고 해석된다. 불행하게도 근거는 없지만.

욕구불만이 낙서로 이어진다?

낙서와 관련해 20세기가 만들어낸 가장 흥미로운 질문은 '인간

은 왜 전화 통화를 하는 동안 낙서를 끼적이는 걸까?'일 것이다. 한시도 전화기나 휴대전화가 없으면 불안한 '호모 텔레포니쿠스Homo telephonicus'들은 왜 전화 통화를 할 때 낙서를 즐기게 되었을까? 이 낡은 질문에 최근 흥미로운 대답을 찾아낸 사람들은 신경과학자들이다. 그들의 연구 결과에 따르면 우리 뇌는 도형이나 패턴 같은 영역을 담당하는 부분과 언어를 담당하는 부분이 평소 활동량이 높은데, 전화 통화를 하는 동안에는 온통 언어 영역만 활성화되다 보니 도형과 패턴을 담당하는 뇌 영역이 심심해져 기하학 문양이나 사람 얼굴을 그리는 것이라고 한다.

사람은 자기도 모르게 뇌활성화의 균형을 유지하려는 경향이 있는데, 상대방의 얼굴은 보지 못한 채 목소리만 들으려니 시각정보에 대한 균형을 맞추려고 낙서를 한다는 주장이다. 보지 못하고 듣고만 있으려니 답답해서 시각자극에 대한 욕구불만이 낙서로 이어졌다는 얘

기다.

'전화할 때 손은 뭐 하니?'가 20세기적 질문이었다면 21세기적 질문은 더 묵직하다. '전 지구적으로 그려지고 있는 낙서들은 과연 다음 세기로 전달될 수 있을까?' 하는 것이다. 단언컨대 21세기 현대인도 낙서를 즐길 것이다. 설령 화상전화가 발달해 청각자극과 시각자극의 불균형이 해소된다고 해도 화장실이나 버스 뒷자리에서 혹은 공부를 하다가 딴생각이 나서, 깁스한 친구를 보자마자, 옛사랑이 그리워서 낙서를 참지 못하는 사람들은 결코 줄지 않을 것이므로(고위 관료들의 회의는 전 세계적으로 점점 늘어나는 추세이니, 그들의 낙서 종이만 이면지로 활용해도 지구온난화를 줄일 수 있을 것이다).

게다가 신경과학자들에 따르면 낙서가 학습능력에 도움을 주고 집중력 향상에도 이롭다고 하니 결코 '호모 두들리쿠스'들이 멸종하지는 않을 전망이다. 그럼에도 이런 걱정을 하는 것은 점점 종이 사용량이 줄어들고 연필이나 볼펜을 휴대하는 사람들이 사라지기 때문이다.

쉽게 보이던 메모지가 점점 사라지고 서류 종이가 세상에서 살아남기 어려운 오늘날 20~30년만 지나면 '그 귀한' 종이에 낙서하는 행위는 범죄 취급을 받을지도 모르겠다. 다들 전자책이 위용을 떨치고 태블릿PC가 세상을 점령하는 시절이 와도 결코 종이책은 사라지지 않으리라, 나는 끝까지 종이책을 보리라 생각하지만 남미와 동남아시아에서 나무를 베어와 만든 종이책을 고집하는 것이 비윤리를 넘어 범죄가 되는 시절이 머지않았다.

스마트 디바이스들이 낙서장을 예쁘게 만들어놓고 우리를 기다리는 21세기 중반이 되었을 무렵 과연 우리의 낙서는 다음 세대에 전달될 가능성이 남아 있을까? 아무도 펜을 가지고 다니지 않고 종이가 널브러져 있지 않으며 관료 회의마저도 낙서장을 제공하지 않는 시대가 되었을 때 우리 다음 세대는 과연 21세기 중반을 살았던 우리의 무의식을 어떻게 읽어낼 수 있을까?

  5000년 전 선조의 동굴 낙서처럼 보존되기는커녕 빠르게 부수고 새로 지어지는 세상, 실제 현실이 가상현실과 교묘히 얽히고 때론 대체되어버린 세상에서 우리가 편하게 자기 검열 없이 무의식적 흐름을 기록할 매체가 과연 세상에 남아 있게 될까? 그것은 어떤 방식으로든 다음 세대로 전달될 수 있을까? 낭만이 사라진 시대가 우울할 뿐이다.

역사에 길이 남을 낙서를 가진 나라

  그런 점에서 우리는 운이 좋은 나라에 살고 있다. 21세기에 그려진 모든 낙서를 다음 세대가 기억하지 못하게 되더라도 결코 사라지지 않을 귀한 낙서 하나를 갖게 되었기 때문이다. 엄청난 돈을 들여 치른 국가행사 포스터에 한 예술가가 의식의 흐름에 따라 아무 목적 없이 낙서를 했다가 그 이미지가 자신과 꼭 빼닮았다고 여겨, 아끼는 시녀들을 통해 단죄한 '벌거벗은 임금님' 덕분에 우리는 역사에 길이 남을 낙서를 문화유산으로 보유하게 되었다. 낙서만이 무의식의 투영이 아니라 낙서를 바라보는 태도에도 무의식이 투영되어 있음을 보여주는 가장 극적인 사례로. +

이것은 조용한 아우성

누구나 한 번쯤은 해보았을
그러나 왜 하는지는 전혀 알 수 없는

+ 진중권

 얼마 전까지만 해도 서울 홍익대 인근 사거리에는 지하도가 있었다. 지하도 벽은 스프레이로 그린 다양한 낙서들로 장식되어 있었다. 요란한 이미지와 의미를 알 수 없는 텍스트로 이루어진 이 낙서들을 바라보며 어렴풋하게나마 홍익대 앞 하위문화의 자취를 느꼈으나 최근 지하도가 철거되는 바람에 아쉽게도 이제 그것을 볼 수 없게 되었다. 아예 구조물을 뜯어낸 게 아니라 그냥 흙으로 채워 입구만 막은 거라면 수백 년 뒤 고고학적 발굴 작업을 통해 그 낙서들이 다시 빛을 볼지도 모르겠다.

라파엘로도 바이런도 낙서를 했다

낙서를 흔히 '그래피티graffiti'라 부른다. 이 말은 이탈리아어 '그라피토graffito'의 복수형으로, 그 근원은 '글씨를 쓴다'는 뜻을 가진 그리스어 '그라페인graphein'으로 거슬러 올라간다. 이탈리아어 '그라피토'는 원래 구석기시대의 동굴벽화나 고대 그리스 로마의 벽화를 가리켰다. 그 때문에 가끔 낙서의 역사가 멀리 구석기시대로까지 올라간다는 주장도 있으나 원시인의 동굴벽화나 고대인의 건물벽화를 오늘날과 같은 의미의 '낙서'로 볼 수는 없다. 둘은 기능이 전혀 다르기 때문이다.

서구에서 가장 오래된 낙서는 멀리 이집트 고왕국 시절(기원전 28세기) 그리스의 에페수스에서 발견된 것이다. 돌로 된 길바닥에 손과 발과 숫자가 새겨져 있는데, 근처에 유곽이 있음을 알려주는 광고로 추정된다. 로마 시대에는 정치적 슬로건, 마술적 주문, 사랑의 맹세 등 다양한 종류의 낙서가 발견되었다. 인상적인 것은 기독교를 풍자하는 낙서다. 거기에는 십자가에 달린 당나귀 아래서 기도하는 사내의 모습과 함께 이렇게 적혀 있다. "알렉사메노스가 자신의 신을 경배한다."

스칸디나비아의 로마네스트 성당 벽에는 '타쉬롱(훼손)'이라 불리는, 긁어서 새긴 낙서들이 남아 있다. 르네상스의 화가들, 가령 라파엘로, 미켈란젤로, 필리포 리피는 고대 네로 황제의 별장인 '황금의 집Domus Aurea' 폐허에 자신의 이름을 새겨 넣었다. 나폴레옹의 병사들은 이집트의 기념물에 자신의 이름을 새겨 넣었다. 아테네 남쪽 케이프수니온의 포세이돈 신전 기둥에는 아직도 영국 시인 바이런 경이 새겨 넣은 낙서가 남아 있다. 오늘날의 관점에서 보면 뻔뻔한 문화재

훼손 행위가 아닐 수 없다.

대학 시절에 본 낙서는 주로 이런 내용이었다. "군부독재 타도하자." 내가 이른바 '그래피티'라는 걸 처음 본 것은 독일에 유학을 가서였다. 솔직히 그것은 베를린이라는 역사적 도시에는 그다지 어울려 보이지 않았다. 차라리 동서 베를린을 나누던 장벽에 그려진 낙서들은 나름대로 예술적 가치와 정치적 의미라도 있지만 아무 데나 그려놓은 별 내용도 없는 문자나 그림이 썩 예쁘게 보이지는 않았다. 미국의 하위문화를 엉뚱한 맥락으로 들여와 어설프게 흉내 냈다는 느낌이랄까?

낙서하는 이들에게는 이게 '예술'일지 모르나 국가의 시각에서는 시설을 파괴하는 반달리즘Vandalism일 뿐이다. 실제로 독일에서는 낙서를 지우는 데만 연간 5억 유로(약 8000억 원)의 예산이 들어간다. 하지만 이 낙서가 가난한 유학생들에게 중요한 아르바이트 자리를 제공해주었다. 골치 아픈 것은 지하철 유리창에 긁어서 새긴 낙서들. 이른바 '스크래칭'이라는 그래피티 기법이라고 한다. 심지어 불산HF이라는 맹독성 용액으로 유리창에 낙서하는 위험한 기법(에칭)도 있다. 이런 낙서는 지우기가 거의 불가능하다.

어느 날 그곳에서 자칭 그래피티 아티스트에 관한 방송을 보았다. 그의 방은 온갖 색상의 스프레이 깡통으로 뒤덮여 있고, 벽에는 그동안 자신이 제작한 작품들(?)의 사진이 어지럽게 붙어 있었다. 예술적 특질 못지않게 중요한 것이 '어디에 낙서를 하느냐'다.

접근하기 힘든 곳에 할수록 가치를 높이 평가받는다나? 그러고 보니 언젠가 독일의 낙서자들 사이에서 경비가 삼엄한 고속전철ICE에 누가 먼저 낙서를 하느냐는 경쟁이 붙었다는 말을 들은 기억이 난다. 과연 그들은 꿈을 이루었을까?

힙합의 예술적 대결, 그래피티 배틀

그래피티가 정확히 언제, 어디서 시작되었는지 특정하기는 힘들다. 하지만 오늘날 세계의 도시에서 흔히 보는 힙합 그래피티는 1960년대 말 미국 뉴욕의 지하철 낙서를 통해 본격적으로 대중화되었다. 디제잉DJing, 엠시잉(MCing, 랩), 비보잉B-Boying과 더불어 힙합 문화의 네 요소를 이루는 것이 바로 '라이팅(Writing, 그래피티)'이다. 그래피티는 음악, 무용, 미술 등 여러 장르를 거느린 하위문화의 일부로서 곧 뉴욕을 벗어나 전 세계 젊은이들 사이로 퍼져나가게 된다.

인터넷에서 종종 사용되는 '배틀battle'이라는 말도 힙합 문화에서 유래했다. 힙합을 하는 젊은이들 사이에서는 배틀이 벌어지곤 한다. 이는 총이나 칼을 동원한 폭력적, 물리적 대결을 예술적, 문화적 대결로 승화시킨 것이라 할 수 있다. 배틀의 바탕에는 당연히 남들이 자신의 기량을 알아주었으면 하는 인정 욕구가 깔려 있다. 힙합의 한 부문으로서 그래피티에도 당연히 배틀이 존재한다. 그래피티의 경우 필법의 참신함이나 표현의 미학성 혹은 도발의 대담함 등을 놓고 서로 겨루게 된다.

물론 모든 그래피티가 건전한 것은 아니다. 범죄집단과 결합된, 이른바 '갱 그래피티'도 있다. 1930년대부터 존재해온 갱 그래피티는 상당히 '동물의 왕국'스러워 주로 갱단들 사이에 영역을 표시하는 데 이용된다. 괜히 그 영역 안으로 잘못 들어갔다가는 목숨을 대가로 치르기 일쑤다. 영역을 표시하는 데 이용되기에 갱 그래피티는 색채나 문양의 미학적 수준에는 거의 관심을 두지 않는다. 그런 점에서 갱 그래피티는 '스타일 라이팅Style Writing'이라 불리는 화려한 예술적 그래피티와 구별된다.

이 하위문화가 1960년대 이후 현대 예술에 결정적 영향을 끼친다. 미술사가들은 1960년대에 '팝아트'가 등장하기 직전에 그래피티 문화가 발생했다는 사실에 주목한다. 가령 미국의 낙서 화가 바스키아나 키스 해링을 통해 우리는 그래피티가 현대 예술에 끼친 영향을 어렵지 않게 가늠할 수 있다. 오늘날에는 이미 그래피티 자체가 하나의 예술 장르로 인정받고 있다. 가령 우리 사회를 시끄럽게 했던 '쥐20'의 원형이 된 영국 작가 뱅크시. 그는 세계에서 유명한 영국 작가 중 하나가 되었다.

그래피티는 팝아트를 매개로 '포스트모던'의 정신적 분위기가 탄생하는 데 기여했다. 그래피티는 무명 대중의 손으로 만드는 예술이다. 굳이 작품을 만들기 위해 '예술가'가 될 필요가 어디에 있는가? 가령 뱅크시는 그저 사인으로 쓰는 이름일 뿐, 그의 정체를 아는 사람은 아무도 없다(세간에서는 그의 본명이 '로빈 거닝엄'이라고 추정한다). 이렇게 작가가 자신의 정체를 감추고 철저히 익명으로 남는 것은 이른바 '미적 주체성의 해체', 즉 '작가의 죽음'으로 더 널리 알려진 포스트모던의 주제와 연결된다.

철학적이며 미학적인 행위

베를린에서 그래피티를 처음 보았을 때 벽에 그려진 이상한 문자들이 도대체 무엇을 의미하는지 궁금했다. 주위 사람들에게 물어보니 "대부분 의미가 없는 것"이라고 했다. 이것이 나의 각별한 관심을 끌었다. 스위스의 언어학자 소쉬르의 표현을 빌리면 시니피에(signifié, 기의·의미) 없는 순수한 시니피앙(signifiant, 기표·기호)이라는 얘기다. 이 얼마나 철학적인가? '영원히 의미(기의)에 도달하지 못하는 기호(기표)'. 이 관념은 정확히 데리다의 언어철학과 일치한다. 의미의 해체. 이 역시 전형적인 포스트모던의 주제다. ✚

✚ 12
종말론

유한한 인간이 만들어낸 환상론

2012년 12월 21일,
마야 달력은 끝난다.
이날이 지나면 세상에는
무無의 세계가 펼쳐진다.

폐기되지 않은 시나리오, 지구 종말론

악한 자들은 세상에서 쓸어버리고 싶은, 정의의 시대가 도래하리라는 희망의 변질

+ 진중권

"일본 국민이 신앙적으로 볼 때는 너무나 하나님을 멀리하고 우상 숭배, 무신론, 물질주의로 나가기 때문에 하나님의 경고가 아닌가 하는 생각이 든다." 2011년 3월 조용기 목사는 일본의 지진에 대해 이렇게 해석했다. 이게 그저 한 개인의 생각이 아니라는 사실은 대형 교회 목사들이 그동안 내놓은 일련의 망언 시리즈가 증명한다. 김홍도 목사에 따르면 "서남아시아 지진과 해일로 수많은 사람들이 목숨을 잃은 것은 우연이 아니라 하나님의 심판이다." 그럼 기독교 국가 미국에서 재해가 일어나면? "카트리나는 동성연애에 대한 하나님의 심판이다."

〈요한계시록〉의 위험한 해석

자연재해를 신의 심판으로 읽는 신학적 기호학은 충분히 우리의 관심을 끈다. 그것은 오래된 것으로, 종말에 대한 경고와 닿아 있다. 아니나 다를까, 우연히 발견한 유튜브의 영상 속에서 조용기 목사는 열심히 종말의 징조를 읽고 계셨다. "죽은 자들이 먼저 일어나고 살아남은 우리들도 변화되어 공중으로 끌려올 것이라 말한 것입니다." "주님은 한 세대 후에 오신다고 했습니다. 이스라엘의 한 세대는 1998년도면 한 세대가 되는 것이니, 한 2000년쯤이면 한 세대가 다 지나가 버리고 마는 것입니다. 지금이 1984년도이므로 역시 16년 이후가 되면 이 세상 6000년 역사가 끝날 수밖에 없는 것입니다."

또 다른 영상 속에서 조 목사는 일각에서 자신을 "시한부 종말론자라 정죄한다"고 억울해하신다. 주님의 말씀 그대로 가르쳤을 뿐인데, 왜 그게 죄가 되느냐는 항변이다. 시한부 종말론자라면 몇 월 몇 날 몇 시에 종말이 온다고 해야 할 텐데, 자기는 일시를 특정한 적이 없다는 것이다. 그러니까 종말의 시한을 '년' 단위로 정하는 건 괜찮다는 얘길까? 아무튼 주님이 주신 시한을 11년이나 넘기도록 목사님은 아직 휴거를 못하셨다. 뒤늦게나마 주님의 뜻이 이 땅에 이루어지도록 자기부상 기술로 공중부양이라도 시켜드려야 하나?

목사님이 '주님의 말씀'이라 일컬은 것은 아마 〈요한계시록*〉을 가

---

* 요한계시록

기독교 신약성서의 마지막 책으로 '요한묵시록'이라고도 한다. 〈요한계시록〉은 다양한 해석이 가능해 성서 가운데 가장 해석하기 어려운 책으로 알려져 있다. 실제 우리나라에서도 〈요한계시록〉의 내용을 오해하여 1992년 다미선교회 등에서 10월 28일 휴거가 일어난다고 선전했다가 실패한 적이 있다.

리킬 것이다. 아직까지도 기독교인 사이에서 이 텍스트는 사도 요한이 밧모(파트모스)라는 섬에서 본 환상을 기록한 것으로 알려졌다. 그게 교부들의 견해이기도 했다. 하지만 오늘날 이 견해는 일반적으로 받아들여지지 않는다. 자신을 '요한'이라 칭한 저자는 예수가 편애했던 사도 요한이 아니라 갈릴리 지방에 살다가 서기 70년 예루살렘 함락 이후 소아시아로 이주했다가 알 수 없는 이유에서 파트모스 섬으로 유배된 사람으로 여겨진다.

〈요한계시록〉은 종종 이단의 온상이 되는 데서 알 수 있듯 그 내용이 위험하다고 여겨져 한때 정경으로 인정받는 데 어려움을 겪었다. 동방정교회에서는 오늘날에도 정경으로 인정하지 않는다. 루터 역시 한때 이 텍스트를 의심스러운 문서로 분류했다. 〈계시록〉은 흔히 '장차 될 일'의 예언으로 여겨지나 실은 그것도 여러 해석 중 하나일 뿐이다. 〈계시록〉을 과거에 있었던 역사적 사건의 비유적 기록으로 보는 견해가 있는가 하면 그저 형이상학 수준에서 선과 악의 싸움을 상징적으로 표현한 텍스트라 보는 해석도 있다.

흔히 '종말론'이라고 하면 세상이 멸망하는 시나리오라 알고 있으나, 실은 그 안에는 악으로 가득 찬 한 시대가 끝나고 정의로운 시대가 도래할 것이라는 희망의 메시지가 담겨 있다. 즉 거룩한 성 예루살렘과 더불어 승천하신 예수가 보좌에 앉아 천사들과 함께 내려오고, 천사들의 나팔 소리에 죽은 자들이 무덤에서 일어나며, 그중 악한 자들은 영벌에 떨어지고, 오직 선한 자들만이 남아 육체를 가지고 이 땅에서 영생을 누린다는 시나리오다. 권세를 가진 악한 자들을 세상에서 쓸어버리고 싶은 것은 모든 이의 소망이 아닌가.

세상이 아닌 시대의 종말로 읽는다면

사실 종말론은 중세 초기의 기독교 신앙이다. 초기 기독교인들을 지배한 것은 '대심판'의 관념, 세상 최후의 날에 '전 인류'가 예수 앞에서 심판을 받는다는 시나리오였다. 하지만 중세 후기로 갈수록 영육이원론의 영향으로 '소심판'의 관념이 등장한다. 이제 개개인은 육체에서 영혼이 떨어지는 순간 혼자서 심판을 받는다. 구원받은 개인은 더 이상 육체(신령한 몸)를 가지고 이 땅에서 영생을 누리는 게 아니다. 그저 육체 없는 영혼이 되어 저 하늘에서 영생을 누릴 뿐이다. 영생의 개념이 소박한 것에서 철학적인 것으로 변한 셈이다.

물론 교회가 종말론을 완전히 폐기한 것은 아니다. 그저 머나먼 훗날의 일로 영원히 미루어놓았을 뿐이다. 오늘날 교회에서 이단으로 여기는 것은 종말론 자체가 아니라 이른바 '시한부' 종말론이다. 종말론은 기독교 신앙을 중세 초기로 되돌린다는 점에서 근본주의적이다. 한동안 형해화한 이 중세 초기의 신앙이 흑사병이 창궐하던 시기에 화려하게 부활한다. 하지만 이 재판 종말론은 교회의 공식적 입장이 아니라 신도들의 소박한 믿음에 가까웠다. 당시 요란하게 종말론을 설파한 것은 교회 내의 성직자가 아니라 교회 밖의 탁발승들이었다.

오늘날에도 종말을 외치는 이들은 교회 밖의 아웃사이더, 이른바 '이단'들이다. 어느 사회에나 좌절한 이들은 있기 마련. 종말론은 이들의 절망을 먹고 산다. 좌절한 이들은 자신의 몰락을 세계의 종말로 바꾸어놓는 데서 심리적 위안을 찾는다. 종말이 안 왔다고 신앙이 사라지겠는가? 신도들은 이번에 종말이 오지 않은 이유를 발견한 뒤 또 다른 날짜를 정할 것이다. 문제는 아예 종말을 연출하는 경우다. "종말아 오너라. 네가 오지 않으면 우리가 네게로 가겠노라." 이 경우 집단 자살극이 벌어지거나 사린가스 테러가 일어나게 된다.

　종말론을 부정적으로만 볼 필요는 없다. 종말론은 '세상의 종말'이 아니라 '시대의 종말', 즉 사악한 시대의 끝에 정의로운 시대가 오리라는 혁명적 메시지이기도 하기 때문이다. 가령 움베르토 에코는 마르크스주의를 "트리어 지방(마르크스의 고향)에서 발생한 묵시록의 일파"라 불렀다. 이 말을 듣고 발끈할 사람이 있을지 모르겠다. 그런 이들에게는 프리드리히 엥겔스가 〈요한계시록〉에 관해 쓴 글을 권하겠다. 거기서 엥겔스는 〈요한계시록〉의 가치를 높이 평가하며, 초기 기독교 운동과 당시에 발흥하던 사회주의 운동 사이의 유사성을 지적한다.

　종말의 정서는 예술에도 존재한다. 20세기 초 아방가르드* 예술가들은 부르주아 문화가 생명력을 잃어가고 있다고 느꼈다. 그들은 '문화적 테러리스트'가 되어 도발적이고 자극적인 제스처로 부르주아 문화의 종말을 연출하곤 했다. 오늘날 우리가 보는 다양한 현대 예술의 스펙트럼은 이 종말론적 감성의 결과라 할 수 있다. 하지만 역사에 등장한 다른 모든 종말론처럼 이 예술적 버전의 종말론 운동도 실패로 끝났다. 부르주아 문화의 종언을 선언했던 그들의 요란한 도발도 오늘날엔 부르주아 문화 속에서 '작품'으로 전시되고 있다.

* **아방가르드** avant-garde

프랑스어로 군대 중에서도 맨 앞에 서서 가는 선발대 vanguard를 일컫는 말로 예술, 문화 혹은 정치에서 새로운 경향이나 운동을 선보인 작품이나 사람을 지칭한다. 우리나라에서는 전위前衛로 번역되어 전위예술, 전위음악, 전위재즈와 같은 낱말에서 쓰인다.

종말론에서 천년왕국의 냄새가 사라졌을 때

철학적 버전의 종말론도 있다. 사회주의가 몰락했다고 정치적 종말론이 사라진 것은 아니다. 최근 좌파 철학자들의 문헌 속에서 종말론의 경향은 더욱더 강해진 느낌이다. 과거에는 종말 이후에 대한 희망이 있었다면 최근에는 그런 희망 없이 그저 종말 자체에 대한 취향만이 두드러진다. 과거의 종말론이 현실 속에서 사회주의를 건설하기 위한 정치적 기획이었다면 최근의 종말론은 머릿속에서 자본주의를 전복하는 철학적 기획에 가깝다. '종말 자체가 정의'라는 이들의 관념은 '파괴 자체가 생산'이라는 아방가르드의 정신을 닮았다. 온갖 버전의 종말론, 원하는 대로 선택해보시라. +

종말론을 부정적으로만 볼 필요는 없다. 종말론은 '세상의 종말'이 아니라 '시대의 종말', 즉 사악한 시대의 끝에 정의로운 시대가 오리라는 혁명적 메시지이기도 하기 때문이다.

현대판 예언자가 된 과학자들?

지구의 미래에 대한 현대 과학의 종말론
우울한 통계는 '파국 예언'이 아닌 '각성제'

+ 정재승

"2012년에 정말 지구는 멸망하나요?" 2009년 무렵 내가 가장 많이 받았던 질문이다. 그해 말 개봉한 영화 〈2012〉가 큰 인기를 끌면서 '영화 속 설정이 과학적으로 그럴듯하냐'는 질문이 쏟아졌다. 고대 마야인의 달력이 2012년을 끝으로 멈춰 있다는 데 착안한 '마야문명 종말론'이 영화 속 설정이었다. 화산 폭발과 대규모 해일이 지구를 삼키는 처참한 광경은 꽤나 그럴듯하게 보였다. 나는 '2012년 지구의 운명'에 관해 쏟아지는 질문들 앞에서 과학적인 설명을 늘어놓고 미래를 예측해주는 '현대판 예언자' 노릇을 한동안 해야 했다(이런 경험 중에서 가장 당혹스러운 것은 초등학생들이 너무나도 순진한 표정으로 묻는 지구 종말론에 대한 질문들로, 나는 그들 앞에서 "걱정 마, 괜찮아, 아무 일도 안 벌어질 거야"를 외치는 신경안정제 역할을 해야 했다).

요즘 에너지나 환경 분야 학회에 가면 학자들의 발표에서 온갖 종말론적 예언을 쉽게 만난다. 그들의 첫 슬라이드엔 빙산이 녹는 사진과 함께 지구온난화로 인해 지구 대기온도가 급상승하는 그래프가 놓여 있고, 석유 매장량 곡선과 화석연료 소비량 곡선이 무시무시하게 교차하는 그래프가 그려져 있다. 한없이 어둡기만 한 지구의 운명이 서늘하게 예측된 첫 슬라이드와는 달리 그들의 마지막 슬라이드엔 지구 종말을 구원할 수 있는 자는 자신들뿐이라며 어김없이 '○○○ 기술에 투자를 아껴선 안 된다'는 호소가 담겨 있다.

현대판 과학 종말론

새로운 밀레니엄이 시작되고도 10년이나 지난 오늘날 나를 포함해 전 세계 과학자들은 중세시대 종교적 예언자들의 역할을 자처하고 있다. 그들은 석유자원 고갈, 환경오염, 지구온난화, 치명적 바이러스 창궐, 자연재해 등이 지구를 위협하고 있으며, 30~40년 뒤에 지구는 도저히 생명이 살 수 없는 행성의 몰골을 하게 될 것이라고 겁을 준다. 과학이 종교가 된 현대사회에서 과학자들은 때론 세상으로부터 불확실한 미래를 예언해줄 것을 강요받기도 하고 예언자가 되어줄 것을 요구받기도 한다. 한없이 정치적이고 사회적인 이유로. 일례로 이명박 정부의 '저탄소 녹색성장' 구호는 자칫 에너지 전문가들을 대량 양산하는 기적을 이루기도 했다(지난 5년간 우리 과학계는 에너지와 환경 전문가로 넘쳐났다). 할렐루야!

요즘 한창 화두가 되고 있는 '지속 가능한 발전'은 사실 지금까지의 과학기술과 문명이 지속 가능하지 않은 '종말론적 기술'이었음을 고백한 내밀한 자기 반성이 아니고 무엇이겠는가. 아이러니컬하게도 '지속 가능한 발전'이란 단어는 과학 종말론이 범람하고 있는 현대사회의 민낯을 가장 절묘하게 보여주는 자기 고백일지 모른다.

　과학자들의 시녀가 된 '현대판 과학 종말론'이 종교적 종말론과 닮은 대목은 '종말을 불러일으키는 원인'에서도 찾을 수 있다. 인간이 신을 멀리하고 도덕적으로 타락하면 종말이 도래한다는 종교적 종말론처럼 과학 종말론도 신의 위치를 넘본 '합리적 이성의 오만함'을 꾸짖는 식이다. 핵물질의 무분별한 사용, 불로장생에 대한 환상, 유전자 조작 및 복제를 통한 생명조작, 환경파괴, 통제 불가능한 나노머신 개발 등 금단의 영역에까지 과학의 손을 뻗은 현대 문명을 준엄하게 꾸짖는다.

　2000년 Y2K 대재앙*에 대한 사람들의 공포가 크게 확산될 무렵 신문에 실렸던 칼럼들이 아직도 기억에 생생하다. 모든 정보를 디지털에 저장했기에 그것을 한순간 잃어버리게 된 현대 문명의 천박함을 꾸짖고 극단적인 편리성의 추구가 '사상누각의 디지털 바벨탑'을 쌓았다며 호된 아날로그 가르침을 선사하던 어느 인문학자의 글 말이다(아마도 그는 그 글을 컴퓨터로 썼을 텐데!). 과학자들이 일조한 현대 문명에는 천박한 대목이 적지 않다는 걸 나 역시 인정하지만, 그래도 해프닝으로 끝난 'Y2K 사건' 이후 그 인문학자의 변명을 들어보고 싶었다.

---

* Y2K 대재앙

밀레니엄 버그를 뜻하는 것으로 컴퓨터가 2000년 이후의 연도를 제대로 인식하지 못해 발생하게 되는 디지털 재앙을 말한다. 컴퓨터가 연도 표기를 두 자리로 인식하여 2000년을 00년으로 인식하게 되면 모든 일이 마비될 수 있다는 우려에서 비롯되었지만 그저 해프닝으로 끝이 났다.

인류는 반드시 존재해야 한다

설령 종말의 시나리오가 지구온난화로 인한 자연재해나 이상기후 현상 때문이라 하더라도 인간의 과소비, 육식문화, 소비주의, 안일하고 편한 삶에 대한 극단적 추구 등에서 그 원인을 찾는다는 점에서 현대 종말론은 과학적 외투만 입었을 뿐, 종교적 종말론과 크게 다르지 않다.

그렇다고 과학자들을 '종말로 치닫는 현대 문명의 기관사'라고 비난하는 것은 억울하다. 과학자라면 누구나 동의하는 '인류의 보편적 원리'라는 일종의 공리가 있다. '인류는 반드시 존재해야 한다'는 것이 바로 그것이다. 인간이 어떠한 위기에 직면하더라도 인류를 희생시키는 것은 문제 해결책이 될 수 없으며, 인류는 반드시 다음 세대에도 존재해야 한다는 뜻이다.

당연한 얘기로 들리겠지만 예를 들어보자. 지구에 가장 해를 끼친 생명체가 어떤 종인지 과학적 분석을 해보니 '인간'이라는 답이 나왔다고 가정해보자. 그렇다고 해서 지구를 살리기 위해 인간을 멸종시키는 것은 결코 대안이 될 수 없다는 것이 '인류의 보편적 원리'가 전하려는 메시지다(실제로 인간을 '지구의 치명적 바이러스'라고 믿는 사람들은 아주 과격한 주장을 펼치기도 하지만). '어떠한 순간에도 인류는 존재해야 한다'는 원리가 포기되어서는 안 된다는 게 과학자들의 신념인 것이다.

현대사회에서 왜 종말론이 이렇게 득세하는 걸까? 그것은 아마도 '개인의 종말을 집단의 종말로 믿고 싶은, 유한한 존재로서의 인간이 만들어낸 환상'일지 모른다. 그런 환상이 하필 요즘 더 득세하는 이유는 아마도 그만큼 사람들이 현대 문명과 우리 사회에 대해 좀더 깊

지진, 화산폭발, 해일 등
누구도 막을 수 없는 최후의 순간이 도래한다.

은 위기의식과 불안을 느끼고 있어서이리라.

'유한한 자원의 지구에서 무분별한 소비를 일삼는 인간이 언젠가는 파국을 맞이하게 될 것'이란 주장은 그리 신선하지도 놀랍지도 않다. 언젠가 우주를 떠도는 거대 혜성과 부딪쳐 지구가 산산조각이 날 가능성도 없지 않다. 그러나 그날이 1999년 혹은 2012년에 올 것이라는 주장으로 뒤바뀌는 순간 그것은 '멸망'이 아니라 '종말'이 된다.

지구에 대한 비극적 미래 예측과 인류에 대한 묵시록적 전망은 그것이 '위기의식을 고취하고 인류의 각성을 목적으로 할 때만' 유효하다. 과학자들은 대개 이런 목적 아래 '위험한 전망'을 발표 자료에 담고 '우울한 통계'를 논문에 싣는다. 그것이 예언된 종말이 아니라 인간의 실수가 만들어내는 멸망을 막는 데 도움이 된다고 믿기에.

그러나 종말론을 통해 사회적 불안을 조장하고 그 이상의 부당이익을 취하려 할 때 '사이비' 딱지가 붙는다. 미국 콜로라도에서는 '2012년 지구 종말'에 대비해 지하 벙커를 건설할 돈을 받아 챙긴 사기꾼들이 대거 잡혔다. 실제로 미국 슈퍼마켓에선 2012년 종말에 대비해 휴대용 식수정화 장치, 방독면, 자외선 차단 담요, 태양열발전기 등이 불티나게 팔리기도 했다. 한때 내리막길을 걷던 미국의 무속신앙인 '부두'가 종말론 이후 부적과 양초, 기도용품을 팔아 기사회생했다는 소식은 한없이 우울하기만 하다.

가장 위험한 건 종말론 그 자체

아이작 아시모프의 공상과학 단편 〈전설의 밤Nightfall〉은 자연현상에 의미를 부여하는 인간의 어리석음이 얼마나 파괴적일 수 있는지를 보여준다. 태양이 여섯 개나 떠 있어 낮만 지속되는 어느 행성에 1000년마다 한 번씩 '밤'이 찾아온다. 그러나 그들은 밤의 공포를 이기지 못해 어둠이 들이닥치는 순간 자신들의 문명을 불사른다.

 자연현상에 대해 꽤 많이 알고 있다고 자부하는, 그래서 시속 160킬로미터로 달리는 (박찬호의 공보다 빠른!) '달' 위에 정교하게 우주선을 착륙시키는 현대사회에서도 '일본 지진은 신의 노여움'이라고 믿는 어리석음이 공존하는 이상 우리 문명을 가장 위태롭게 하는 것은 '종말론 그 자체'다. 종말론은 그것을 제기하고 떠벌리고 외치는 자에 의해서 늘 현재진행형이다. ✛

설령 종말의 시나리오가 지구온난화로 인한 자연재해나 이상기후 현상 때문이라 하더라도 인간의 과소비, 육식문화, 소비주의, 안일하고 편한 삶에 대한 극단적 추구 등에서 그 원인을 찾는다는 점에서 현대 종말론은 과학적 외투만 입었을 뿐, 종교적 종말론과 크게 다르지 않다.

트위터

이 작은 새가 정말 세상을 바꿀 수 있을까?

140자 이내 단문으로 개인의 의견이나 생각을
공유하고 소통하는 소셜 네트워크 서비스.
2006년 3월 개설되어 전 세계적으로 빠르게 전파되었다.

어느 과학자의 좌충우돌 트위터 실험기

기존 SNS가 간과한 욕망을 채워주는 공간,
날 생각을 담은 '집단 대뇌'는 어떤 영향을 끼칠까?

+ 정재승

"하루 만에 트위터 팔로어를 100명 늘리는 방법은 뭘까요?"

일요일 나른한 오전 트위터에 올린 이 한마디에 수십 개 멘션이 날아왔다. 하나같이 '맞팔 잘 해주는 사람 100명을 팔로하면 단번에 해결된다'는 식이었다.

하루 만에 팔로어 100명을 늘리는 방법은?

다른 방법은 뭐 없을까? 가설을 하나 세워보기로 마음먹었다. 팔로어가 무지 많은, 이른바 '허브hub'에게 유익한 정보를 보내면 그는 자신의 팔로어들에게도 유익하다고 판단되면 리트윗을 하리라. 그러면 그들 중 내 트윗을 읽고 '이 사람의 정보를 직접 받고 싶어!'라고 생각하는 사람이 생기리라. 10만 명 이상의 팔로어를 가진 사람에게 보내면 그들 중 0.1퍼센트만이라도 나를 팔로잉해주면 단번에 100명이 늘어날 것이다.

일요일 나른한 오후 이 가설을 곧바로 테스트해보기로 마음먹었다. 팔로어 수가 당시 350만 명인 버락 오바마 대통령에게 트윗을 날렸다. "버락, 대한민국 서울의 홍대 입구에는 라비린토스라는 곱창집이 있는데, 그곳에선 '팔로어 수×10원'어치 할인을 해줘요. 당신은 팔로어 수가 350만 명이니, 그곳에서 3500만 원어치 공짜로 곱창을 먹을 수 있어요. 다음에 한국에 오면 라비린토스를 꼭 방문하세요." 물론 영어로(지금은 이 곱창집이 이런 서비스를 접었다).

그리고 곧바로 이외수 선생(당시 팔로어 수 10만 명!)에게도 트윗을 보냈다. "이외수 선생님, 덕분에 항상 BBQ 치킨 맛있게 먹고 있어요. 그런데 그거 아세요? BBQ 치킨은 서초동에 있는 교대점이 제일 맛있다는 거:-)" 당시 BBQ 치킨을 열심히 홍보하시던 그의 말초신경을 BBQ로 자극하고 싶었다. 이 모든 상황은 당시 내 팔로어들에게 생중계되었고 그들은 모두 내 트위터 실험을 유쾌하게 엿볼 수 있었다.

그러나 안타깝게도 버락 오바마와 이외수 선생은 내 글을 리트윗하지 않았고 나른한 일요일에 100명의 팔로어가 늘어나는 일은 벌어지지 않았다. 이 광경을 신기해하던 사람 20~30명만 나를 측은하게 여겨 '동정 팔로잉'을 해주었을 뿐(물론 이런 실험을 하면 "왜 팔로어 수에 그렇게 집착하세요? 그건 중요하지 않아요"라고 멘션을 주시는 분들이 꼭 있다, 어휴!).

이 실험으로 얻은 교훈은 팔로어가 많은 허브를 공략한 것이 패착이었으며, 오히려 남의 글을 잘 리트윗해주는, 이른바 '커넥터

connector'를 공략했어야 한다는 것이다. 예쁜 여성들만 팔로하고 리트윗하시는 이외수 선생이나 자기 할 말만 하는 버락 오바마 대신 공지영 작가나 〈시사IN〉의 고재열 기자 같은 커넥터들에게 트윗을 날렸어야 했다는 얘기다(카이스트 문화기술대학원 차미영 교수 연구팀에 따르면 트위터 공간에서의 영향력은 팔로어 수만으론 부족하며, 그가 평소 받는 멘션 수, 그의 글이 리트윗되는 수까지 고려해야 한다고 한다).

실패로 끝난 줄로만 알았던 이 실험은 어느새 내 팔로어를 일주일 만에 800명이나 늘려놓았다. 오바마와 이외수 선생은 내 트윗에 응답하지 않았지만 나와 그들을 모두 팔로잉하는 트위터 사용자들이 내 트윗 글을 보고 리트윗해줘 이 글이 트위터 사용자들 사이에 회자되면서 내 팔로어 수가 크게 늘어난 것이다. 다시 얻은 교훈. 앞의 가설에서 나와 팔로어가 많이 겹치는 커넥터에게 트윗 글을 날리면 커넥터가 리트윗을 안 해주더라도 공통의 팔로어들에 의해 리트윗될 가능성이 높아진다!

정보의 영향력 좌우하는 '친밀함'

2010년 1월 18일 처음 트위터 계정을 열었다. 〈한겨레21〉 연재물인 '크로스'가 책으로 출간되자 출판사가 진중권 선생과 나를 초대해 '트위터 생중계:저자와의 만남'을 세계 최초로 시도한 것이다. 《크로스》덕분에 나는 트위터를 사용하게 되었고, 그날 우리는 《크로스2》에 담겨야 할 우리 시대의 키워드로 '트위터'를 선정했다. 그래서 지금 나는 이 글을 쓰고 있다!

그때만 해도 트위터를 그저 경이롭다고 생각했을 뿐, 잘 몰랐다.

2006년 샌프란시스코의 벤처기업 오브비어스Obvious의 야심 찬 젊은 이들이었던 에번 윌리엄스, 잭 도시, 비즈 스톤 등이 공동으로 개발한 트위터는 과학자들에게 '놀라운 혁신'이었다. 블로그, 카페, 페이스북, 싸이월드 등 다양한 인터넷 서비스가 존재했지만 상대방이 허락하지 않아도 일방적으로 '구독(혹은 등록)'할 수 있고 140자 이내의 짧은 단문으로 지저귀는 공간인 트위터는 기존 소셜 네트워크 서비스가 간과한 욕망을 채워주는 공간이었다. 트위터는 소셜 네트워크를 넘어 느슨하게 연결된 팔로어들과 '사변적 대화' 대신 유익한 정보를 주고받는 정보 미디어가 되었다.

  '잘난 척'이 유익한 정보로 인정받고, '사치스러운 소비와 경험을 자랑하는 왕재수'를 '반드시 팔로잉해야 할 사람'으로 만들어주는 트위터 공간은 사생활이 노출될 위험에도 사용자의 뇌 속 기억을 통째로 쏟아놓도록 독려한다. 내가 남들보다 더 나은 삶을 살고 더 높은 경제적 계급을 차지하고 있다며 과시적 소비를 하는 것이 사회경제학자 소스타인 베블런이 자신의 저서 《유한계급론》에서 설명한 '과시적 소비'일 텐데, 이 재수 없는 전략을 SNS는 유의미한 정보 소스 관점으로 바라보게 했다. 결국 SNS는 본질적으로 대뇌에 아주 잘 부합되는, 그리고 생물학적으로도 잘 부합되는 서비스이며, 앞으로 트위터나 페이스북의 미래는 어둡더라도 소셜 네트워크 서비스는 어떤 방식으로든 계속 진화할 것임을 보여준다.

  카이스트 전산과 문수복 교수 연구팀이 지난해 4200만 트위터 사용자가 주고받은 1억 개 트윗 글을 분석한 결과에 따르면 신문의 헤드라인을 장식하는 뉴스의 85퍼센트가 트위터의 주요 이슈로 다루어진다. 트위터는 최근 이슈에 대한 대중의 '날 생각'이 적나라하게 표현된, 집단 지성과 집단 감성을 모두 담은 '집단 대뇌'인 셈이다.

우리가 트위터 시대에 주목해야 할 것은 '가치 있는 정보' 형태가 변하고 있다는 점이다. 인터넷이 등장하기 전까지만 해도 가치 있는 정보란 《브리태니커 백과사전》에 있는 지식처럼 권위자가 정돈해서 만든 것이었다. 웹2.0 시대를 거치면서 가치 있는 정보는 권위 있는 정보에서 다수의 집단 지성으로 만들어진 정보로 바뀌었다. 이젠 위키피디아를 훨씬 더 많은 사람들이 애용하는 것도 그 때문이다. 트위터 같은 소셜 네트워크 시대에 가치 있는 정보란 '나와 관계를 맺은 사람들이 주는 정보'다. 취향과 가치관을 공유한 사람들이 제공하는 정보에 사람들은 훨씬 더 많은 영향을 받는다. 이를 입증하는 심리학 논문은 수십 편에 이른다.

예를 들어 자동차 구매 의사가 있는 사람에게 "지난 3년간 스웨덴 자동차 '볼보'는 교통사고 시 사망자가 연평균 0.9명으로, 채 한 명이 되지 않는다"는 사실을 일러주며 볼보 구입을 권한다. 때마침 옆에 있던 친구가 "어, 우리 아버지 친구분이 지난해 볼보를 타다가 돌아가셨는데!" 하면 자동차 구매 예정자는 절대 볼보를 사지 않는다. 수년간의 통계치보다 친구의 말 한마디에 훨씬 더 영향을 받기 때문이다.

이제 우리는 부산에 출장이라도 갈라치면 예전처럼 네이버에 '부산 맛집'을 키워드로 쳐서 '지식IN'의 수많은 '초등학생'들에게 맛집 정보를 얻지 않는다. "부산에 출장 갑니다. 맛집 추천해주세요." 트위터에 글을 남기고 가는 동안 받게 되는 멘션들 중에서 '부산 맛집'을 고른다. 팔로어가 추천해주는 맛집, 나와 관계를 맺은 사람들이 주는 정보에 우리는 훨씬 더 주목한다(이것이 조만간 '프렌드십 마케팅'으로 발전할 전망이다). 그런 의미에서 트위터와 페이스북은 SNS를 넘어 '검색의 절대 강자' 구글의 가장 강력한 경쟁자가 될 것이다.

실험은 끝나지 않았다

　트위터를 사용한 지 일 년 6개월. 팔로어가 3만 5000명이나 되었지만 나의 트위터 실험기는 아직 끝나지 않았다. '과연 트위터가 개인 미디어로서 기능할 수 있는가'를 실험하기 위해 요즘 사회적 발언은 대중매체가 아닌 트위터로만 하고 있다. 트위터가 정보 미디어를 넘어 사람들에게 영향을 끼치는 '스토리 미디어'가 될 수 있는지 실험하려고 '영어 실수담'을 공유했다가 수많은 팔로어가 배꼽을 잡은 사건도 저질렀다. 트위터가 과연 현실 세계에 유익한 영향을 끼칠 수 있는지 실험하기 위해 '10월의 하늘'이라는 작은 도시 도서관에서 과학 강연을 기부하는 과학자 활동을 제안하기도 하고, 이른바 '백인천 프로젝트'를 통해 한국 프로야구에 왜 4할 타자가 사라졌는가를 집단 연구 형태로 빅데이터 분석을 해보기도 했다. 자발적 동기가 모이면 세상을 바꿀 수도 있다는 것을 나는 트위터 실험으로 배우고 있다.

　그렇다면 트위터의 미래는? 냉정하게 보면 그리 밝지 않다는 것이 개인적인 판단이다. 우리들의 일상을 들여다보라. 사회적인 관계가 오래가는가? 사회적 관계를 맺는 곳이 항상 일정한가? 그 어떤 관계보다도 역동적인 것이 바로 인간의 사회 네트워크라는 사실은, 우리가 아이러브스쿨과 싸이월드를 버렸듯이 조만간 트위터에 싫증을 느끼고 이 또한 버릴 것을 의미한다. 그럼에도 불구하고 내가 확신하는 건, 우리가 또 다른 SNS 멍석에서 사회적 관계를 새롭게 쌓으리라는 것. 트위터의 미래는 어둡지만 인간의 사회적 관계에 대한 욕망은 늘 변함없기 때문이다. 그때가 되면 또 무엇이 우리의 사회적 욕망을 충족시키기 위한 시도를 해올까? 나는 SNS라는 이 해괴한 물체를 현미경 위에 올려놓고 핀셋으로 헤집는 마음으로 오늘도 트위터에 글을 남긴다. ✢

웹2.0 시대를 거치면서 가치 있는 정보는 권위 있는 정보에서 다수의 집단 지성으로 만들어진 정보로 바뀌었다. 이젠 위키피디아를 훨씬 더 많은 사람들이 애용하는 것도 그 때문이다. 트위터 같은 소셜 네트워크 시대에 가치 있는 정보란 '나와 관계를 맺은 사람들이 주는 정보'다.

세상을 흔들며 복제되는 문화 유전자

사람을 사귀고, 여론을 만들고, 혁명도 일으키는 감성적이고 공격적인 네트워크

+ 진중권

'파워 트위터러'라 불리는 시사주간지 〈시사IN〉의 고재열 기자가 한때 트위터에 관한 논쟁에 휘말린 적이 있다. "트위터가 세상을 바꾼다"는 표현에 누군가 이의를 제기한 것이다. 반론의 요지는 "트위터는 그저 소통의 채널에 불과할 뿐, 그것으로 세상이 바뀌지는 않는다"는 것이었다. 사실 그 표어는 트위터의 사회적 역할을 강조하는 수사적 표현에 지나지 않고 "세상을 바꾼다"는 게 구체적으로 뭘 의미하는지 명확히 규정된 것도 아니기에 어떻게 보면 거기에 시비를 거는 일 자체가 쓸데없는 짓일 수도 있다.

인간의 삶을 재조직한 SNS 혁명

그래도 거기서 논점을 취하면 SNS에 관해 두 가지 입장이 가능하다. 하나는 "미디어란 그저 메시지를 전달하는 수단에 불과하다"는 주장이다. 이를 미디어를 보는 '도구주의적 관점'이라 부른다. 여기에 대립하는 입장은 "미디어에서 중요한 것은 그것을 통해through 전달되는 메시지가 아니라 그것 안에in 구현된 메시지"라고 말한다. 마셜 매클루언은 이를 "미디어는 메시지"라는 간략한 명제로 요약한다. 한마디로 대중이 SNS를 한다는 것이, '그것으로 그들이 무슨 얘기를 하느냐'보다 더 중요하다는 얘기다.

논쟁이 있은 지 얼마 뒤 공교롭게도 튀니지, 이집트, 리비아에서 차례로 시민혁명이 일어났다. 혁명의 촉매가 된 것은 트위터, 페이스북 같은 SNS였다. 물론 SNS가 혁명을 일으켰다고 할 수는 없을 게다. 무엇보다 이 나라들에는 장기 집권을 해온 독재정권이 있었고, 그 정권 아래 피폐해진 국민의 삶이 있었고, 좌절한 국민의 입을 막는 검열과 탄압의 장치가 있었다. 혁명은 여기서 나왔을 것이다. 하지만 SNS가 없었다면 그 혁명이 촉발되거나 확산될 수 없었으리라는 가정도 충분히 가능하다.

'도구'란 그저 도구가 아니다. 어떤 도구든지 사회 속에 들어오면 인간의 삶 자체를 재조직하게 된다. 생각해보면 트위터가 세상에 나온 지 얼마 되지 않았다. 트위터라는 말을 모르는 사람들도 아직 꽤 있다. 하지만 트위터는 이미 21세기 인간의 새로운 도구다. 가령 스마트폰을 사용한다는 것은, 손안에 신통한 물건 하나를 그러잡고 다니는 것이 아니라 스마트폰들이 짜내는 망 속에 입장해 그 세계에 사로잡히는 것을 뜻한다. 아랍의 독재자들이 이해하지 못했던 것은, SNS가 알게 모르게 국민이 사는 방식을 재조직해 더 이상 기존 통치가 유지될 수 없는 사회적 환경이 만들어졌다는 점이다. 그럴 줄 알았다면 애초에 자국에 SNS를 허용하지 않았을 것이다.

'페이스북의 창세기'라 할 수 있는 영화 〈소셜 네트워크〉를 보면 애초에 페이스북은 미국 하버드 대학교 성원들 사이의 (다소 배타적인) 친교 수단으로 출발했다. 그래서인지 지인이나 친우들 사이에 네트워크를 구성하고 확장하는 데는 아직도 페이스북이 적격이다. 물론 페이스북으로도 전혀 모르던 이들과 친구가 될 수 있지만 그 경우에도 페이스북은 여전히 '사적' 공간으로 남는다. '파워 블로거'나 '파워 트위터러'라는 말은 있어도 '파워 페이스부커'라는 말을 듣기 힘든 것은 그 때문일 게다.

팔로는 '구독' 관계 맺기?

내 경험에 따르면 트위터는 페이스북보다 공적 성격이 훨씬 더 강하다. 청소노동자의 파업을 지원하고, 호텔의 드레스코드를 비판하고, 선거 참여를 독려하는 등 공적 의제를 설정하는 것은 어느새 트위터의 일상이 되어버렸다. 공적 사안에 관해 유명인들이 트위터에 남긴 멘트는 곧바로 신문 지면으로 옮겨진다. 이는 트위터를 통한 소통이 생각보다 수평적이지 않다는 것을 암시한다. 언젠가 본 연구에 따르면 트위터를 통한 소통의 상당 부분이 파워 트위터러들을 중심으로 이루어진다.

이 경우 누군가를 팔로한다는 것은 그 사람과 '친교' 관계를 맺는다기보다는 그 사람의 매체를 '구독'하는 것에 가까워진다. 여기서 종종

@파워 트위터: 수많은 타임라인을 어떻게 관리하죠?
@새내기 트위터: 관리하지 않아요. 그저 수많은 멘트들이 타임라인 위로 자유로이 흘러가게 내버려둬요.

Real-time results for #twitterfail

 Save this search

 dr_alarcon @mxrush76 Twitter Timeline Update System Down! #twitterFAIL http://bit.ly/3xRQCZ DM y @Message si funcionan
half a minute ago from web

 JOHN_AF @wicklessscents yes it does #TwitterFAIL!
less than a minute ago from TweetDeck

 XtianHawk @wicklessscents Hey Kim. Still #TwitterFAIL?!
1 minute ago from dabr

 Philonoist Yes #twitterfail RT @LGGrant Ummmm...is something wrong w/ @twitter ???
2 minutes ago from Power Twitter

 Oui68 @iPattt ต้อง reply or rt ถึงเห็นกันได้? #twitterfail
2 minutes ago from Gravity

 imAFanOfSelenaG What's wrong with Twitter?! Why can't I see new tweets on my homepage? #twitterfail
2 minutes ago from web

 dr_alarcon @MrVega Twitter Timeline Update System Down! #twitterFAIL http://bit.ly/3xRQCZ DM y @Message si funcionan
2 minutes ago from web

 KelsyO #twitterfail
2 minutes ago from web

 daisypops Bye now. Getting bored talking to myself lol. #twitterfail #twtfail
3 minutes ago from web

 dr_alarcon @eseMendiola Twitter Timeline Update System Down! #twitterFAIL http://bit.ly/3xRQCZ DM y @Message si funcionan
3 minutes ago from web

 susealiaspaul bestimmt will mich jesus mit diesem #twitterfail daran erinner, dass ich doch eigentlich arbeiten sol -___-
half a minute ago from web

 isantosp @ODSmedia casi tres horas y contando #twitterfail timeline is down :-(
half a minute ago from web

 rogenovg Aham, e agora ou todos pararam de twittar do nda ou o esse negócio tah dando pau hj =/ #twitterfail
less than a minute ago from web

 **Digital__SpaZz** Let's start a fucking riot cause #twitterfail ugh what am going to do!' @iggnasty @nutzoyc @Topher__G
less than a minute ago from Echofon

 dr_alarcon @rufianmelancoli Twitter Timeline Update System Down! #twitterFAIL http://bit.ly/3xRQCZ DM y @Message si funcionan
1 minute ago from web

 wicklessscents @John_AF Still #TwitterFAIL!
1 minute ago from mobile web

 lamech Hm, my timeline has started updating again but now I have 0 following and 0 followers. Nice. #twitterfail
1 minute ago from web

 SaryApples Twitter is broken! Ok who dropped it??! #twitterfail
1 minute ago from mobile web

 cnstranfr twitter is frozen. #twitter #fail #twitterfail #WTF
1 minute ago from Snaptu

 benesjunior É só comigo que esta acontecendo isso? #fail #twitterfail
1 minute ago from web

개념의 혼동이 일어난다. 트위터가 '사적 친교 관계를 맺는 매체'이자 동시에 '공적 여론을 형성하는 매체'라는 이중성을 갖다 보니, 전자의 규범을 그대로 후자에 옮겨놓는 범주 오류가 생기는 것이다. '내가 팔로를 했으니 당신도 나를 팔로해야 한다.' 가끔 이 주장은 이론적 논증을 동반한다. '그렇지 않으면 당신은 평등성이라는 트위터의 원칙을 위반하는 것이다.'

트위터를 한다는 것은 여러 사람의 두뇌 망으로 이루어진 커다란 집합적 두뇌에 접속함을 뜻한다. 물론 140자의 한계 내에서 전달할 수 있는 것은 단상, 촌평 혹은 간단한 문답뿐이기에 트위터로 호흡이 긴 사유를 주고받기란 힘들다.

대신 모바일이라는 트위터의 사용 환경은 그것을 '실시간으로 확장할 수 있는' 감각기관으로 만들어준다. 가령 '독설닷컴'에서 버스나 전철에 물건을 놓고 내렸다는 팔로어의 멘션을 리트윗해주면 수만 동료 팔로어들의 눈과 귀가 잃어버린 물건을 찾아 주인에게 돌려주곤 한다.

집합적 두뇌는 '타임라인' 형태로 존재한다. 타임라인에는 내가 팔로하는 여러 사람들의 단상이 뒤섞여 흘러간다. 팔로하는 사람들이 늘어갈수록 타임라인은 더욱더 정신이 없어진다. 이 혼란에 대처하는 데 크게 세 가지 방식이 사용된다. 타임라인의 미적 가치를 중시하는 이들은 '폭트(폭풍 트윗)'하는 이들을 가차 없이 '언팔(unfollow, 트위터 구독을 취소하는 것)'해 타임라인에 시각적 질서를 부여하려 한다. 반면에 타임라인의 정보 가치를 중시하는 이들은 '리스트'를 활용해 타임라인에 흐르는 정보를 체계적으로 관리한다.

가장 급진적인 것은 아마 세 번째 방식일 것이다. 언젠가 수백, 수천 명을 팔로하는 이들에게 "도대체 타임라인을 어떻게 관리하느냐?"고 물었다. 올라온 대답은 '무위자연', 즉 "굳이 관리하지 않고 수많은 멘트들이 타임라인 위로 그냥 자유로이 흘러가게 내버려둔다"는 것이었다. 이는 백남준이 참여했던 예술운동(플럭서스) 같기도 하고, 초현실주의자들이 좋아하던 기법(의식의 흐름) 같기도 하다. 타임라인을 읽는 방식도 '다다Dada'스럽다. 계정을 열었을 때 우연히 가장 위에 올라온 것들만 읽는단다.

리트윗으로 힘을 얻는 복제, 확산의 멘트들

미디어 시대에 권력은 복제된다. 복제가 거듭될수록 그것의 힘은 더욱더 커진다. 일반 트위터러가 날리는 멘트의 힘은 결국 리트윗 횟수가 결정하게 된다. 리트윗이 많이 되는 멘트들은 대개 그럴 만한 이유를 가졌다. 정확한 통찰, 적절한 수사, 충격적 효과, 반전의 미학 등. 물론 리트윗이 많이 된다고 항상 질적으로 뛰어난 것은 아니다. 논문의 중요성은 종종 인용 횟수로 평가되나, 인용 횟수가 논문의 우수함을 보장해주는 것은 아니다. 그저 비판당하려고 자주 인용될 수도 있기 때문이다.

되도록 자신을 많이 복제해 널리 확산시키고 싶어 하는 게 유전자의 본능이다. 문화에도 유전자gene처럼 복제 기능을 가진 '밈*'이라는 유전자가 있다는 이론(이라기보다는 은유)이 있다. 트위터의 멘트는 이 밈을 닮았다. 하지만 본능이 항상 이성적인 것은 아니다. SNS에도 당

---

* 밈 meme

유전자처럼 개체의 기억에 저장되거나 다른 개체의 기억으로 복제될 수 있다는 문화의 전달 단위로 영국의 생물학자 리처드 도킨스의 저서 《이기적 유전자》에 소개된 용어다. 문화의 전달에도 유전자처럼 중간 매개물이 필요한데, 이 역할을 하는 정보의 단위가 밈인 것이다.

연히 이성 없이 복제의 본능만 가진 멘트가 난무한다. 클릭 횟수로 광고를 파는 인터넷 신문들이 종종 복제 본능만 가진 기사를 싣는 것처럼 SNS에도 복제 본능만 가진 글이 있다. 그런 글들이 너무나 자주 리트윗을 통해 제 목적을 이룬다.

전형적 방식은 사적인 일을 공적인 일로 바꿔놓는 것. 가령 가수와 배우의 이혼에 대해 사석에서나 할 수 있을 멘트를 슬쩍 공적 관심사로 둔갑시키는 것이다. 이때 확산 범위가 사석으로 제한되어 있던 유전자는 졸지에 복제 범위가 사회 전체로 확산된다. 여기에는 어떤 생물학적 책략이 있다. ✛

+14
고현정

미모보다는 의리,
까칠해도 솔직해야 진짜 미인

사람은 능력이 모자랄 수 있습니다.
사람은 부주의할 수 있습니다.
사람은 실수할 수도 있습니다.
하지만 내 사람은 그럴 수 없습니다.

"후진 인간이 되지는 말자고"

날 것 그대로인 '까칠한 현정 씨'
싸가지 없는 미모의 광대

＋ 진중권

몇 달 전 우연히 그녀가 있는 자리에 끼어들 기회가 있었다. 미모는 글자 그대로 '압도적'이었고, 태도는 날 것 그대로라 당혹스러울 정도였다. 내 성격이 처음 보는 이에게 이미 몇 년은 알고 지낸 것처럼 스스럼없이 말을 걸 정도로 사교적이지 못한 데다 자신을 날 것 그대로 드러내는 솔직한 성격에게 "연기가 참 좋았어요" 어쩌고 하며 빈말을 건네는 것도 실없는 짓인지라 화법적으로(?) 그리 편하지는 않았던 자리로 기억한다. 아무튼 그녀는 내게 성격에 관한 호기심을 불러일으키는 인물 중 하나다.

〈모래시계〉 혜린과 〈선덕여왕〉 미실

그녀를 처음 본 것은 드라마 〈모래시계〉를 통해서였다. 어느 인터뷰에서 그녀는 이 드라마를 "연기 인생에서 가장 순수했던 시절에 촬영한 작품"이라 했다. 당시 이 드라마가 일으킨 선풍적 인기는 지구 건너편에까지 전해져 독일 베를린의 유학생들은 순서를 기다려가며 드라마 전편을 담은 비디오테이프를 돌려보곤 했다. 나 역시 그걸 다 보느라 꼬박 며칠 밤을 새웠다. 매사에 비판적인 운동권 학생들이 이 드라마에 넋을 잃고 몰입할 수 있었던 이유는 그것이 바로 자신들의 이야기를 담고 있었기 때문일 게다.

드라마 속의 혜린은 우리의 '죄책감'을 대표했다. 물론 드라마 속 혜린의 집안 정도는 아니지만 운동권 학생들 중 많은 수가 웬만큼 사는 집안의 자제였고, 지금과 달리 그때는 대학생이 졸업만 하면 안락한 생활이 보장되는 '기득권' 신분이었다. 정치적 독재 아래 신음하는 국민과 착취에 시달리는 민중을 두 눈으로 보면서도 저 혼자 잘살겠다고 공부만 한다는 것은 우리에게 '죄악'으로 여겨졌다. "내 옆에 대학생 친구가 있었으면 좋겠다"는 전태일의 말은 가시처럼 아프게 우리의 양심을 찔렀다.

"걔네들은 데모하는데 나는 배고파서 쌀 사왔어." 혜린의 입에서 나온 이 한마디의 대사는 TV 앞에 앉은 모든 가슴을 뭉클하게 했다. 어느 인터뷰에 따르면 그녀는 이 장면을 찍을 때 "속에서 진짜 뭔가가 올라왔"다고 술회했다. 아직도 많은 사람들이 혜린의 연기를 이 대사와 더불어 기억한다. 하지만 내게 그보다 더 강렬한 인상을 남긴 것은, 노조운동을 하다가 고문을 받아 정신이 돌아버린 여공을 붙들고 "제발 정신 좀 차리라"고, "당신들이 이렇게 살면 나는 미안해서 어떻게 사느냐"고 울부짖는 장면이었다.

　그 뒤 그녀는 브라운관에서 사라졌다. 8년의 결혼생활을 끝내고 그녀는 이른바 '성숙해진' 모습으로 현실로 돌아왔다. 여기서 '현실'이라고 한 것은 그녀의 인터뷰 속에 묘사된 결혼생활이 내게는 차라리 비현실로 느껴지기 때문이다. 가령 며느리의 활동을 제약하는 가문의 얘기는 재벌가를 다룬 드라마에나 나오는 얘기고, 교양과 유머와 매너를 갖춘 남편이 일요일마다 아내를 위해 요리하는 것은 CF에나 나오는 장면이 아니던가. 그런데 그런 드라마 같은 세계가 정말 존재하는 모양이다.

　결혼생활을 통해 그녀는 프레임의 안팎을 오가며 자신이 연기에 몰입된 상태를 메타적 관점에서 바라볼 여유를 얻었다. "결혼생활을 하는 동안, 말하자면 저는 한동안 완전히 다른 세계에 가 있었잖아요? 정확히 말하면 연예계를 흥미롭게 보면서도 아니라고 부정하는 곳이죠. 그런 상황에서 부딪치고 깨지면서 보이기 시작한 게 있어요. 어떤 상황 내부에 들어가 있으면서 동시에 빠져나와 생각하고, 다시 그 장면을 풀숏으로 넓게 보기도 하고 내부로 쑥 들어가서 보는 상황에 많이 단련되었어요."

　2005년 드라마 〈봄날〉을 통해 복귀한 그녀는 〈여우야 뭐하니〉와 〈히트〉를 거쳐 〈선덕여왕〉을 만나 제2의 전성기를 맞는다. 〈선덕여왕〉에서 그녀는 조연이었으나 인상적 연기로 사실상 주연이 되었다. 배역의 오라에 배우의 오라가 결합해 탄생한 미실의 카리스마는 복귀한 배우의 새 연기를 대표하는 이미지로 자리잡았다. 하지만 연기는 〈대물〉의 서혜림 쪽이 더 힘들었나 보다. "미실은 복장만 하고 있어도 충분히 설명되는 캐릭터였고, 서혜림은 거의 알몸으로 만나야 하는 캐릭터였어요. 그래서 애착은 서혜림에게 더 가요."

하지만 뭐 눈엔 뭐만 보인다고, 정작 내 관심을 끄는 것은 그녀의 성격이다. 언젠가 그녀는 홍상수 감독에게 이렇게 말했단다. "이상한 현학적인 말로 나를 헷갈리게 하지 마라. 나 그런 말 사실은 아무것도 아니라는 거 다 안다." 그의 영화 속 찌질한 지식분자들을 제대로 다룰 유일한 여자는 고현정으로 보인다. 그녀는 후배들에게도 이렇게 얘기한단다. "너 혹시 '알고 보니 똑똑하다'는 얘기 듣고 싶은 거니? 나도 그런 거 있었거든. 똑똑해지고 싶으면 공부를 해야 하는데 공부하긴 싫지? 그렇지만 살짝살짝 '저 사람 의외인데?' 하는 반응을 얻고 싶지? 그러려면 이렇게 저렇게 하면 돼." 이어서 덧붙이기를, "근데 너 그게 굉장히 시시한 일이라는 건 알지?"

그녀는 사람들과 너무 가까워지는 것을 힘들어한다. "엄마라도, 정말로 아끼는 사람이라도, 나의 이런 부분은 좀 안 건드렸으면 하는 부분이 있어요. 흔히 '내가 얘랑 안 지가 10년인데' 하며 치고 들어가지만 저는 서로 그런 실례를 안 했으면 하는 바람이 있어요." 그녀가 견디지 못하는 것은 의미 없이 오가는 대화의 공허함. 그녀는 '언제 밥 먹자'고 말만 하는 사람을 싫어한다. 그런 말을 하면 꼭 먹어야 한다. 구체적으로 칭찬하지 않는 것도 싫어한다. 연예인들이 "팬이에요, 너무 좋아요"라고 말하면 "구체적으로 뭐가 좋았는데?"라고 꼭 되묻는다.

그녀가 공허한 매끄러움보다는 차라리 솔직한 뾰족함을 선호하는 것은 당연한 일이다. "연예인이 너무 바람직해도 재미있지 않더라. 어느 한에서는 울퉁불퉁한 것도 괜찮은 것 같다. ……물론 나도 제작발표회 같은 데서 매끄럽게, 판에 박힌 얘기만 하며 안전하게 갈 수 있지만 그게 과연 대중에 대한 배려 혹은 대접일까?" 2010년 SBS 연기대상 시상식에서 벌어진 사고(?)는 이미 예고되어 있었던 셈이다. 거기서 그녀는 제작 과정의 어려움을 호소하려다가 그만 대한민국 국민의 5대 의무 중 하나, 즉 '싸가지 소지 의무'를 위반하고 만다.

주민증은 놓고 다녀도 되나 싸가지는 늘 소지하고 다녀야 하는 게 대한민국이 아닌가. 빗발치는 비난과 지인들의 권유로 결국 그녀는 기쁨에 들뜬 "배우의 어리광"으로 봐달라는 사과문을 올렸다. "회초리"로 맞은 듯 "정신이 바짝 든다"는 그녀의 말에 대중은 "배우의 존재 근거는 대중임을 재확인"하고 만족해했다. 하지만 곧바로 가진 라디오 인터뷰에서 그녀는 자신의 발언을 "후회하지는 않는다"고 밝혔다. 강요된 사과는 사과가 아니다. 그녀의 사과가 그녀의 진심을 담은 것이었다면 나는 그녀에게 실망할 것이다.

보고 즐기면서도, 한편으로 경외하는 '진짜 광대'

어느 신문에 그녀에 관한 짧은 기사가 실렸다. "데뷔 20년차 배우 고현정이 연예인이라는 직업에 대한 소견을 밝혔다. 고현정은 최근 방송인 김제동과 진행한 인터뷰에서 말했다. '연예인은 무대에 선 광대고, 객석에 앉은 대중은 귀족이다. 우린 돈과 시간을 투자한 관객들을 어루만지고 즐거움을 줘서 보내야 하는 거다.'" 이 '배우 광대-대중 귀족'의 신분제에 감동을 받았던지 기사의 말미에 기자는 이런 찬사를 덧붙였다. "그녀의 연기에 혼신의 힘이 담긴 이유가 있었군요!"

하긴 다른 곳에서도 고현정은 비슷한 말을 했다. 하지만 거기엔 한마디가 더 붙어 있었다. "부정할 수 없는 건 배우는 광대라는 거야. 대중이 바깥에서 구경할 수밖에 없다고. 하지만 부디 우리 인간 자체는 구경거리가 되지 말자. 그건 아주 후진 거거든." ✚

기대를 저버리는 배우의 매력

가십 대상 거부, 솔직한 발언, 관객을 주도하는 21세기형 배우

✚ 정재승

　추정컨대 영화배우 고현정의 오른손 약지는 검지만큼 길거나 심지어 더 길지도 모르겠다. 아직 악수를 해보거나 그녀의 손가락을 유심히 살펴본 적은 없지만 이런 추정은 두 번 정도 가진 그녀와의 가벼운 대화 덕분이다. 그녀는 시종일관 대화를 주도했고 유머가 넘쳤으며 솔직하면서도 담백한 발언으로 대화의 정곡을 찔렀다. 좌중을 휘어잡았지만 상대방의 말에 귀 기울여주는 배려가 몸에 배었고, 직설적이었지만 무례하지 않았으며, "제가 공부가 짧아서"라고 겸손했지만 당당하고 자신감이 넘쳤다. 굳이 언급하지 않아도 짐작하듯 빼어난 외모에 훤칠한 몸매는 누구보다 여성성을 드러내지만 그녀와 말을 섞어보면 그녀가 '대한민국에서 Y염색체를 가장 많이 가진 여배우'임을 쉽게 눈치챌 수 있다.

자연스럽고 일관된 '두목 기질'

우리 신체 중에서 성기관을 제외하고는 신체 사이의 길이 비율이 남녀 간 차이를 보이는 곳은 '오른손 검지와 약지'뿐이다. '검지와 약지 길이비(2D:4D ratio)'는 임신 13주차 때 자궁 내 남성호르몬의 농도가 높을수록 작아진다. 그래서 남자는 대개 약지가 더 길며, 여성이라도 남성적 성향이 강할수록 약지가 길어져 검지와 비슷하거나 심지어 더 길게 된다.

여성성과 섹시함을 한껏 드러내고 귀여움과 사랑스러움으로 중무장한 대한민국 여배우들이야 당연히 길고 가녀린 검지를 가졌겠지만 고현정만은 예외이리라 추정한 것은 그녀가 그동안 맡아온 배역들 때문이기도 하리라. 드라마 〈모래시계〉의 혜린은 보디가드 백재희(이정재)의 보호를 받지만 당차고 단호한 캐릭터였다. 〈선덕여왕〉의 미실이나 〈대물〉의 서혜림 역에선 나라를 호령하는 역할을 수행함에도 조금의 억지스러움이 없었다.

고현정이 수사반장으로 분해 액션 연기까지 펼친 드라마 〈히트〉에서나 아홉 살 연하와의 티격태격 애정 행각을 다룬 로맨틱 코미디 〈여우야 뭐하니〉에서도 그녀는 소탈하고 솔직하며 남자에게 의지하려는 구석이라고는 눈을 씻고 찾아봐도 발견할 수 없는 캐릭터들이었다.

좀더 솔직히 말하면 그녀는 흔히 '남성적'이라 꼽는 성향을 넘어 '우두머리 기질'이 농후하다. 그녀와 인터뷰를 했던 김혜리 기자는 책 《진심의 탐닉》에서 그녀의 연기에서 일관되게 발견되는 캐릭터를 "두목 기질"이라 칭하며, "자기를 속이려는 상대를 측은하게 여기고, 존경할 만한 맞수한테 반하고, '내 사람'을 싸워서 지켜내려는 강자가 그녀다운 캐릭터"라고 말한 바 있다. 〈선덕여왕〉의 미실이나 〈대물〉의 서혜림 역으로, 우리가 작가나 PD라고 해도 '고현정'이 가장 먼저 떠올랐을 것이라 생각되는 점도 그 때문이다. 영화 〈여배우들〉을 보라. 영화의 무게중심은 배우 윤여정과 이미숙이 단단히 잡고 있지만 극의 흐름을 이끌고 갈등을 일으키면서 대화의 화제를 전환했던 고현정은 그곳에서도 단연 '실버백'이었다.

그녀가 맡은 우두머리 역들이 관객에게도 자연스러워 보인 데는 그녀의 현실에서의 삶도 기여했을 것이다. 〈모래시계〉로 최고의 인기를 구가하던 때 재벌가와의 결혼, 비밀에 부쳐진 사생활과 간간이 실리는 기사는 경호원과의 구설. 분명 우리와는 다른 삶을 살았을 것으로 추정되는, 잘 알지 못하는 '10년의 공백'과 당당한 이혼이 크게 한몫했을 거란 얘기다.

전략적이지 않은 솔직함

배우란 '시대의 페르소나', 이 시대를 살고 있는 우리 삶을 대변해줄 존재라는 점에서 고현정은 분명 20세기 여배우의 전형인 '아메리칸 스위트(줄리아 로버츠로 대변되는 멜로 영화의 여주인공)'는 아니다. 여리고 약해 남성이 보호하고 사랑해줘야 할 대상이라기보다는 관계를 주도하고 독립적이며 귀여움이나 여성스러움으로 사랑을 갈구하지 않는 캐릭터다.

그런 점에서 20세기에 태어났지만 그녀는 '21세기형 여배우'다. 우리가 그런 여배우를 갖고 그녀가 맡은 역할이 드라마와 영화에서 각광받는 것은 전적으로 지금이 21세기를 훌쩍 넘겼기 때문이다. 가부장적인 사회적 틀이 무너지고, 여성에게 기대되는 성격과 능력이 다양해지고, 장르드라마의 속성도 다각화되었기 때문이리라. 그 덕분에 사랑받기 위해 애교와 앙탈을 부리고, 오해와 질투 때문에 남자 앞에서 영롱한 눈물을 쏟아내고, 매서운 바람에 픽픽 쓰러지는 가녀린 여배우들 사이에서 청순미보다 강인함을 보여주는 배우 고현정을 얻게 된 것은 무척이나 다행이다.

그럼에도, 좀더 정확히는 지금까지 영화와 드라마, 광고 등에서 단 한 번의 실패도 없이 승승장구하고 있음에도 그녀의 앞날이 밝지만은 않다. 그녀는 배우임에도 그저 '관객의 구경거리'가 되는 것을 거부하고 있기 때문이다. 그녀는 관객이 배우에게 무엇을 기대하는지 정확히 알고 있지만 그 기대를 충족시켜줄 마음이 없다는 점에서 향후 '관객과의 불화'가 예견된다.

이미 그녀는 연기대상을 받는 시상식 소감으로 관객에게 "배우들을 이렇게 봐주었으면 좋겠다"고 주문했고 돌출 발언을 종종 일삼아왔으며 동료들과의 의리를 위해 '뒷얘기가 나올 법한 일'도 서슴지 않고 있다.

어렴풋한 기억으로 미스코리아 선발대회 전야제에서(아닐 수도 있다!) "만약 어두운 밤거리에서 치한을 만나면 어떻게 대처하겠습니까?"라는 사회자의 질문에 미스코리아 후보 고현정은 "그 치한의 가운데를 걸어차겠다!"고 당차게 대답했다. 사회자나 관객이 기대한 대답이 무엇일지 모를 리 없는 그녀는 솔직히 말하는 것 외에 다른 전략은 고민하지 않은 듯하다. 그녀가 20년 전에 했던 이 말은 미실과 서혜림을 관통하며 '오늘의 고현정'에게 남자들이 느끼는 두려움의 무의식을 살짝 엿볼 수 있게 한다.

고민되는 건 고현정 아닌 관객의 미래

21세기를 이해하는 중요한 키워드로 그녀를 선정한 것은 고현정이라는 한 배우를 넘어서 '아메리칸 스위트' 같은 로맨틱드라마의 여주인공 캐릭터를 넘어서는 여배우를 우리 시대는 어떻게 키우고, 어떻게 대하고, 어떻게 제 능력을 발휘할 수 있도록 적절한 멍석을 깔아줄 것인가를 함께 고민해야 하기 때문이다.

그런 점에서 앞으로 우리가 고민해야 할 것은 배우 고현정의 미래가 아니라 배우를 바라보는 대한민국 관객의 미래다. 우리가 준 애정으로 먹고살며, 그 덕분에 엄청난 부를 누리는 '스타'들에게 이따금씩 관객의 권력을 보여주고 싶어 하는, 그래서 적절한 꼬투리가 나타나면 스타의 권좌에서 그들을 냉혹하게 바닥으로 끌어내리는 풍토에서 오랫동안 애정을 갖고 영화를 찍을 배우는 많지 않다. '스타의 개런티란 악플을 감당하라고 주는 정신적 맷값'이라는 의식이 팽배한 시대는 '자신이 하는 일에 애정을 가진 배우'를 얻지 못한다.

관객의 기대를 크게 괘념치 않으며, 볼거리와 가십의 대상이 될 것을 당당히 거부하며, '관객과의 불화' 불씨를 모락모락 지피고 있는 배우 고현정. 그녀는 21세기 대한민국 연예계의 리트머스시험지다. 그녀가 오랫동안 살아남는 영화판이라야, 드라마판이라야, 그게 정상이다.

추신: 그녀가 새롭게 시도한 TV 토크쇼 〈고쇼〉는 절반의 성공에 그칠 것으로 보인다. 직설적이면서도 통쾌한 대화법의 개성을 맘껏 드러낼 수 있는 (〈라디오스타〉 같은) 은밀한 무대가 아닌, 〈강심장〉이나 〈야심만만〉류의 공개 스테이지에서 그녀가 그저 환하게 웃기만 하면 박수를 받는 여느 여배우와 다른 행동을 취하길 기대하는 건 무리다.

출연작을 고를 때 의리를 중시하는 실버백 고현정이 매번 성공하리라는 보장 또한 없다(아마도 영화 〈미쓰 GO〉가 그 대표적인 실패 사례일 듯). 여전히 우리는 그녀만이 아니라 그녀의 진가를 알아봐줄 세상이 함께 필요하다. +

+15
케이팝

만드는 뮤지션 vs 만들어진 상품

Korean Pop

한국의 대중가요. 1990년대 이후의
한국 대중음악 중 댄스·힙합·R&B·발라드·록·일렉트로닉 음악 등을
일컫는다. 2000년대 중반 이후 해외에 거주하는 외국인들이
한국 대중가요를 즐기기 시작하여
케이팝이라는 용어가 널리 쓰이게 되었다.

어떤 노래가 대중의 대뇌를 자극하나

불안하기만 한 케이팝의 미래…
대체 불가능한 매력을 만들어낼 수 있을까?

+ 정재승

    지난 몇 년 사이 언론은 한국의 대중가요를 '케이팝'이라 지칭하기 시작했다. 1990년대 중반 한국에서 만들어진 우리 영화가 질적 성장을 거두면서 '방화' 혹은 '국산 영화'라는 지칭에서 벗어나 '한국 영화'라는 이름을 얻게 된 것처럼 한국의 대중가요도 아시아를 넘어 유럽과 미국, 남미 등지에서 주목을 받자 좀더 현대적인 이름을 얻게 되었다. 덕분에 우리는 '한국 대중음악'을 외국인의 시선으로 바라보는 기이한 경험을 하게 된다. 소녀시대의 춤이 왜 매력적인지, 2PM의 노래가 왜 좋은지, 외국인들에게 그것이 어떤 방식으로 받아들여지는지 성찰해볼 기회가 생긴 것이다.

    아마도 한국 문화의 상품성은 한동안 전 세계적으로 인정받을 가능성이 높다. 우리는 작곡과 편곡 측면에서 훨씬 세련되어졌고(나처럼 아마추어 문화수용자가 들었을 때 그렇다는 얘기다) 다양한 테크놀로지를 활용하고 있으며 글로벌 마케팅의 노하우를 축적했다. 더불어 한국의 기획사들이 아이돌 그룹을 훈련시켜 키워내는 능력, '귀로 맛보는 달고나' 같은 훅송을 찍어내는 능력, 10대 소년 소녀들을 성적 눈요깃감으로 포장하는 능력 또한 가히 세계 최고 수준이기도 하다.

그런 점에서 '21세기 문화 키워드'로서 케이팝을 주목하는 것은 적절할 텐데, '음악이라는 예술을 즐기는 인간의 뇌'에 관심이 깊은 과학자로서는 좀더 근본적인 질문에 대한 답이 궁금하다. 그러니까 케이팝의 무엇이 그들을 그토록 열광하게 만들었으며, 히트한 곡들에는 어떤 공통점이 있을까?

'홍콩 영화'와 같은 비극을 볼 수도

불과 10년 전만 해도 서양 사람들은 한국 음악을 제대로 즐기지 못했고, 한국 가수의 노래를 잘 구별하지 못했다. 1990년대 말 가요를 들려주며 뇌파를 측정하는 연구를 수행하던 무렵(그 시절 '가요의 신경과학적 연구'에 대한 흥미진진한 뒷얘기는 《과학 콘서트》에 고스란히 담겨 있다) 서양인들에게 신승훈의 앨범을 들려주면 제일 먼저 나오는 반응은 "이 사람은 왜 노래가 다 똑같아?"였다. 신승훈의 독특한 창법과 노래 스타일은 우리에게나 섬세하게 구별할 수 있는 것이었지, 우리말을 모르는 그들에겐 모두 비슷하게 들린 모양이다.

당시 히트한 곡들이 갖는 보편적 특징에 대한 연구로 우리가 내린 결론은 '음악을 듣는 행위는 그저 청각신호를 받아들이는 수동적인 행위가 아니라 다음에 나올 음들을 끊임없이 예측하며 즐기는 매우 적극적인 활동'이라는 것이다. 그래서 너무 쉽게 예측 가능해도 자장가처럼 졸리고, 너무 예측이 어려워도 사람들은 즐기지 못한다.

히트한 곡들에 보편적 법칙이나 인기 비결이 존재한다는 사실은 많은 공학자들이 '히트곡 제조기'(뛰어난 작곡가에게 붙이는 수식어로서가 아니라 진짜 히트곡을 만들어내는 프로그램!)나 '히트곡 예측판별기'를 만들어 사업화하려는 시도를 낳았다. 예를 들어 2000년대 초반 미국과 유럽 등지에서 창업한 '폴리포닉 HMI'나 '뮤직 인텔리전스 솔루션' 등은 인공지능 분야의 '머신 러닝 기법'을 활용해 히트할 만한 곡을 만들거나 여러 후보 중에서 가장 히트할 곡을 선별해주는 프로그램을 만들어 음반 제작사들에게 컨설팅해주었다. 노라 존스의 메가히트 데뷔 앨범은 그런 과정을 거쳐 탄생한 가장 대표적인 성공 사례다.

그러나 과학자들이 찾아낸 히트곡의 일반적 특징은 이런 보편성과 특수성의 '절묘한 결합'이었다. 그러니까 보편적으로 어필하는 대목과 더불어 다른 것으로 대체될 수 없는 개성적인 특수성이 내재해 있어야 한다는 것이다. 예를 들어 전 세계적으로 큰 인기를 끌고 있는 2NE1 앨범은 서양인이나 동양인 모두에게 어필할 만한 매력적인 멜로디 전개, 세련된 편곡, 신나는 박자 등의 미덕을 갖고 있다. 이와 함께 전 앨범을 관통하는 독특한 목소리와 자신감 넘치는 랩, 자기 비하와 자기 만족이 과도하게 교차하는 10대의 정서 등이 그들만의 개성, 대체 불가능한 매력을 만들어내고 있다.

그런 관점에서 본다면 과연 케이팝의 인기는 오래갈까? 음악 전문가가 아니라 과학자적 관점에서 보자면(지극히 개인적인 관점이기도 하지만) 세련되고 화려하며 다양한 기술적 뒷받침과 마케팅 전략이 든든히 떠받치고 있다는 점에서 저력이 있긴 하지만 대부분의 아이돌 그룹이 개성 없이 비슷한 노래를 양산해 부르고 있다는 점에서 '이대

대체 불가능한 매력을 지닌
아이돌을 만나고 싶다.

로 했다가는 오래가지 못할 것'이라는 비관적 전망을 던지게 된다. '홍콩 영화'처럼 한때 전 세계적 돌풍을 일으켰으나 이내 진부해진 '한 시대의 퇴물'로 전락할 가능성이 높다.

집단에 동조하려는 본능이 만든 유행

가장 큰 우려는 '동양인들이 서양음악을 흉내 내고 있다'는 숨길 수 없는 사실이다. 문화적 심미안을 가진 사람들이라면 흉내 내기와 진정한 내적 창조를 구별해낸다. 그런데 흉내 내기로 글로벌 마켓에서 살아남기란 결코 쉽지 않다. 처지를 바꾸어놓고 생각해보시라. 미국의 한 젊은이가 판소리를 멋들어지게 한다 해도 우리나라 명창의 판소리를 놔두고 왜 그의 노래를 듣겠는가? 결국 우리는 서양인들이 만들어낼 수 없는 독특한 소리, 개성 있는 춤, 한국적인 음악으로 승부해야 한다. 그것이 설령 서양음악의 체계 안에서 만들어진, 힙합이나 재즈, 솔의 영향을 받은 곡들이라 하더라도.

그런 점에서 박진영의 미국 진출은 실패할 수밖에 없다. 그는 서양인들과 똑같은 방식으로 서양의 무대에서 서양 가수들이 성장하는 방식으로 우리 가수를 키워 성공하려 했으나 패착이었다. 오히려 한국에서 인정받는 '아시아적 개성'을 담은 음악으로 넘볼 수 없는 명성을 쌓은 뒤 그 무시할 수 없는 권력으로 서양 진출을 시도하는 것이 좀더 현실적인 대안이었으리라(SM이 그러는 것처럼).

음악은 '유행'을 타며 그 덕에 케이팝이 인기를 끌고 있지만 보편적 아름다움과 개성 있는 매력을 동시에 끌어안고 있지 않으면 오랫동안 사랑받기 어렵다. 가요가 음악 자체만이 아닌 '집단에 동조하려는 유행'에 기반을 두고 있다는 연구는 굉장히 많다. 이 유행도 조만간 쉽게 꺼진다는 얘기다.

미국 에모리 대학교의 신경과학자이자 정신과 의사인 그레고리 번스와 그의 동료들은 앨범 구매자의 3분의 1을 차지하는 사춘기 청소년(12~17세)을 대상으로 노래에 대한 대뇌 반응을 측정하는 실험을 했다. 같은 노래로 두 차례 선호도 평가를 하는데, 한 번은 그냥 노래를 들려주었고 다른 한 번은 그 노래의 인기 순위를 알려준 뒤 감상하도록 했다. 결과는 흥미로웠다. '같은 노래였지만 인기 순위를 알고 난 뒤 선호도가 급격히 상승'했다는 것이다(이 연구 결과는 신경과학 저널 〈뉴로이미지〉 2010년 2월 호에 발표되어 화제가 된 바 있다). 다시 말해 자신의 음악적 취향도 중요하지만 다른 사람들의 반응을 좇아 노래에 대한 선호가 달라진다는 것이다.

사회집단의 행동에 동조하려는 성향은 대뇌에서 그대로 나타났다. 처음에 아무 정보 없이 노래를 들었을 때는 쾌락의 중추인 '미상핵'이 활성화되었다. 반면 인기 순위를 알고 난 뒤 노래를 들을 때는 선호도는 올라갔지만 미상핵의 활동이 늘어나진 않았다. 오히려 고통이나 역겨움을 표상하는 '섬피질'이 활성화되었는데, 노래에 대한 대중의 인기가 자신의 취향과 다를수록 그만큼 '대중의 선호에 따라야 한다'는 감정적 부담이 커지기 때문에 10대의 뇌 안에서 고통과 관련된 섬피질이 활성화된 것이다.

개성 없는 천편일률은 오래가지 못할 것

그러나 유행은 물처럼 흐르는 것. 대중의 마음이 언제 돌아설지 모르는 상황에선 남들과 다른 '개성적인 매력'을 만들어내지 않으면 케이팝의 인기를 유지하기 힘들다고 그레고리 번스는 얘기한다(정말 얼마나 인기가 있는지도 잘 모르겠지만. 내가 알고 있는 외국 친구들은 모두 케이팝의 인기가 한국 언론이 전하는 정도는 아니라고 말한다).

문화와 예술의 개성 있는 매력은 천편일률적인 훅송, 노출이 심한 10대들의 성적 교태, 성형수술로 만들어진 사이보그 아이돌로는 만들어낼 수 없다. 오히려 한국 음악까지도 즐기는 서양인들의 '음악적 다양성'이 부럽다. 우리에게 절실히 요구되는 대목도 바로 그것이다.

+

과학자적 관점에서 보자면 케이팝의 인기는 음악 자체만이 아닌 '집단에 동조하려는 심리'에 기반을 두고 있다. 이것이 케이팝의 유행이 오래가지 못할 것이라는 비관적 전망의 이유다.

만드는 것과 만들어진 것 중 승자는?

음악, 수공업 시대에서 공장 시대로 넘어가다
케이팝이여, 미래를 보여줘!

+ 진중권

'케이팝'의 정의가 뭘까? 의미를 글자 그대로 취하면 '한국의 대중가요'라는 뜻일 텐데, 이렇게 말하면 케이팝의 역사는 멀리 식민지 시대로까지 거슬러 올라갈 것이다. 위키피디아를 찾아보니 '케이팝'을 "남한에서 나온 팝, 댄스, 일렉트로팝, 힙합, 록, 리듬앤드블루스(R&B) 등으로 이루어진 음악의 장르"라 규정하고 있다. 하지만 정작 케이팝의 역사에 관한 기술은 1990년대부터 시작한다. 오늘날과 같은 의미의 케이팝은 1990년대에 형성되었다는 의미일 게다.

한국 대중음악의 비약적 성장

대중음악의 취향은 대충 10~20대에 형성되는 모양이다. 나의 그 시절은 포크의 시대. 그때 통기타는 MT를 갈 때 빼놓을 수 없는 필수품이었다. 대학가에서 접한, 이른바 '민중가요' 역시 음악적으로는 포크에서 크게 벗어난 게 아니었다. 확실히 1990년대에 들어와 음악이 확 달라지긴 했던 모양이다. 서태지 음악의 낯섦은 아직도 잊을 수 없다. 그 뒤 유학을 가는 바람에 이후의 한국 대중음악사는 내 머릿속에 들어 있지 않다.

1990년대 이후 한국의 대중음악은 무척 다양해졌다. 음악적 수준도 높아져서 이제는 노래방에서 가사를 보고 따라 부르는 것조차 벅찰 정도. 그러다가 2000년 이후 새로운 풍경이 펼쳐지기 시작했다. 한국의 대중가요가 국제적 현상이 되기 시작한 것이다. 이 물결이 일본과 중국, 동남아시아를 거쳐 남미에까지 뻗어나가더니 최근엔 아예 미국과 유럽에까지 상륙한 모양이다. '케이팝'이라는 명칭은 아마도 이 국제화의 결과로 생긴 것이리라.

언젠가 〈노바디〉라는 노래가 한참 유행을 했다. 좋은 노래라도 자꾸 들으면 지겨운 법. 한국에서 이 노래의 열풍이 가라앉았을 때쯤 필리핀에 갔더니 세상에, 거기선 이제 막 유행이 시작되었는지 어디를 가나 그 노래가 흘러나온다. 택시가 신호를 받아 길에 멈추면 어느 구석에선가 아이들이 나타나 박수를 치는 동작과 함께 그 노래를 부른다. "노바디, 노바디 원 추, 짝짝 쿵 짝." 하긴 한국 관광객의 지갑을 여는 데는 그 방법이 최고일 게다.

1990년대 이후 영화, 드라마, 가요 등 한국 대중문화는 글자 그대로 비약적인 성장을 했다. 적어도 동남아에서 한국의 대중문화는 이미 그곳 사람들의 생활의 한 부분으로 자리잡았다는 느낌을 받는다. 내가 만나본 필리핀 젊은이들은 적어도 나보다는 한국 드라마를 더 많이 보고 한국 가요를 더 많이 알고 있었다. 한국 대중문화가 그곳 사람들의 안목을 높여 그곳 대중문화의 수준도 따라 높이는 경향이 있다고 들었다.

하지만 역시 관심을 끄는 것은 케이팝이 일본이나 유럽, 무엇보다도 팝의 본고장인 미국에 진출하느냐의 여부일 것이다. 온전히 뿌리내린 것은 아니지만 이미 부분적으로 성공한 예들이 존재한다. 가령 원더걸스는 2009년 '빌보드 핫 싱글 차트 100'에 올랐고, 2011년 빅뱅은 '미국 아이튠즈 앨범 차트 톱 10'에 올랐다. 한편 비는 2005년에 이어 2011년에도 〈타임〉에서 뽑는 '세계에서 가장 영향력 있는 인물'에 두 번째로 선정되었다.

한편 2011년에는 케이팝이 드디어 유럽에 상륙했다는 소식이 대대적으로 보도되기도 했다. 샤이니, 소녀시대, 슈퍼주니어 등 SM엔터테인먼트 소속 아이돌 그룹이 출연한 이 공연은 발매 15분 만에 표가 동났고, 미처 표를 구하지 못한 이들이 프랑스 파리 루브르 박물관 앞에서 시위를 벌인 덕분에 공연이 하루 연장되기도 했다. 한류 스타들이 입국하던 날 샤를드골 공항에는 1000여 명의 케이팝 팬들이 몰려들어 열광적으로 환성을 질러댔다.

부풀린 위상, 숨겨진 노예계약

아시아에서 케이팝은 이미 주류로 자리잡았지만 언론의 호들갑에도 불구하고 유럽에서 케이팝의 영향력은 아직 미미한 편이다. 유럽

팬들의 상당수는 '망가'를 비롯한 일본의 대중문화를 먼저 접한 뒤 한국의 대중문화로 넘어온 이들이라고 한다. 일본처럼 유럽 사회 역시 취향이 매우 세분화되어 있어 이미 다양한 나라의 음악이 들어와 있다. 거기서 케이팝은 그저 특정한 마니아 그룹이 즐기는 음악 정도의 위상을 크게 넘어서지는 못한다.

프랑스 파리 공연과 관련해 〈르몽드〉에서 '한국 팝의 물결이 유럽에 밀려오다'라는 제목의 기사를 실었다. 초점은 주로 케이팝의 기업적 성격에 맞추어져 있었다. 케이팝의 아이돌들이 엄청난 비용을 들여 치밀한 계획에 따라 오랜 기간에 걸쳐 양성되나 그 수명은 고작 몇 년 정도로 짧다는 내용이다. "한국 당국에 케이팝은 이웃 일본과 중국 사이에 끼어 자동차와 전자 제품 그리고 이제는 문화 제품의 수출에 의존하는 나라를 더 잘 알리는 수단이다."

영국에서는 '한국 대중음악의 어두운 면'을 조명했다. 케이팝 스타들은 '노예계약'에 묶여 턱없이 낮은 보수를 받는다. 기획사 쪽에서는 비용을 제외하고 나면 남는 게 없다고 말한다. 음반 시장은 정체되었고, 해적 사이트와 경쟁하느라 다운로드 가격을 턱없이 낮게 책정하다 보니 가수들과 나눌 수익이란 게 없다. 그러니 해외로 진출하는 데 목맬 수밖에 없다는 것이다. 기사에 따르면 케이팝의 돈줄은 국내가 아니라 실은 일본에 있다고 한다.

뮤지션은 '태어나는' 것이라 믿어온 나에게 '만들어지는' 뮤지션이란 개념은 매우 충격적으로 느껴진다. 음악의 프랑켄슈타인을 보는 느낌이랄까? 음악 시장과 대중 취향에 맞춰 노래, 안무, 의상은 물론 외모(성형수술)까지 완벽히 계산된 설계도에 따라 제작된 뮤지션들이라면 차라리 기획사의 아바타라 해야 하지 않을까? 내가 생각하는 뮤지션의 개념이 여전히 수공업적이라면 케이팝은 이미 공장 생산의 단계로 접어든 것으로 보인다.

그런 의미에서 동방신기에서 탈퇴한 JYJ의 활동은 시사하는 바가 크다. 이동연 교수는 이를 가리켜 "자신들의 활동을 자신들 스스로 결정할 수 있는 자유의지의 회복"이라 부른다. "동방신기 시절 SM의 일방적인 스케줄에 의해 활동해야 했던 것과 달리 그들은 자신들의 활동에 모든 권한을 갖고 있다. 이제 스스로 음악을 만들고 프로듀싱하고, 그래서 그들은 이제 자신들이 아티스트로 불리길 원한다."

동방신기의 계약 기간이 무려 13년. 이 정도면 시장의 '노예'나 다름없지 않은가? 중요한 것은 그럼에도 불구하고 이들이 아바타가 아닌 뮤지션으로, 기획상품이 아닌 아티스트로 끝내 살아남았다는 점이다. 거기서 결정적인 역할을 한 것은 팬덤이었다. 복잡하게 꼬인 시장의 현실을 보면 해법이 전혀 보이지 않으나 JYJ의 팬들은 수용자의 적극적 태도만으로도 이 답답한 상황을 어느 정도 변화시킬 수 있다는 것을 보여주었다.

JYJ가 보여준 변화에 기대를 걸다

음악의 산업화는 어쩌면 불가피한 현상일지 모른다. 오늘날 케이팝이 질적으로나 양적으로 성장해 국제적 현상이 된 것도 실은 음악의 철저한 자본주의화에 힘입은 바 클 것이다. 또 어린 시절부터 거의 '아동학대'에 가까울 정도로 혹독한 훈련을 거친 것이 케이팝 스타들이 지닌 음악적 기량의 바탕이 되어주었을 것이다. 하지만 아무리 기량이 뛰어나고 아무리 대중의 취향에 맞더라도 '영혼'이 결여된 음악에는 한계가 있지 않을까?

뮤지션은 음악의 생산자producer이지 생산품product이 아니다. 케이팝의 미래는 JYJ가 보여준 이 변화, 이 이행의 가능성에 달려 있는지도 모른다. +

+ 16
나는 꼼수다

이것은 디지털 시대의 저잣거리 이야기

국내 유일 가카 헌정 방송.
〈딴지일보〉에서 제작하는 팟캐스트.

불만의 통로를 바라는 대중과 영리한 '꼼수'

'진실'보다 '승리'를 원하는
대중의 욕망에 대한 부흥사

+ 진중권

〈나는 꼼수다〉(이하 〈나꼼수〉)와의 인연은 아주 불쾌하게 시작되었다. 하도 주위에서 "나꼼수, 나꼼수" 하기에 그저 '네 사람이 모여서 뭔가 재미있는 방송을 하나 보다'라고만 생각했다. 하지만 인터넷에 방송분을 요약한 도표가 나돌고 그 도표 속에 내 얼굴이 검찰, 한나라당, 〈조선일보〉와 한통속으로 분류되어 있는 것을 보고는 대체 무슨 일인가 싶어 곽노현 서울시 교육감 문제를 다룬 〈나꼼수〉 17편을 들어보았다. 그게 전부. 어차피 내 취향도 아닌 데다 첫 인연이 이런 식으로 시작되었으니 굳이 시간 내서 다른 편들까지 들을 기분은 안 났다.

검열, 심의라는 복고풍 권력이 만들어낸 인기 스타

〈나꼼수〉가 인기를 끌었던 데는 크게 세 가지 이유가 있을 게다. 가장 중요한 것은 대중이 이명박 정권에 화가 단단히 나 있다는 것이다. 집권 기간 내내 분노와 실망은 쌓일 대로 쌓인 상태다. 특히 젊은 세대는 형편없는 것으로 드러난 자칭 '최고경영자CEO 대통령'의 실력의 직접적 피해자다. '747'의 화려한 공약에도 불구하고 경제 상황과 고용 사정은 날로 악화되고 있다. 특히 대학을 나와도 취직이 될지 모르는 상황에 물가상승률의 몇 배 비율로 치솟아온 등록금은 대학생들을 절망으로 몰아넣었다.

불만이 쌓이면 표출될 통로가 있어야 하나 정권은 방송을 완전히 장악해버렸다. 정권이 임명한 두 방송사의 사장은 프로그램에 깊이 관여하며 정권에 대한 비판을 철저히 차단하고 있다. 그뿐인가? 그나마 대중에게 숨통을 터주던 프로그램들도 이미 망가져버렸다. 정관용 씨는 한국방송의 심야토론을 떠나야 했고, 손석희 씨는 문화방송 〈100분 토론〉을 떠나야 했다. 김미화, 김제동, YB와 같은 이들 역시 석연찮은 이유로 프로그램에서 물러나야 했다. 한마디로 정치적 담론과 놀이의 장이 사라져버린 것이다.

게다가 이 정권 들어와 방송통신심의위원회는 사실상 검열기관의 역할을 해왔다. 가령 〈PD수첩〉과 같은 탐사 프로그램이 어떤 수모를 겪었는지 생각해보라. 인터넷마저 감시와 통제의 대상이 된 것은 아주 오래전의 일이다. 특히 미네르바 사건 이후 네티즌들 역시 인터넷이나 SNS에 글을 올리며 무의식적으로 자기 검열을 강화하기 시작했다. 이런 상황이 〈나꼼수〉를 독보적 존재로 만들어주었다. 통제와 검열에서 벗어나 자유로이 각하를 까대는 방송이 나왔으니, 당연히 인기가 하늘로 치솟을 수밖에.

다른 하나의 요인은 미디어 플랫폼의 변화에서 찾을 수 있다. 거대한 방안을 가득 차지하던 컴퓨터가 책상 위(데스크톱)로 올라오고 무릎 위(랩톱)로 올라오더니, 이제는 손바닥 위(팜톱)로 올라왔다. 이른바 '스마트폰'은 그저 휴대전화가 아니라 이미 하나의 컴퓨터다. 과거에는 가상의 세계에 접속하려면 하드웨어(데스크톱)가 있는 곳에 가야 했으나 스마트폰 덕분에 이제는 어디서라도 가상의 세계를 손바닥 위로 불러올 수 있게 되었다. 새로운 환경은 당연히 새로운 콘텐츠를 요구하기 마련이다.

컴퓨터의 크기가 작아지면 화면도 작아지기 마련. 화면이 작아질수록 이미지 콘텐츠의 중요성은 상대적으로 줄어든다. 게다가 모바일이라는 환경에서는 감각기관 중 '눈'을 컴퓨터가 아닌 다른 데 돌려야 하는 경우가 많다. 길을 걷거나 운전을 하거나 작업을 하며 스마트폰을 볼 수는 없지 않은가. 이런 환경에서는 당연히 사운드 콘텐츠의 중요성이 더 커질 수밖에 없다. 과거에는 정치에 관한 정보를 인터넷의 텍스트를 통해 얻었으나 〈나꼼수〉가 그것을 사운드를 통해 얻을 수 있게 해준 것이다.

이미 매클루언은 전자매체(라디오, 텔레비전)와 더불어 '구텐베르크 은하'가 종언을 고하기 시작했다고 말했다. 〈나꼼수〉는 이 새로운 전자 구술문화의 디지털 버전이라 할 수 있다. 〈나꼼수〉의 이른바 '발랄함'과 '분방함'은 이 매체의 차이에서 비롯된다. 말과 글은 다르다. 말로 전달되는 정보는 강하게 구술문화의 성격을 띤다. 구술문화에서는 로고스logos보다는 뮈토스mythos가 중요하다. 즉 상황의 객관적 기술보다는 허구가 뒤섞인 이야기, 냉철한 논리의 정합성보다는 뜨거운 정서적 공감대가 더 잘 어울린다.

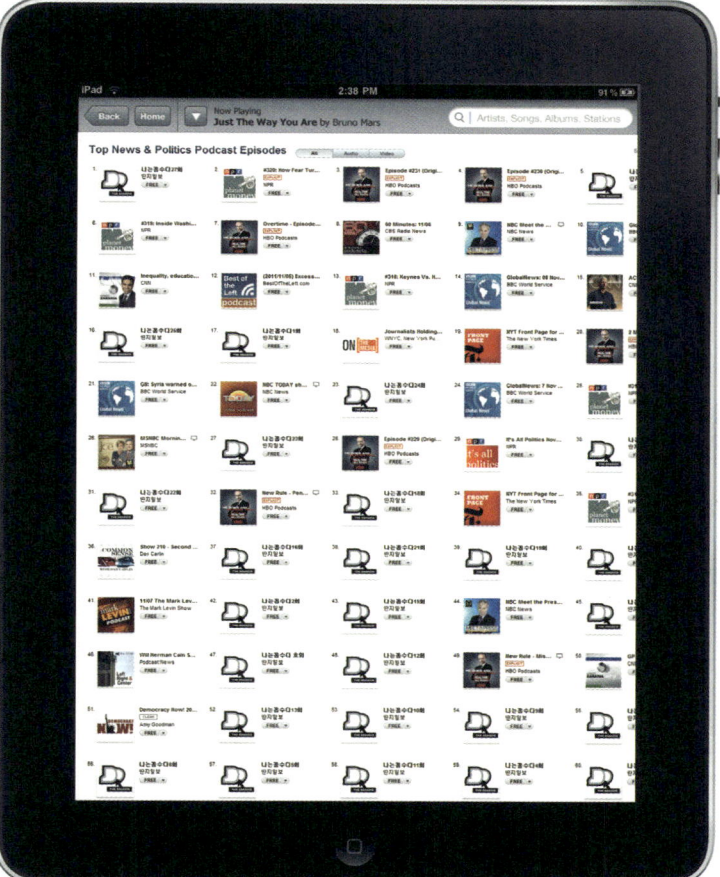

논리보다는 공감, 진리보다는 승리

또 하나의 요인은 멤버들의 배합에 있을 것이다. 전직 국회의원은 정치권에 끈이 닿아 있으니 이리저리 주워듣는 얘기가 많을 게다. 현직 기자는 언론계에 있으니 역시 보도에 앞서 미리 가진 정보가 많을 수밖에 없다. 전직 방송진행자이자 현직 칼럼니스트는 프로그램의 진행자 역할을 하며 동시에 그 정보들에 적절한 정치적 논평을 가미한다. '딴지'의 총수는 이 정보와 논평에 픽션과 개그를 가미해 〈나꼼수〉를 높은 대중성을 가진 일종의 예능 프로그램으로 변화시킨다. 이 정도면 그야말로 드림팀인 셈이다.

〈나꼼수〉 4인방은 디지털 구술문화의 논객들이다. 한때 '키보드 워리어'라 불리던 인터넷 논객들은 그 뜨거움 속에서도 문자문화를 통해 얻은 소양을 바탕으로 '논리'의 싸움을 벌이려 했다. 하지만 구술문화에서 중요한 것은 '논리'가 아니라 '공감'이다. 여기서는 객관성보다 철저한 당파성이 요구된다. 그들에게 '진리'보다 중요한 것은 '승리'이기 때문이다. 여기서 결정적인 것은 사태에 냉철하게 과학적인 기술을 제공하는 것이 아니라 모든 사태를 영웅이 등장하는 스토리로 바꿔놓음으로써 재미를 제공하는 것이다.

〈나꼼수〉에서는 상상력을 통해 사실과 픽션이 자유롭게 결합한다. 이른바 파타피지컬pataphysical한 태도, 즉 어떤 것이 픽션인지 뻔히 알면서도 마치 사실인 척해주는 놀이는 디지털 문화의 일반적 특성이다. 가령 허경영에 열광하던 젊은이들을 생각해보라. 허경영의 말이 모두 거짓임을 알지만 정말로 믿는 척해주지 않던가. 문제는 이 놀이가 'As if(~인 듯이)'의 성격을 벗어날 때 발생한다. 즉 픽션인지 알고도 사실인 척해주는 게 아니라 아예 픽션이 사실로 받아들여질 때 그것은 놀이를 넘어 선동이 된다.

곽노현 교육감 사태는 그 위험을 잘 보여준다. 이 사태를 〈나꼼수〉가 혼자서 일으킨 것은 아니다. 대중은 노무현, 한명숙 사건을 기억하고 있기에 그와는 성격이 다름에도 곽노현 사건에 거의 반사적으로 반응했다. 황우석, 심형래 사건으로 스타일을 구긴 '딴지'의 총수가 여기서 명예회복의 좋은 기회를 봤다. 그는 새로운 미디어의 위력을 활용했고, 결과는 그들이 자화자찬하는 대로 과연 성공적이었다. '진보 진영의 도덕적 순결주의 때문에 겁을 먹어 적에게 동지를 떠넘기는 이적행위를 했다.'

마땅히 있어야 할 윤리적, 사법적 정의에 관한 합리적 논의는 이 한 마디로 졸지에 〈나꼼수〉가 방영하는 드라마 속의 한 플롯으로 전락했다. 적에게 동지를 팔아넘기는 이적행위자들. 분노한 대중은 즉각 배신자들에 대한 복수에 나섰다. 더 황당한 것은 진보 진영의 문자문화를 대표하는 이들마저 홀라당 분위기에 넘어가서 이 가당치도 않은 시나리오에 단역으로 출연했다는 것. 법학, 정치학, 역사학 등 전공도 다양하다. 여기서 우리는 발흥하는 뉴미디어 앞에서 몰락한 문자문화의 초라한 몰골을 본다.

구술문화의 부활, 문자문화의 몰락

구텐베르크와 더불어 시작된 문자문화는 한때 구술문화의 비논리를 비웃었다. 디지털로 부활한 새로운 구술문화는 복수라도 하듯이 문자문화의 논리를 비웃는다. 이 변화에 저항하는 것은 가망 없는 일이다. 탄탄하게 형성된 문자문화를 가진 서구와는 달리 한국에서 문자문화의 역사는 매우 짧았다. 이 때문에 파타피지컬이라는 제2차 구술문화가 ('As if'의 성격을 망각한 채) 픽션을 사실로 혼동하는 제1차 구술문화로 전락하기 쉽다. 그 유혹을 더 강하게 자극하는 것은 알 수 없는 어떤 정치적 욕망이다. ✚

〈나꼼수〉에서는 상상력을 통해 사실과 픽션이 자유롭게 결합한다. 이른바 파타피지컬한 태도, 즉 어떤 것이 픽션인지 뻔히 알면서도 마치 사실인 척해주는 놀이는 디지털 문화의 일반적 특성이다.

이것은 우리들의 이야기

풍자와 해학의 전통에
'우리 편 철학'으로 대중 공감 일으키기

+ 정재승

2011년 한 해는 〈딴지일보〉의 팟캐스트 오디오 프로그램 〈나는 꼼수다〉가 한반도를 들었다 놓았다. 〈딴지일보〉 총수 김어준, 서울 노원구 공릉동과 월계동을 지역 기반으로 하는 민주당 17대 국회의원 정봉주, 시사주간지 〈시사IN〉 기자 주진우, 시사평론가 김용민이 매주 금요일 업데이트하는 이 프로그램은 '국내 최초의 가카(각하) 헌정 방송'이다. 이명박 대통령이 개인의 이익, 가족의 이익, 친인척의 이익을 위해 국가권력을 어떻게 악용해 사리사욕을 채우고 있는지를 적나라하게 폭로하고, 특히 이명박 대통령이 이권 개입이나 잇속 챙기기를 감추려고 어떤 정치적 꼼수를 부리는지를 풍자와 해학의 입담으로 노골적으로 희화해 큰 인기를 끌었다. 이제는 한풀 꺾였지만 한때 전 세계 팟캐스트 부문 청취율 1위를 넘보는 최고 인기 프로그램으로,

인터넷이나 트위터, 페이스북 등에서 열성적인 마니아층을 형성할 만큼 주목할 만한 사회현상이 된 바 있다.

분노와 혐오, 관심과 배려 사이

한 번 듣기 시작하면 이어폰을 뺄 수 없을 정도로 치명적인 매력을 가진 이 방송의 인기를 주류 언론은 한동안 애써 무시해왔으나 박경철, 박원순, 박영선, 홍준표 등이 출연하고 김어준의 책《닥치고 정치》가 출간 전 예약 판매만으로 베스트셀러에 오르자 '다루지 않을 수 없는 불편한 감자'가 되었다. 정치인들이나 공무원들 역시 열심히 즐기며 듣고는 있으나, 듣는다고 말하기는 불편하고 애써 무심한 듯 비판적인 한마디를 달아야 하는 방송이기도 하다.

사람들이 〈나꼼수〉에 열광했던 이유는 도대체 무엇일까? 우선 아이폰을 중심으로 스마트폰이 보편화되며 팟캐스트 시장이 활성화된 것을 꼽을 수 있다. 팟캐스팅podcasting이란 개인이 동영상이나 오디오 파일을 MP3와 같은 미디어 파일 형태로 만들어 RSS 파일의 주소를 공개하는 방식으로 배포하고, 사람들이 애플의 아이튠즈와 같은 응용 프로그램을 통해 검색해 컴퓨터나 스마트폰으로 재생해서 듣는 방송 형태를 말한다. 사람들이 찾아 듣는 '개인방송personal on demand broadcast'이라고 볼 수 있다.

'팟캐스팅'이라는 용어는 원래 웹로그 기반의 아마추어 라디오 방송국이 오디오 형태로 블로깅하는 것을 의미했다. 이렇게 웹 라디오가 세상에 등장한 것이 2003년. 그러니까 지난 10년간 이 같은 방송이 없진 않았고, 아이팟 같은 휴대용 MP3 플레이어 역시 널리 퍼져 있었지만 스마트폰 시대가 열려 팟캐스트를 쉽게 들을 수 있게 되면서 〈나꼼수〉가 폭발력을 갖게 된 것이다.

자본과 인력으로 무장한 매스미디어에 비해 콘텐츠 완성도가 떨어질 수밖에 없는 개인미디어 콘텐츠가 기존 언론 시장의 상품을 능가할 수 있는 파괴력의 핵심은 주류 언론이 다루기 힘든, 정부에 대한 통렬한 비판, 풍자와 해학 그리고 은밀하고 비밀스러운 정보와 위험하리만치 매혹적인 음모론이다. 구독층, 광고, 국가권력과 이해관계가 얽혀 있는 주요 언론사들이 다루지 못하는 내용이라도 용기 있는 개인미디어는 반정부적인 사실 폭로, 신랄한 풍자와 해학이 가능하다. 〈나꼼수〉는 이런 팟캐스트의 본질을 정확히 짚어내 만든 콘텐츠이며, 〈나꼼수〉 신드롬을 주목하는 이유는 개성적이면서도 불온한 콘텐츠로 가득 채워질 팟캐스트 시장이 사람들에게 보편적으로 인식된 첫 신호탄이어서다.

마이클 샌델의《정의란 무엇인가》열풍, 안철수 현상, 반값 등록금과 무상급식 시위, 〈도가니〉 신드롬과 〈나꼼수〉 인기는 무관하지 않다. 정부, 정치, 기업, 언론이 모두 제 본분에 충실하지 않고 집단의 이익에 몰두하는 상황에서 사람들이 정의를 다시 묻고, 국가가 챙겨주지 않고 언론이 관심 가져주지 않는 사회적 약자에 대한 자발적 관심과 배려를 가지며 만들어진 현상이다. 〈나꼼수〉 인기 역시 현 정부와 한나라당에 대한 극도의 분노와 혐오가 만들어낸 현상이다.

마음대로 말할 수 있는 자유

〈나꼼수〉 인기에서 빼놓을 수 없는 요소는 김어준, 정봉주, 주진우,

김용민, 이 네 캐릭터들의 절묘한 조화다. 듣는 사람도 유쾌하게 만드는 호탕한 웃음소리, 어린아이처럼 천진한 잘난 척과 '싫으면 듣지 마' 식의 객기, 주류 언론에선 절대 들을 수 없는, 권력층에 대한 깨알 같은 정보와 교묘히 얽힌 정치권력 관계, 뉴스 보도 너머에 담긴 정치적 의미에 대한 통찰, "우리 가카는 절대 그러실 분이 아니"라는 말로 대변되는 풍자와 뒷담화가 주는 재미, 아마추어적이지만 성의 있는 편집에 청취자가 만들어주는 창의적인 로고송까지, 〈나꼼수〉는 그 옛날 저잣거리의 마당극이 가진 매력을 모두 지닌 '21세기 스마트 시대의 마당극'이다.

그런 의미에서 정부나 주류 언론, 권력과 자본을 가진 상류층이 〈나꼼수〉를 비판적 시선으로 바라보는 것은 당연하다. 그들은 〈나꼼수〉를 무책임하고('아니면 말고' 식의 사실 확인이 안 된 정보를 마구 내뱉고), 위험하고(개인의 명예를 훼손할 만한 인신공격과 풍자가 난무하고), 불온한(반정부적 태도와 반기업적 정서를 선동하는) 콘텐츠라고 평가할 것이다. 대중을 현혹하고 현 체제를 뒤흔드는 이 프로그램을 앞으로는 심의하겠다는 발상이 나온 것도 그런 연유에서다.

그러나 저잣거리의 서민들이 풍자나 해학의 방식으로 거대 권력에 맞섰던 옛 전통을 계승한 〈나꼼수〉를 정색하고 바라보거나 그 영향력을 고려해 방송 심의를 해야 한다고 주장한다면 국제적 웃음거리가 될 만한 일이다. 그것은 마치 소설가 이외수 선생의 트위터 팔로어 수가 100만 명이 넘는다는 이유로 그의 트윗 글들을 심의하겠다는 발상과 같다. 개인 블로그와 마찬가지로 인터넷 마당극 〈나꼼수〉의 폐해는 현존하는 법률로 규제하는 것이 적절하다.

냉정하게 봤을 때 〈나꼼수〉 인기 비결의 핵심은 김어준이라는 걸출한 인물의 매력과 통찰력, 개똥철학이었다. 그는 1998년 〈딴지일보〉

를 창간한 이후 지난 13년간 어느 기업이나 권력에도 손 벌리지 않고 아쉬운 소리를 안 함으로써 (그래서 경제적으로는 매우 궁핍했지만) '마음대로 말할 수 있는 자유'를 얻었다. 이것은 현대 자본주의 사회에서 거의 모든 집단이나 개인이 갖기 어려운 자유이며, 이 자유로운 관계에 기반해 통렬한 비판이 가능했던 것이다.

그러나 김어준은 황우석 사태 때 '황빠'라고 불릴 만큼 황우석 교수 편에 선 사실(그래서 과학자들은 그를 신뢰하지 않는다!)이나 2002년 월드컵 오심 논란 때 우리나라 편을 들어 객관적이지 못했다는 비판을 받은 전력처럼 '우리 편'에 대한 애정이 깊은 사람이다(그런 그가 곽노현 서울시 교육감 사건에서 진중권이나 조국 같은 진보 진영과 날을 세우며 곽 교육감 편을 든 것은 예측 가능한 상황이었다). 그의, 이른바 '우리 편 철학', 그러니까 우리가 힘들 때 우리를 위해 애써준 사람이 곤경에 처하면 그 잘잘못을 떠나 이제는 우리가 그를 돕고 지지해주어야 하지 않느냐는 논리는 많은 사람들에게 공감을 불러일으킬 만한, 그리고 사람들이 듣고 싶어 하는 논리이며, 〈나꼼수〉 인기 밑에 깔린 정서이기도 하다. 이명박 대통령이나 한나라당, 민주당 그리고 기독교 등을 '저들'이라 칭하고 '우리들'끼리 깔깔거리고 즐기는 술자리 뒷담화 같은 유쾌한 시간이 바로 〈나꼼수〉니까.

그러나 김어준의 '우리 편 철학'은 한편으로 매우 위험하다. 우리 편을 위해서라면 과학적 진실과 논문 부정을 외면할 수 있고, 축구 경기의 룰도 무시할 수 있고, 뇌물 수수나 저급한 비키니 시위도 용서받고 이해받아야 하니까. 김어준의 '우리 편 철학'은 앞으로도 진보 진영 내에서 합리적이거나 이념적인 일파와 계속 각을 세울 가능성을 내포하고 있다.

〈나꼼수〉 현상 관전 포인트

앞으로 우리가 〈나꼼수〉 현상을 재미있게 관전하는 포인트가 몇 가지 있다. 먼저 향후 팟캐스트 시장이 어떻게 다각화되고, 장르와 내용, 구성 등이 어떻게 다양하게 확대되는지, 그리고 그것이 스마트 디바이스들과 맞물려 어떻게 우리의 일상으로 파고드는지 관찰하는 것이다. 이미 팟캐스트는 개인이 세상을 향해 제 목소리로 외치는 거대한 광장이 되었으며, 그 성공은 이제 온전히 콘텐츠에 의해 결정될 것이다.

둘째, 2012년 대통령 선거의 박근혜-문재인 구도에서 〈나꼼수〉가 어떤 역할을 할 것인가도 관전 포인트다. 만약 안철수, 〈나꼼수〉 등이 문재인을 측면 지원할 경우 그 파괴력은 상상 이상이 될 테니까. 하지만 이제 거의 '문재인 빠'가 되어버린 〈나꼼수〉 팀이, 김용민이 출마한 지난 국회의원 선거 때처럼 상황 파악을 제대로 하지 못하고 악수를 둔다면 진보 진영에 오히려 큰 해를 입힐 수도 있다는 점에서 (〈딴지일보〉식 표현대로) '귀두가 주목된다'.

셋째, 정부가 온갖 방법으로 작은 꼬투리를 잡아 교묘하게 〈나꼼수〉를 방해하고 관련자를 법의 심판대 앞에 세우려 안간힘을 쓸 것이라는 내 예측대로 정부는 프로그램 폐지를 위해 치졸한 꼼수를 부리고 있다. 과연 그들이 앞으로 어떤 꼼수를 부릴 것이며, 김어준 일행이 그것에 어떤 방식으로 대응할지도 주목할 만한 대목이다.

끝으로, 가카가 퇴임하는 그날까지 계속된다는 〈나꼼수〉의 진화 또한 궁금한 대목이다. 국제통화기금IMF 사태 시절 〈딴지일보〉가 처음 등장했을 때 많은 네티즌들로부터 열광적인 호응을 얻었으나 13년이 지난 지금은 크게 주춤한 쇠퇴기에 접어들었는데, 〈나꼼수〉는 포스트 MB 시대에 어떤 기발한 아이디어로 인기를 이어나갈지 궁금하다.

〈나꼼수〉는 '21세기 저잣거리 해학극' 안에 머물며, 그 이상의 영향력을 발휘하려 하지 않을 때 시민들의 지지로 진정한 가치를 얻게 된다. 가치 전복적이고 불온한 팟캐스트에 대한 시민적 지지는 〈나꼼수〉가 스스로 대안 언론이라고 주장하는 순간, 권력 안으로 들어가겠다고 국회의원 선거에 출마하는 순간, 사회 명사로서 영향력을 발휘하겠다고 선거에 지지 표명을 하는 순간, 세상을 바꾸겠다며 국회의원들을 좌지우지하는 순간 훨씬 더 엄밀한 도덕적 잣대로 바뀌어 〈나꼼수〉를 위협할 것이다. 해학과 풍자는 시대를 배설하는 제 운명을 인정하고 겸손한 순간에만 그 진가를 발한다. +

+ 17
레이디 가가

도발? 예술? 금기를 가지고 노는 아티스트

Lady GaGa (1986~)

미국의 팝 가수. 싱어 송 라이터이자 행위예술가.
2010년 〈포브스〉가 선정한 세계에서 가장 영향력 있는 여성 7위.

분자유전학 실험실에 등장한 레이디 가가

상식을 걷어차는 엽기적인 '행위예술가'
과학자는 그의 무대에서 불온한 뇌를 배운다

+ 정재승

최근 이공계 학생들이 자신들의 비참한 처지를 풍자해 이른바 '연구실 송'이란 걸 만들어 유튜브 등에 올리고 있는데, 이것이 학생들 사이에서 큰 공감을 얻고 있다. 〈싸구려 논문〉, 〈카이스트 애가〉, 〈모스트 뷰티풀 걸 인 더 랩〉(이 동영상은 논란이 일자 저작자 스스로 유튜브에서 동영상을 삭제했다) 등이 대표적인 곡들로 학문의 어려움, 독재적인 연구실 분위기, 늦어지는 졸업, 불안한 미래 등 이공계 젊은이들의 고단한 현실을 진솔하게 담고 있다.

전위적이지만 세련되게 일상을 부수는

이런 침체된 분위기는 미국이라고 해서 크게 다르지 않다. 미국 드라마 〈빅뱅 이론〉에서 보듯 과학기술 전공이 안정적인 직장을 보장해주던 시절은 이미 미국에서도 끝났다. 부시 시절부터 연구비는 계속 줄어들었고 리먼 브라더스 사태 이후 경기 침체가 장기화되면서 오바마도 과학기술계에 일자리를 많이 창출하진 못했다.

그래서 미국 대학원생들도 과도한 연구 프로젝트에 시달리는, 그러면서도 보장받지 못하는 미래를 불안해하는 자신의 처지를 비꼬는 노래를 만들어 유튜브에 올리기도 하는데, 그중 가장 유명한 곡이 미국 가수 레이디 가가의 〈배드 로맨스〉를 패러디한 〈배드 프로젝트〉다(독특한 멜로디가 반복되는 〈배드 로맨스〉는 그래미 시상식에서 '최우수 여성 팝 보컬 퍼포먼스 상'과 함께 '최우수 쇼트 폼 뮤직비디오 상'도 탔다).

텍사스 베일러 칼리지 후이정 교수 연구실의 대학원생들이 만든 이 동영상은 "5년 안에 박사학위를 받고 싶지만", 그러려면 〈셀〉 같은 저명한 저널에 논문을 실어야 하는 대학원생의 절규를 담고 있다.

이 동영상에는 '짝퉁 레이디 가가'가 등장한다. 〈배드 로맨스〉 뮤직비디오에 등장하는 레이디 가가의 모습을 패러디한 이 인물은 실제 레이디 가가처럼 사이버네틱한 의상과 노란 머리를 하고 있는데(아마도 그는 후이정 교수 연구실의 대학원생일 것이다!), 놀라운 대목은 레이디 가가가 분자유전학 실험실과 너무 잘 어울린다는 것이다(레이디 가가는 자신을 가수를 넘어 행위예술가라고 주장한다!).

재미있게도 내가 처음 레이디 가가를 알게 된 곳도 (엉뚱하게도!) 과학자의 실험실이었다. 몇 년 전 한때 미국에서 함께 연구했던 동료를 찾아갔더니 그가 자신의 책상 앞에 '생고기를 몸에 붙인 엽기적인 여성'의 사진을 붙여놓았다(하필 그 옆에는 미국 내 정신질환자 수에 대한 통계 그래프가 나란히 붙어 있었다).

"이 사람 누구야?"

"레이디 가가. 내 우상이야!"

"왜 이 사진을 붙여놓았는데?"

"이 가수는 '날마다 상식의 철창을 부수는 사람'이야."

내가 처음 레이디 가가라는 이름을 듣게 된 순간이었다. 파격적인 의상과 엽기적인 퍼포먼스, 그리고 세련된 음악으로 시대의 아이콘이 된 레이디 가가를 내가 주목하게 된 것이 그 직후다. 사진 속에서 그녀는 (전혀 섹시하지 않은) 민망한 표정으로 나를 보고 있었고, 나는 그녀가 '정신질환을 연구하는 분자유전학 실험실'과 잘 어울린다고 그때도 느꼈다.

레이디 가가는 이젠 대학 캠퍼스에 수업 과목으로도 입성했다. 미국 사우스캐롤라이나 대학교에는 레이디 가가의 삶과 작품 활동, 인기 비결을 학문적으로 조명하는 사회학 강의가 있다. 그녀의 열혈팬으로 알려진 매슈 데프렘 교수가 '레이디 가가와 명성의 사회학'이란 강의명으로 수업을 개설했다. 이 수업은 1000만 명의 페이스북 친구와 600만 명의 트위터 추종자를 가진 레이디 가가의 마케팅 전략, 신구 매체의 공헌, 행위예술을 방불케 하는 라이브 콘서트, 동성애 문화, 성과 섹슈얼리티, 뉴욕과 할리우드 등에 대한 사회학적인 탐구를 다룬다.

'비정상'을 대리만족하다

사람들은 왜 레이디 가가에 열광하는 걸까? 레이디 가가는 어떻게 우리 시대를 이해하는 데 빼놓을 수 없는 상징이 되었을까? 개성 있는 의상과 엽기적인 퍼포먼스는 관객에게 '보는 즐거움'을 주지만, 무엇보다 그녀는 노래를 잘 만들고 가창력도 우수하다(듣는 즐거움도 준다는 얘기다!). 최근 빌보드를 석권하고 있는 여성 솔로 가수들이 대부분 실력과 외모를 겸비한 싱어 송라이터지만 탄탄한 일렉트로닉 비트와 팝적인 멜로디를 부합하는 능력이 뛰어난 레이디 가가는 그중에서도 각별하다.

재미있는 것은 레이디 가가가 보는 즐거움과 듣는 즐거움 이상의, 일종의 통쾌함 같은 걸 준다는 사실이다. 때론 어설프게 행위예술가 흉내를 내기도 한다. 예컨대 얼굴에 뿔 분장을 하곤 그것이 자신의 뼈라고 주장했던 퍼포먼스 사진을 볼 때면 '여자 허경영'을 보는 것 같기도 하지만 그럼에도 그녀는 '상식을 걷어차는 통쾌함' 같은 걸 대중에게 선사한다.

그 이전이라면 '마돈나'가 아마도 레이디 가가와 유사한 존재가 아니었을까 싶다. 탄탄한 음악을 바탕으로 새로운 퍼포먼스와 의상으로 세상의 유행을 선도했다는 점에서. 매번 독특한 이벤트와 사건으로 세상을 떠들썩하게 했다는 점에서. 음악성 또한 빼어나다는 점에서. 하지만 마돈나의 돌발이 성적 영역에 머물렀다면 레이디 가가는 좀 더 일상적인 곳들에서 전 방위적인 돌발을 감행한다.

레이디 가가가 보이는 통쾌함은 평범한 일상을 살아가는 우리들을 자극한다. 레이디 가가 사진을 붙여놓았던 내 연구 동료는 연구실에 폭 박혀 있는 친구다. '교과서에서 방금 튀어나온 모범생', '극도로 비정상적인 정상인'이다. 날마다 넥타이를 매고 정해진 시간에 출퇴근을 하며 집과 실험실을 오가는 길에서 샛길로 빠질라치면 세상이 무너지는 줄 알고 안절부절못하는 이른바 '범생 아빠'다. 그 녀석에게 "술과 마약, 담배에 기대지 않으면 곡을 쓸 수 없다"고 토로한 레이디 가가의 삶이 얼마나 후련했을까? 그는 아마도 스스로는 '날마다 상식의 철창을 부수는 사람'이 될 수 없어서 레이디 가가에게 대리만족을 느끼고 있는지도 모르겠다.

그러나 불행하게도 최근 심리학자들의 연구 결과에 따르면 책상에 붙여놓은 레이디 가가의 사진은 신자유주의 시장에 내몰린 수많은 일상인들에게 '일시적 탈출구'는 될지언정 그들의 삶을 진정 바꾸지는 못할 것이라고 한다. 많은 사람들은 자신의 롤모델 사진을 책상 앞에 붙여놓는다. 하지만 그런 행동이 사진 속 롤모델을 닮아가는 데는 오히려 도움이 되지 않는다는 게 연구 결과다.

예를 들면 물리학도들이라면 알베르트 아인슈타인이나 리처드 파인먼의 사진을 으레 책상 앞에 붙여놓고 그들처럼 위대한 물리학자가 되길 꿈꾼다. 창의적인 업적을 남기길 기대한다. 사람들은 매번 책상 앞에 앉아 그들의 사진을 보며 그 꿈을 다짐한다고 믿지만 오히려 현실은 반대다. 실제로 그들이 위대한 물리학자의 사진 밑에서 하는 일이란 고작 중간고사 시험 준비나 숙제, 밀린 서류 정리다.

그럴 때면 자기 앞에 놓인 문제도 쉽게 풀지 못해 끙끙대는 스스로가 초라하게 느껴지고, 롤모델의 업적에 비해 지금 자신이 하는 일은 더없이 초라하게 느껴진다. 롤모델의 사진이 오히려 창의적인 업적을 남기는 데 방해가 된다는 얘기다. 그러니 닮고 싶은 사람이 있거든 그들의 사진을 책상에서 떼어 마음에만 붙여놓으라는 얘기다.

어쩌면 사람들은 아인슈타인이나 파인먼의 사진을 보고 그들의 창조적인 연구 업적을 즐기며 대리만족하면서 황폐한 자신의 삶에 위안을 얻는 것뿐인지도 모른다. 통속소설의 해피엔딩이나 장르영화의 권선징악이 자신의 우울한 현실을 달래주면서도 현실을 변화시키려는 의지는 오히려 약화시키는 것처럼 말이다.

상식의 고착을 막아주는 존재

내 연구 동료에게 레이디 가가란 어떤 존재였을까? 이 평범한 연구원은 날마다 상식의 철창을 부수고 싶지만 그러지 못해 레이디 가가 대신 그 철창 앞에서 싸우는 모습을 지켜만 보며 열광하는 것일지도……. 때론 과도하게 비난하고 때론 아방가르드적 퍼포먼스에 열광하면서, 그저 상식의 울타리 안에서 안전하게 그녀를 바라보면서 말이다.

어른이 된다는 것이 '상식이라는 안전한 울타리 안에 둥지를 튼다'는 의미라면 "무엇이든 의심하라"는 마르크스의 말을 실천해야 할 과학자는 항상 어린아이여야 한다. 주변 사람들과 세상에 비슷하게 반응하고 세상을 판단하는 정보 사전을 공유하는 것은 생존에는 유리한 전략일지언정 자연의 경이로움을 탐구하고 날마다 상식을 의심해야 할 과학자들에게는 부적절한 전략이다.

상식이 뇌 안에서 고착화하지 않기를, 성장은 했으나 어린아이의 불온한 뇌를 가질 수 있기를, 과학자들은 꿈꾼다. 레이디 가가 같은 엽기적인 '상식 파괴적인 호기심'이 '자연에 대한 놀라운 통찰력'을 만들어낼 수 있기 때문이다. 나는 오늘 레이디 가가의 사진을 대뇌 한쪽에 붙인다. ✚

상식이 뇌 안에서 고착화하지 않기를, 성장은 했으나 어린아이의 불온한 뇌를 가질 수 있기를, 과학자들은 꿈꾼다. 레이디 가가 같은 엽기적인 '상식 파괴적인 호기심'이야말로 과학자에게 '자연에 대한 놀라운 통찰력'을 만들어낼 수 있기 때문이다.

고급에 대한 끝없는 모방

파격적 의상, 양성애적 퍼포먼스
앤디 워홀의 계보를 잇는 영악한 아티스트

+ 진중권

'레이디 가가'가 누군가 했더니 언젠가 그래미상 시상식에 살코기 드레스를 입고 나타났던 그분이란다. 유튜브의 뮤직비디오가 세상에, 무려 1억 뷰를 자랑한다. 페이스북 친구 1000만 명에 트위터 추종자가 600만 명이라고도 한다. 이처럼 세계적으로 유명한 분을 그동안 나 혼자 모르고 지냈다. 노래를 들어보니, 대부분 그쪽으로 담 쌓고 살았던 내 귀에도 익은 것들이다. 의아한 것은, 소문으로 듣던 그녀의 기행에 비해 정작 음악은 너무나 평범하게 느껴진다는 점. 이 괴리를 어떻게 이해해야 할까?

앤디 워홀 인용하는 화려한 보헤미안

이 별것 아닌 물음 안에 '레이디 가가'라는 현상의 본질이 들어 있지 않을까? 레이디 가가의 진면목을 보여주는 것은 역시 뮤직비디오다. 그녀가 대중문화에 도입한 혁신은 대부분 비주얼의 영역에 있기 때문이다. 첫눈에 들어온 것은, 그녀가 한때 고급 예술에 속하던 전략을 대중문화로 끌어들이고 있다는 점이었다. 미술사를 좀 아는 이라면 그녀의 퍼포먼스가 현대 미술, 특히 1960년대 이후 서구 미술사에서 인용한 시각적 요소로 가득 차 있음을 알 것이다.

음악은 그녀의 일부(물론 중요한 일부)일 것이다. 그녀는 자신을 '가수'라기보다는 '퍼포먼스 예술가'로 여긴다. 자신이 '총체예술 gesamtkunstwerk'을 지향한다고 말하기도 한다. 실제로 그녀의 퍼포먼스에서는 패션, 음악, 무용, 연극, 설치 등 다양한 장르가 하나가 된다. '레이디 가가'의 이미지를 구축하는 데는 각 장르의 전문가들이 참여하고 그녀는 그 모두를 총괄하는 감독이 된다. 한마디로 대중음악을 아예 새로운 장르로 바꿔놓은 셈이다.

그녀는 자신을 "패션의 아방가르드"라 부른다. 다른 영역에서도 즐겨 아방가르드의 제스처를 취한다. 파격적인 헤어스타일(리본 머리), 엽기적인 패션(생고기 드레스), 외설적인 무대의상(란제리 차림), 때로는 누구도 예상하지 못한 이벤트로 그녀는 대중에게 충격을 준다. 널리 알려진 것처럼 '충격'은 모더니즘 혹은 아방가르드 예술의 전형적 책략이다. 그녀의 퍼포먼스가 대중에게 어떻게 받아들여지는지 어느 기사의 제목이 보여준다. '레이디 가가, 알 속에서 등장. 충격.'

정확히 말하면 레이디 가가의 작업은 아방가르드가 아니라 '포스트 아방가르드'에 가깝다. 아방가르드 예술가들은 대중의 취향(키치)

에 적대적이었다. 그들은 대중을 쇼크로 몰아넣고 그들의 격렬한 항의를 받아야 비로소 자기가 예술적으로 유의미한 진술을 했다고 느꼈다. 레이디 가가는 어떤가? 그녀의 도발은 외려 대중의 열렬한 환영을 받는다. 과거에 도발은 제도 '밖'의 위협이었으나 오늘날 도발은 제도 '안'의 놀이가 되었다. 요즘엔 외려 지루한 대중이 예술가에게 자기를 도발해달라고 요구한다.

이것이 1960년대 이후 미술계에 찾아온 포스트 아방가르드의 상황이다. 레이디 가가가 종종 앤디 워홀*을 인용하는 것은 이 때문일 게다. 그녀의 앨범 〈더 페임The Fame〉은 "누구나 자신을 유명하게 느끼는 방법에 관한 것"이다. 이는 "오늘날 전국적으로 유명해지는 데는 20분밖에 안 걸린다"고 했던 워홀에게 바치는 오마주일 것이다. 아방가르디스트가 대중에게 이해받지 못하는 고독한 보헤미안이었다면 워홀은 달랐다. 그는 자신을 '팝스타'로 여기며 외려 대중적 명성을 즐겼다.

가가는 자신의 작업팀을 즐겨 워홀의 '팩토리factory'에 비유한다. 워홀은 자신이 작품을 직접 만들지 않는 것을 자랑스러워했다. 대량생산 시대에는 예술가와 예술 역시 공장(팩토리)에서 만들어져야 한다는 얘기다. 워홀의 비범함은 (그의 작품 속 수프 깡통들처럼) 스스로 남들과 구별되지 않는 평범함으로 내려가는 데서 나온다. 하지만 가가에게는 이 역설이 없다. 외려 그녀는 자신을 "결코 복제될 수 없이 독특한" 존재로 여긴다. 그녀의 자의식은 아방가르드와 포스트 아방가

* 앤디 워홀 Andy Warhol
미국의 미술가이자 영화 제작자. 시각주의 예술 운동의 선구자로, 팝아트로 잘 알려진 인물이다. 산업 일러스트로 성공적인 경력을 쌓은 후에 화가, 아방가르드 영화 감독, 레코드 프로듀서, 작가로서 세계적으로 유명해졌다.

가가는 자신의 작업팀을 워홀의 '팩토리'에 비유한다.
대량생산 시대에는 예술가와 예술 역시
공장에서 만들어져야 한다는 얘기다.

르드 사이에서 동요한다.

무차별적인 혼성모방의 포스트모던함

레이디 가가는 대중문화로 들어온 포스트모던이다. 그녀의 비디오에서 우리는 포스트모던의 온갖 전략을 본다. 먼저 '혼성모방pastiche'의 기법. 가령 미국 영화 감독 타란티노의 영화(《텔레폰》), 일본 사진작가 야나기 미와의 사진(《파파라치》), 엘리자베스 1세의 초상(《본 디스 웨이Born This Way》) 등 그녀의 뮤직비디오는 과거와 현재의 예술에서 가져온 인용으로 가득 차 있다. 특히 엘리자베스 1세의 드레스 속에서 과거와 미래, 즉 16세기 복식과 미래주의 패션은 하나가 된다. 이 양식적 절충주의가 포스트모던의 전형적 특징이다.

이어서 '횡단'. 언젠가 그녀는 "너무 연극적"이라는 이유로 계약을 거절당했단다. 이 일화는 미국의 모더니스트 마이클 프리드가 전후 미술을 '연극적'이라고 비판했던 것을 연상시킨다. 모더니즘의 강령은 예술이 무엇보다 자기 매체에 충실해야 한다고 말한다. 대중음악에서라면 가수는 일단 음악에 매진해야 한다는 얘기가 된다. 하지만 가가는 총체예술을 지향했다. 이렇게 상이한 장르를 뒤섞는 것 역시 포스트모던하다. 모더니즘이라면 장르를 혼합하지 않고 공감각을 사용할 게다.

'성 정체성'을 흐리는 것도 포스트모던하다. 가가는 자신을 양성애자로 소개한다. 그녀는 남성과 여성의 구별을 넘어선 존재다. 그녀의 비디오에서는 남자들이 하이힐을 신고 남성 댄서가 여성인 가가에게 자신의 엉덩이를 내준다. 이는 게이 커뮤니티의 '캠프' 취향의 냄새를 풍긴다. 이렇게 성 정체성을 흐리는 전통은 자신을 '로즈 셀라비'라는 여성으로 분장시켰던 뒤샹으로 거슬러 올라간다. 가가는 이를 역시 여성으로 분장하곤 했던 워홀을 통해 받아들였을 것이다.

인용의 원천을 밝히려면 한도 끝도 없을 것이다. 작품에 넘쳐흐르는 시각적 과잉은 매슈 바니*를 연상시키고, 살코기 드레스는 이른바 '혐오예술abject art'을 차용한 것이며, 피 묻은 란제리 공연은 1960년대의 '해프닝'에서 흔히 보던 것이다. 예술과 더불어 그녀를 분석하는 데서 빼놓을 수 없는 것이 담론의 인용이다. 그녀의 퍼포먼스는 해러웨이(《사이보그 선언》)에서 보드리야르(시뮬라크르)를 거쳐 드 기보르(스펙터클)에 이르기까지 포스트모던의 온갖 담론을 인용한다(이 모든 담론 하나하나를 이해할 필요는 없다. 그저 이와 같은 류의 담론을 인용했다는 것을 보여주기 위해 열거했으니).

그녀의 스펙터클은 상황주의 퍼포먼스를 닮았다. 차이가 있다면 그녀의 것은 저항의 성격을 잃고 완전히 상업화했다는 것. "나는 세상에서 가장 판단에서 자유로운 인간이다." 이 판단중지, 이 무차별성 역시 포스트모던하다. 아방가르드 예술가들은 독단적일 정도로 자기 판단을 고집했기 때문이다.

---

* **매슈 바니** Matthew Barney
미국의 설치미술가로 행위예술, 영화, 설치작품을 제작했다. 영화 촬영 후에 버려진 소품들로 설치작품전을 열어 인공화된 현실을 표현하고자 했다.

대중의 한계 복용량 계산하는 영리함

아무리 아방가르드의 제스처를 취해도 그녀가 던지는 충격의 요소는 이미 복용량이 철저히 계산된 것이다. 그녀의 음악이 생각보다 평범한 이유도 거기에 있을 게다. 음악마저 이상했다면 그녀가 자신의 에고ego로 여기는 대중적 명성The Fame에 도달할 수는 없었을 것이다. 미술의 아방가르드를 받아들인 대중도 음악의 아방가르드는 아직 받아들이지 못하고 있다. 음악에서는 아방가르드의 제스처를 취할 수 없는 일이다.

가가의 위대함은, 아방가르드를 리사이클링했던 포스트 아방가르드를 대중문화 속에서 다시 한 번 리사이클링했다는 데서 찾아야 할 것이다. 고급문화의 영역에서는 두 번의 반복으로 이미 식상해진 것도 대중문화 속에서는 아직 참신할 수 있다. 가가는 그것을 안다. 그녀는 영리하다. 영리하다 못해 영악하다. +

그녀의 스펙터클은 상황주의 퍼포먼스를 닮았다. 차이가 있다면 그녀의 것은 저항의 성격을 잃고 완전히 상업화했다는 것. "나는 세상에서 가장 판단에서 자유로운 인간이다." 이 판단중지, 이 무차별성 역시 포스트모던하다.

+18 아랍의 봄*

혁명을 이끈 스마트 시대의 대자보

"민중은 정권의 타도를 원한다."

"Ash-sha'b yurid isqat ans-nizam."

21세기적 혁명의 가혹한 후폭풍

SNS로 조직한 아랍 혁명 세계 보편 질서에 합류하다

+ 진중권

이 글을 쓰던 당시 마침 '카다피'가 검색어 1위로 떠올랐다. 기사를 열어보니 그가 땅굴에 숨어 있다가 다리에 부상을 입은 채 시민군에 체포되었단다. 잠시 뒤 그가 부상으로 사망했다는 뉴스가 올라왔다. 이로써 리비아 내전도 대단원의 막을 내렸다. "쏘지 마시오." 체포되기 직전 그는 이렇게 말했다고 한다. 그래도 한때는 성공적인 근대화 정책으로 오늘의 리비아를 만들고, 과감히 미국에 맞서 아랍 세계의 희망

• **아랍의 봄**

2010년 12월 이래 서아시아와 북아프리카에서 일어난 반정부 시위를 일컫는 말이다. 기존의 시위와 다른 점은 데모, 행진과 집회뿐 아니라 페이스북, 트위터와 같은 SNS를 이용한 광범위한 시민저항 운동이 일어났다는 것이다. 여러 반정부 시위 가운데 튀니지와 이집트의 반정부 시위는 정권 교체로 이어졌으며, 이로써 혁명으로 불리게 되었다.

으로 떠올랐던 인물인데 그는 생의 마지막을 장렬히 장식하지 못했다.

21세기에 들어서야 민주주의의 문제에 직면한 아랍

'아랍 혁명'이라고 하면 1970년대 이란에서 일어났던 호메이니 혁명이 떠오른다. 시민 봉기로 미국의 지지를 받는 부패한 왕정을 전복하고, 이슬람 원리주의에 입각해 서구와 구별되는 아랍 민족 고유의 전통과 가치를 실현해나가는 그런 혁명. 하지만 2011년 1월 튀니지 청년의 분신에서 시작된 아랍 혁명은 그와는 성격이 사뭇 달랐다. 시민들은 미국이 아니라 자신의 정권에 반대했다. 리비아 사태에서 보듯이 시민들은 외려 미국과 서구로부터 정치적, 외교적, 군사적 지원을 받았다.

이른바 '아랍 국가'들 사이에는 엄청난 차이가 있기에 뭉뚱그려 '아랍'에 관해 얘기하는 것은 필연적으로 '일반화의 오류'에 빠지게 된다. 그 위험을 무릅쓰고 상황을 단순화하면 적어도 아랍 민중의 멘탈리티 속에서 주요한 이념적 전선은 '서구와 아랍' 사이에 존재했다. 그것은 아랍 민중이 서구로부터 당한 뼈아픈 역사적 체험의 산물일 것이다. 아랍의 반미 정권들은 대립적 민족주의를 이용해 아랍 민중을 쉽게 통치할 수 있었다. 민족주의만큼 원초적 감정을 자극하는 이념은 없잖은가.

이는 친미적 정권의 경우에도 크게 다르지 않다. 민중이 미국에 대한 자국 정부의 태도를 비난하는 사이에 정말 중요한 내부 문제, 가령 빈부 격차 같은 경제적 문제나 군사독재 같은 정치적 문제는 자연스레 뒷전으로 밀려날 수밖에 없기 때문이다. 아랍 세계가 오랫동안 민주주의라는 면에서 세계의 보편적 흐름과 동떨어져 있던 것은 이와 관련 있을 것이다. 그런 의미에서 2010년의 아랍 혁명이 갖는 의미는 각별하다. 아랍 민중이 처음으로 민족이 아니라 자신의 권리를 주장하고 나섰기 때문이다.

"민중은 정권의 타도를 원한다." 아랍 민중은 왜 갑자기 이렇게 외치게 되었을까? 물러난 독재자들의 통치 기간을 보면 그 이유가 이해될 것이다. 가령 튀니지의 벤 알리 대통령 24년(1987~2011년), 이집트의 무하마드 호스니 무바라크 대통령 30년(1981~2011년), 예멘의 압둘라 살레 33년(1978~2012년), 리비아의 무아마르 카다피 42년(1969~2011년). 철옹성 같은 박정희 독재도 채 18년을 넘지 못했다는 점을 생각하면 이들 정권이 이제까지 무너지지 않고 버텨왔다는 게 이상할 정도다.

SNS로 조직된 21세기의 저항

하지만 더 중요한 원인은 경제에서 찾아야 한다. 독재정권도 경제가 돌아가는 한 웬만큼 버티기 마련이다. 물론 나라마다 경제 사정이 달라 일반화하기는 어렵지만 아랍 혁명의 바탕에 경제 상황에 대한 민중의 깊은 절망이 깔려 있는 것은 부정할 수 없으리라. 가령 튀니지에서 일어났던 노점상의 분신자살은 결국 고학력 청년실업에서 비롯되었다. 리비아의 경우 세계적 신자유주의 물결에 편승해 그동안의 사회주의 정책을 개혁하는 과정에서 경제위기에 빠져들었다는 분석이 있다.

아랍 혁명에 경제적 배경이 있다면 그것은 어떤 식으로든 세계 자본주의 위기와 연관되어 있을 것이다. 자본주의 위기가 '약한 고리'에서 터져나왔다고 할까? 위기의 원인이 어디에 있든(신자유주의?) 세계 곳곳에서 자본주의 체제는 삐걱거리고 있다. 영국이나 프랑스 같은 선진국에서도 청년들의 반란이 일어나더니, 미국에서마저 금융자본주의의 상징인 월가를 점령하는 시위가 발생했다. 주변국에서 혁명이 일어나는 동안 심지어 이스라엘에서도 고물가에 항의하는 시민들의 저항이 있었다.

한마디로 아랍 혁명은 글로벌 자본주의의 위기로 고통받는 민중이 그 좌절과 분노를 구체적인 타깃, 즉 장기 집권해온 독재정권을 향해 분출한 사건이었다. 경제위기로 인한 고통이야 어느 곳이나 마찬가지이지만 선진국에 비해 아랍에는 절대적 빈곤층도 많고 통치 역시 비할 수 없이 가혹했기에 그 저항이 혁명으로 터져나온 것이다. 아무튼 이 혁명을 통해 아랍은 정치적, 경제적으로 세계의 보편적 추세에 합류했고, 그것을 보며 나머지 세계는 그동안 아랍에 대해 가졌던 '이질감'을 극복할 수 있었다.

이번 혁명에서 중요한 역할을 한 것이 바로 페이스북 같은 SNS였다. 아직도 지구상의 몇몇 국가는 인터넷마저 검열하려 하나 인터넷을 받아들인 이상 아무리 폐쇄적 정권이라 하더라도 그 나라 국민이 세계의 다른 부분과 연결되는 것을 막을 수 없다. 자신할 수는 없지만 인터넷과 모바일을 통해 제공되는 SNS는 그동안 아랍과 다른 세계 사이에 가로놓여 있던 오해와 편견과 고립의 장벽을 정신적으로 해체하는 역할을 했을 것이다.

SNS는 아랍 국가들 내에서 저항의 대의를 확산시키는 데 결정적 역할을 했다. 검열과 통제는 '수직적'이나 인터넷과 SNS의 소통은 '수평적'이다. 이 방식의 차이로 인해 신문과 방송을 통제하던 전통적 검

한마디로 아랍 혁명은
글로벌 자본주의의 위기로 고통받는 민중이
그 좌절과 분노를 구체적인 타깃,
즉 장기 집권해온 독재정권을 향해 분출한 사건이었다.

열도 새로운 소통 앞에서는 힘을 잃게 된다. 매클루언의 말대로 "미디어는 그 자체가 메시지"다. 즉 미디어를 '통해' 전달되는 것보다 중요한 것이 바로 미디어 자체 '안에' 들어 있는 그것이다. 아랍의 독재자들이 미처 몰랐던 것은 휴대전화 '안에' 내재된 이 폭발적 잠재력이다.

SNS는 저항을 물리적으로 조직하는 데도 중요한 역할을 했다. 널리 알려진 것처럼 레닌은 당 기관지 〈이스크라〉를 배포하는 라인을 그대로 당의 조직으로 구축했다. 아랍 혁명에서 SNS는 러시아 혁명에서 〈이스크라〉가 했던 것과 똑같은 역할을 했다. 차이가 있다면, 〈이스크라〉를 따라 구축된 것이 '조직'이었다면 SNS를 통해 출현한 것은 리좀* 같은 '네트워크'였다는 점이다. 네트워크를 통한 자발적 동원 방식이 어떤 것인지 우리는 이미 촛불집회를 통해 경험했다.

더 많은 피가 흘러도 그래도 봄은 온다

리비아의 내전은 끝났지만 혁명은 계속되고 있다. TV를 트니, 영국 뉴스가 시리아에서 벌어지는 정부군과 시위대의 유혈 충돌 장면을 비춘다. 보도에 따르면 정부에서 보낸 보안군이 시위에 가담한 마을을 봉쇄한 채 집집마다 돌아다니며 가담자를 색출하고 있단다. 리비아와 달리 시리아의 운명은 가혹할 모양이다. 유혈 진압을 중단시키

---

* **리좀** rhizome

프랑스어. 들뢰즈와 가타리가 명저 《천의 고원 Mille Plateaux》에 입문적 표제어로 사용하면서 널리 알려졌다. 뿌리줄기라는 뜻으로 '관계 맺기'의 방식을 보여주는 것인데 뿌리가 자유롭게 뻗어나가는 것처럼 자유로운 관계 맺기를 의미한다.

려는 유엔 안보리 결의안이 부결되었고 시리아의 회원 자격을 박탈하려는 아랍연맹의 시도도 실패로 끝났다. 희생자 수는 3000명을 넘었다. 얼마나 더 죽어야 할까?

피델 카스트로는 혁명 직후에 쓴 자신의 저서 《양키들아, 들어라》에서 쿠바 혁명에 영감을 준 원천으로 한국의 4·19 혁명을 들었다. 영광스러운 일이나 우리에게도 혁명은 쉽지 않았다. 그 혁명 이후에도 민주주의가 올 때까지 27년을 더 싸워야 하지 않았던가. 앞으로 얼마나 더 많은 피를 흘려야 할지 모르겠지만, 그래도 봄은 온다. 아랍에도 온다. 아직도 거리에서 피 흘리는 시리아 민중에게 동지의 연대를. ✚

아프리카 대륙에 불어온 SNS 바람

페이스북과 트위터는
어떻게 재스민 혁명을 촉진했을까?

+ 정재승

2009년 9월 9일 남아프리카공화국 더반의 한 인터넷 회사는 흥미로운 시합에 참여하게 된다. 영화 한 편 크기(4GB)의 데이터를 80킬로미터 떨어진 곳에 누가 더 빨리 전하는지 경기를 치르게 된 것이다. 누구와 했느냐 하면, 바로 비둘기와.

아프리카 대륙의 인터넷 전송 속도가 지나치게 느려 사용자의 불만이 극에 달하자 한 시민의 제안으로 이 시합이 성사되었다. 과연 승자는 누구였을까? 놀랍게도 비둘기였다. 평소 우편 배달이 특기였던 이 비둘기는 2시간 6분 57초 만에 80킬로미터나 떨어진 곳에 데이터 파일을 무사히 전달하는 데 성공했지만 그 시간 동안 인터넷을 통해 전송된 데이터는 겨우 4퍼센트였다. 비둘기의 완벽한 승리인 셈이다. 이 일화는 2009년까지만 해도 아프리카의 인터넷 환경이 얼마나 열악했는지 여실히 보여주는 해프닝(비둘기를 활용했던 수백 년 전만도 못한!)이라 할 수 있다.

아프리카에 뿌려진 IT 혁명의 씨앗

이제 아프리카의 인터넷 환경은 훨씬 나아졌다. 케냐의 나이로비나 이집트의 카이로, 남아프리카공화국의 요하네스버그 같은 도시에선 인터넷 카페를 쉽게 볼 수 있고 휴대전화를 사용하는 시민들도 자주 만날 수 있다. 인터넷 전송 속도도 다섯 배 이상 빨라졌다. 아직은 도시에서 조금만 벗어나도 휴대전화가 여전히 귀한 편이지만, 지난 2년 사이 아프리카의 정보기술IT 환경은 놀랍도록 변했다.

IT 과학자들에게 아프리카는 흥미로운 곳이다. 유선 인터넷을 제대로 경험하지 않고 바로 모바일 환경으로 넘어간 첫 대륙이기 때문이다. 어느 대륙보다 지역문화가 발달한 이곳에 '스마트 모바일'이라는 새로운 환경을 제공했을 때 이들의 정치, 경제, 사회, 문화가 어떻게 변모할지 과학자들은 주목하고 있다.

한 예로, 케냐 신문은 케냐의 주술사나 무당들이 최근 들어 스마트폰을 모객과 영업에 활용하고 있다는 소식을 전했다. 특급 무당들은 VIP 손님을 스마트폰으로 관리한다는 것이다. 주소록에 있는 고객에게 종종 '그들의 미래'에 대한 계시를 문자로 보내주고, 전화를 걸어 "얼마 전 당신에 관한 꿈을 꾸었는데, 중요한 의사결정을 할 일이 생길 것 같으니 조만간 한 번 찾아오지 않겠나" 같은 영업용 안부 전화로 고객을 꾄다는 것이다. 이 신문 기사에는 스마트폰으로 고객을 관리하는 무당과 그렇지 못한 영세한 무당 사이에 수입 차이가 크다는 내용도 실렸다.

지난해 여름 네트워크 과학을 연구하는 아시아 과학자들이 아프리카 IT 과학자들을 돕는 모임에 참여하게 되어, 아프리카의 르완다와 케냐를 방문한 적이 있다. 이들은 유럽의 지배를 받고 미국에 노예로 팔려간 수백 년의 역사 때문에 유럽 과학자나 미국 기술자들에게 IT를 배우고 싶어 하지 않는다. 그래서 그들이 손 내민 곳이 바로 아시아다. 특히 IT가 발달한 우리나라와 일본 과학자들이 이제 IT를 시작하는 아프리카가 겪을 수 있는 문제, 이를테면 IP 프로토콜 표준, 개인정보 보안, 인터넷 뱅킹, 사생활 노출, 문화 산업과의 연계 등을 조언해주고 있다.

이 연구 모임을 주도하는 전길남 카이스트 명예교수는 내게 말했다. "어떤 분야에서든 아프리카 사람들이 역사상 처음으로 1등 하는 모습을 보고 싶다. '역사의 최전선에 서본 경험'은 그들의 미래를 송두리째 바꿔놓을 것이라고 믿는다. 나는 그 분야가 IT가 될 수 있다고 본다." 이것은 아프리카의 IT 혁명을 돕는 아시아 과학자들의 마음이기도 하다.

인터넷 혁명이 촉발한 저항운동

2009년 7월만 해도 케냐, 탄자니아, 우간다 등 동아프리카 3개국의 휴대전화 사용률은 각각 41퍼센트, 35퍼센트, 29퍼센트로 35퍼센트 내외였다. 세계 최저 사용률이었지만 지난 2년간 이 수치는 50퍼센트를 넘어섰다. 동아프리카 각국 정부는 2013년까지 휴대전화 사용률을 90퍼센트 이상으로 증가시키기 위해 정부 차원의 투자와 민간 투자 활성화를 준비하고 있다(아프리카에서 휴대전화 가격은 2만 4000~ 42만 원인데, 이는 몇 달치 월급에 해당된다).

광케이블 기반 인터넷과 태양열 배터리 장착 휴대전화(아프리카에서만 가능한!)도 출시될 예정인데, 이것 역시 아프리카 IT 네트워크의 기반이 될 전망이다. 2009년 6월 인도와 케냐의 몸바사 간 해저 광케이블 설비가 완료됨에 따라 동아프리카 지역에 광케이블 기반 인터넷 사용 환경이 조성되었다. 현지 언론들은 이를 '인터넷 혁명'으로 표현한다(아프리카에서 인터넷 사용료는 분당 150~200원, 월 사용료는 4만~8만 원인데 그들에겐 '호사' 수준. 게다가 요금은 무조건 선불제다). 해저 광케이블 설비에 이은 내륙 지역 광케이블 건설 공사의 조속한 완공이 이 프로젝트의 성공 여부를 결정할 것이다.

네트워크 과학을 연구하는 학자로서 모바일 네트워킹이 아프리카 문화를 어떻게 바꿔놓을지 탐구하는 와중에 이집트에서 시민정치 혁명이 일어났다. 한 청년단체가 국경일에 집회를 열자고 제안해 9만 명이 페이스북으로 참여 의사를 밝혔다. 이후 페이스북을 통해 집회 장소가 정해지고 경찰 감시를 피하는 법을 그들끼리 공유하면서 '호스니 무바라크 대통령을 몰아내자'는 정치시위가 빠른 속도로 퍼져나갔다.

2010년 여름, 경찰의 마약거래 동영상을 인터넷에 올렸다가 고문을 받고 숨진 칼레드 사이드의 소식이 페이스북과 트위터를 통해 알려지게 되고 '우리 모두가 칼레드'라는 공감대가 형성되면서 이 사건은 '대통령 축출의 시발점'이 되었다. 구글의 임원 와엘 고님도 인권운동가 폭행치사 사건에 항의하는 페이지를 페이스북에 개설해 시위를 주도하며 이집트 혁명에 기여했다.

얼마 지나지 않아 튀니지에서도 비슷한 일이 벌어졌다. 지난해 봄

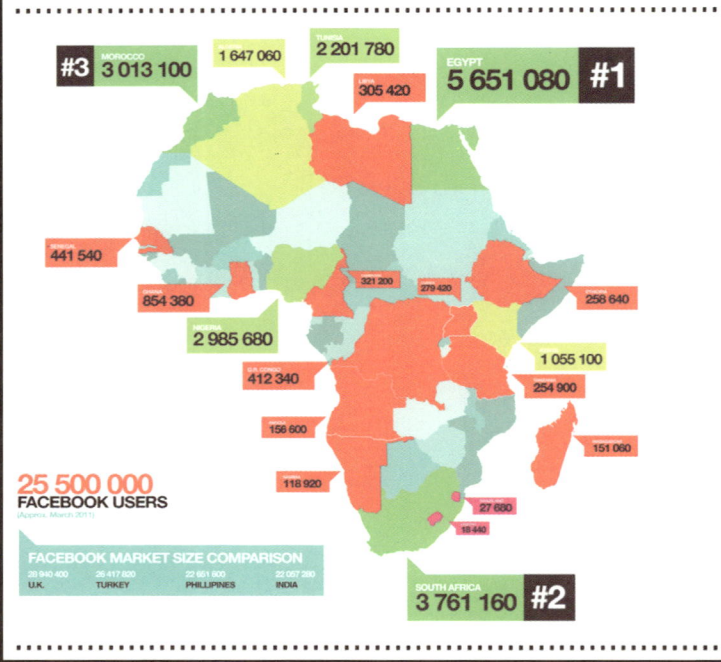

지메일의 로그인 정보를 뒤지는 비밀경찰이 존재한다는 사실을 평범한 시민 슬림 아마모우가 폭로하자 경찰은 그를 체포했고, 페이스북 이용자들은 아마모우의 석방을 촉구했다. 정부의 부당한 검열에 항의하는 집회가 점점 확산되며 독재에 대한 저항운동이 급물살을 탔다.

때마침 대학을 나오고도 희망이 보이지 않는 현실 때문에 과일 노점상을 해야 했던 청년 모하메드 부아지지가 분신자살을 한 사건이 페이스북을 통해 알려져, 그렇지 않아도 대통령 일가의 불법 재산 축적과 관련해 불만으로 가득 찼던 시민들이 들고 일어서게 되었다. 튀니지 경찰은 시위 진압 과정에서 시민들을 죽음으로 몰고 갔다. 이런 소식 또한 트위터와 페이스북을 통해 빠르게 퍼졌고, 결국 시위는 정권 퇴진 운동으로 확산되었다(튀니지 국민의 18퍼센트가 페이스북 회원이다!).

비로소 재스민 혁명*이 시작된 것이다. 통신과 교통 시스템이 열악한 아프리카와 서아시아에서 페이스북과 트위터는 정보를 확산시키고, 공감대를 빠르게 형성하고, 현실적 행동을 이끌어내는 데 크게 기여했다. 아프리카와 서아시아 지역에서 흔히 볼 수 있는 재스민을 시민에 빗댄 '민초들의 혁명'이 촉발된 것이다.

---

* **재스민 혁명** Jasmine Revolution

2010년부터 2011년에 걸쳐 튀니지에서 일어난 혁명이다. 튀니지의 국화인 재스민에 빗대어 재스민 혁명이라고 불린다. 혁명의 결과로 1987년부터 집권한 벤 알리 대통령이 24년 만에 대통령직을 사퇴하고 사우디아라비아로 망명했다.

지금은 투명한 스마트 시대

일반 인터넷 사이트는 정부가 접속을 제한하면 이용이 어렵지만 페이스북이나 트위터는 본사가 조처를 취하면 다른 주소로도 접속이 가능하다. 그래서 정부 검열로부터 비교적 자유롭다. 최근 이집트 정부가 SNS 접속을 막았음에도 이용자 트래픽에 큰 변화가 없었던 것도 바로 그 때문이다. 게다가 페이스북이나 트위터는 초보적 수준으로나마 자동번역 기술이 제공되어, 연대에 걸림돌이 되는 언어 장애를 극복하는 데 도움이 된다. 그 덕분에 미국과 유럽 등 서방세계의 지지를 이끌어낼 수 있었다는 자체 평가도 있다.

러시아 출신 저널리스트 예프게니 모로조프는 '재스민 혁명'을 SNS 혁명이라고 부르는 것을 강하게 비판한다. 시위 참가자 가운데 인터넷이나 SNS를 쓸 줄 모르는 이도 상당수였던 만큼, 인터넷 덕에 시위가 성공했다고 보기에는 무리라는 주장이다. 게다가 이집트에서 시위 규모가 가장 컸을 때는 역설적이게도 정부가 인터넷을 차단했을 때다. 오히려 그는 중국처럼 페이스북이나 트위터 등 외국 SNS를 차단하고 인터넷을 '정권이 시민을 감시하는 도구'로 사용할 수 있다는 우려를 표명하기도 했다.

하지만 페이스북과 트위터 같은 SNS는 의견을 교환하고 정보를 공유하며 공감을 나누는 플랫폼이다. 그런 점에서 SNS가 정치에 대한 시민적 자각을 확대하고 현실화하는 데 기여했다는 주장은 일리가 있다. 이미 지난 몇 해 동안 한국에서 벌어진 '시민정치'의 기운도 여기에 의존한 바가 크지 않았는가! 바야흐로 우리는 전 세계적으로 어떤 정치적 꼼수도 결국 적나라하게 드러나는 '투명한 스마트 시대'를 살고 있는 것이다. ✚

WHEN A DICTATORSHIP IS A FACT REVOLUTION BECOMES A RIGHT

- Extreme Poverty
- Human Rights Violations
- Government Corruption
- Unemployment
- Food Inflation
- Freedom of Speech

JASMINE REVOLUTION

4대강

이 아름다운 사업이 비참해진 진짜 이유

4대강 사업

우리나라 중추 지역의 강을 홍수로부터 보호하고자
한강, 금강, 영산강, 낙동강을 중심으로 소규모 댐을 비롯한
수중보와 자전거도로 등을 건설하는 국가 사업.

물고기 로봇은 슬프다

4대강 사업으로 만신창이가 된 과학…
잇속을 따지며 객관성을 잃은 과학자들의 비극

➕ 정재승

내 연구실 옆방 교수님은 수중 로봇을 연구하신다. 이른바 물고기형 로봇 말이다. 물속에서 물고기처럼 자연스러운 유선형 운동을 하는 생체형 로봇을 만드는 건 기술적으로 도전해볼 만한 연구 주제라서 나도 평소 흥미롭게 지켜보며 조금씩 도와드렸다. 이 연구를 위해 연구실 하나에 거대한 수조를 만들고 물고기와 거북의 대뇌에 전극을 박아가며 생체형 로봇을 만들기 위한 실험을 하기도 했다.

눈먼 연구비에 달려든 과학자들

몇 해 전엔 미국 캘리포니아 샌디에이고에서 열린 '수중 로봇 경쟁'

에도 참가해 바다거북 로봇으로 좋은 성적을 거두고는 '바이오공학의 이해'라는 수업 시간에 학생들에게 자랑을 한 적도 있다. 거북 로봇과 물고기 로봇 동영상을 보여주며 바다 탐사 등에 활용될 '미래에 주목할 만한 기술'이라고 힘주어 말하기도 했다. 그런데 이 연구가 하루아침에 온 국민이 조롱하는 우스꽝스러운 연구로 전락해버렸다. 대통령이 친히 4대강 사업과 함께 언급해주셔서.

대운하를 파서 인천에서 부산까지 강을 통해 선적을 운반하겠다는 초현실적인 발상은 정치적 농담을 넘어 '4대강 사업'으로 교묘히 바뀌어 '전 한반도의 토목공사 현장화'로 현실화되었다. 그리고 강바닥을 탐사하는 수중 로봇을 만들겠다는 야심 찬 계획을 정부가 밝히자 이 기술은 한순간에 웃기는 연구가 되었다(관련 분야 과학자에게 자문이라도 하시지!). 이제 겨우 지느러미 운동을 모사하는 수준의 물고기 로봇을, 즉 아직 갈 길이 먼 수중 로봇을, 한순간에 할리우드 영화 속의 캐릭터로 만들어버림으로써 이 분야를 연구하는 과학자들은 좌절과 자기 모멸을 경험하게 되었다.

특히나 어느 국무회의 시간에 대통령이 친히 "로봇 물고기가 왜 이렇게 크냐?", "그러면 실제 물고기들이 놀라지 않느냐?", "작은 로봇 물고기들이 서로 협력해서 수중탐사를 하면 되지 않느냐?" 같은 거친 아이디어를 던지면서 이 분야를 연구하는 과학자들은 더욱 쥐구멍에라도 숨고 싶은 심정이 되어버렸다. 로봇 물고기의 크기를 실제 로봇 수준으로 줄이는 것은 약 10년이 필요한, 현재 과학기술 수준으로는 어림 반 푼어치도 없는 비현실적인 주문이다. 게다가 여러 마리의 물고기 로봇이 서로 협력해 수중탐사를 처리하는 기술은 '센서 네트워크' 분야에서 가장 중요하면서도 어려운 기술 중 하나로, 아직은 요원한 테크놀로지다(대통령이 얼치기 과학 과외를 받으셨나?).

물론 그 와중에 혜택을 본 과학자들도 있다. 갑자기 너도나도 수중 로봇을 연구하겠다고 달려들어 눈먼 연구비를 나눠먹은 사람도 있고, 정보기술과 생태환경 산업을 접목하겠다고 떠드는 환경공학자도 생겨났다. 원래 돈이 있는 곳에 전문가들이 몰린다고 하지만, 실상은 돈에 눈먼 전문가를 양산하는 형국이다.

"도대체 '4대강 사업'에서 4대강이 어딘가요?"라고 묻던 무지한 교수들이 한순간 4대강 전문가가 되어버렸다. IT 첨단 기술로 강바닥의 쓰레기를 찾고, 수질을 점검하고, 수변 생태환경을 조성하겠다는 과학자들이 근사한 발표 자료와 함께 등장하게 된 것이다. 과학은 연구비를 주겠다는 정치권력과 상업권력에 굴종했다.

짓밟힌 생태계 회복 가능할까?

재작년에 영산강을 한 번 돌아볼 기회를 갖게 되었다. 4대강 사업의 현장이란 곳도 둘러볼 수 있었다. 아마도 그 현장을 둘러본 사람들이라면 누구나 수변 생태계를 그토록 무참히 짓밟고 있는 그 끔찍한 광경에 비명이 터져나오고 탄성이 절로 나왔을 것이다. 나 또한 마찬가지였다.

4대강을 흙 한 줌도 건드리지 말고 가만히 보존해두어야 한다는 얘기는 절대 아니다. 영산강이나 낙동강은 강 자체가 이미 오랫동안 방치되어 있어서 엉망이므로 생태계가 다시 살아날 수 있도록 환경 조성을 해야 한다. 각별한 관리가 필요하다. 그 지역 주민들도 아마 비슷한 생각을 하고 있을 것이다.

그러나 4대강 사업은 '환경'이라는 비늘을 두르기만 했을 뿐, 토목

4대강 사업이 비참한 진짜 이유는
이제 누군가 강을 다시 바라보자고, 강의 생태계를 위해
환경적 노력을 기울여야 한다고 지적하면
정치적 색안경을 쓰고 이상한 눈으로 쳐다볼 것이
틀림없기 때문이다.

ⓒ 녹색연합

사업의 건설 현장 그 이상도 이하도 아니었다. 운하를 뚫고 뱃길을 만들려고 강을 헤집는 공사에 건설사들이 개떼처럼 달려들었고 지방 토호들이 간만에 중앙정부에서 들어온 돈을 흥청망청 나눠 쓰려고 혈안이 되어 있는 형국이라 성대하게 4주년 행사를 치르는 지경까지 이르렀으리라.

4대강 사업이 비참한 이유는 이제 누군가 강을 다시 바라보자고, 강의 생태계를 위해 환경적 노력을 기울여야 한다고 지적하면 정치적 색안경을 쓰고 이상한 눈으로 쳐다볼 것이 틀림없기 때문이다. 우리 모두가 강 생태계 복원 사업에 대해 '4대강 사업 짝퉁 버전의 상상력'을 크게 벗어나지 못할까 봐 그게 걱정이다. 그래서 한반도의 4대강은 4대강 사업 때문에 바닥까지 헤집어졌으나 원상 복구는 어려운, 강 생태계 회복의 노력은 오래전에 물 건너간 사업이 된 건 아닌지 두려움이 앞선다.

한 나라의 지도자가 잘못된 판단과 의사결정에 따라 자신과 이해관계가 얽힌 사람들에 대한 '보은'이나 대통령 선거의 승리를 위해 지방 토호세력의 비위에 맞는 사업을 벌임으로써 수십만 년을 버텨온 생태계를 이렇게 무참하게 대책 없이 박살내놓을 수도 있구나 하는 걱정이 영산강을 돌아보고 오는 차 안에서 들었다. 4대강 사업과 관련된 전문가들과 관련 분야 과학기술자들이 모여 '4대강 사업'의 무모함을 지적하고 성명을 내보아도 이런 식의 국책사업은 이해관계에 의해 결국 자행되고 국민은 속수무책으로 지켜보기만 해야 하는 현실이 안타깝다.

영국이나 독일 같았으면 강 하나를 개발하는 데도 수년의 계획을 세우고, 그 기간만큼 조사하고, 더 오랜 시간 공사를 진행했을 텐데, 21세기에 한반도에서 벌어진 첫 대규모 국토개발 사업인 4대강 사업은 네 개의 강을 동시에, 그것도 아무런 계획 없이 졸속 조사 뒤에 바로 공사에 들어가 4년 만에 완공되어버렸다. 그것이 창피한 줄 모르고 각종 홍보 행사가 정부에 의해 자행되는 작금의 현실은 연구실 어느 바닥에서 헉헉거리고 있을 물고기 로봇만큼이나 우스꽝스러운 일로 역사에 기술될 것이다.

과학적 사실의 주관적 정치적 해석

역사가 기록할 더 비참한 상황은 4대강 사업이 '과학적 타당성 검증'이라는 절차가 포함된 사업임에도 불구하고, 과학적 사실이 얼마나 주관적이고 정치적으로 해석될 수 있는지를 여실히 보여주었다는 점이다. 누가 과학을 객관적이고 합리적이며 절대적이라 말했던가? 서로 이해관계가 다른 과학자들이 서로 다른 통계 결과를 들이대고 같은 결과를 정반대로 해석하며 어제의 생태보호 전문가가 오늘은 토목공사 예찬론을 펼쳐야 하는 비극적인 상황을 과학계는 맞이하게 되었다.

과학자들은 편을 가르고 잇속을 따지며 싸우고, 돈을 나눠먹기 위해 정치적 장단에 맞장구를 치는 형국이 되었다. 결국 정권이 바뀌고 세상이 달라지면 이 모든 것이 '헛소동'이었음을 모두가 알게 될 텐데 말이다. +

시대착오적 각하의 미감

경부고속도로, 4대강…
적어도 더 이상 퇴보하지는 말자

+ 진중권

　4대강이 준공되었다고 관제 언론은 요란하게 떠들었다. 사회가 마치 1970년대 각하 시절로 돌아간 듯했다. 4대강 사업은 즉흥적으로 결정된 사업. 원래 대운하를 건설하려다 못하게 되니, 정권에서 부랴부랴 그 대안으로 들고 나온 애드혹(ad hoc, 즉석) 정책이다. '대운하'냐, '4대강'이냐의 물음은 적어도 각하에게는 별로 중요하지 않을 게다. 그저 그에게는 7퍼센트 성장을 위한 대규모 토목사업이 필요했을 뿐이리라. 그러나 각하는 곧 가겠지만 4대강은 쉽게 안 사라진다. 그게 문제다.

백로 알이냐, 백로 알 구조물이냐

4대강 사업은 '건설업 경기를 활성화해 고도성장을 하겠다'는 각하의 의지 표현이다. 하지만 그의 바람과 달리 이 사업의 고용효과나 파급효과는 극히 제한된 것으로 드러났다. 각하는 즐겨 이 사업을 경부고속도로와 비교한다. "지금은 반대하지만 준공되면 다들 좋아할 것이다." 하지만 4대강은 베트콩의 호찌민 루트가 아니다. 부산항에 들어온 컨테이너 물동량을 자전거 부대로 나를 생각인가?

홍수를 예방한다 하나 홍수 피해가 줄어들었다는 증거는 없다. 4대강 유역의 홍수 피해는 원래부터 극히 미미했다. 외려 이 사업으로 인한 두부침식으로 도로가 붕괴하고 다리가 무너졌다. 재퇴적으로 막대한 준설비용도 더 들어갈 것이라 한다. 유입되는 수량의 증가로 수질이 개선된다? 이건 그냥 농담한 것으로 치자. 정부는 지천 정비를 위해 새로 20조 원가량의 예산을 요청함으로써 4대강 사업의 실패를 자인했다.

덕분에 우리는 《기네스북》에 오를 정도로 긴 자전거도로를 갖게 되었다. 하지만 이로 인해 기뻐하는 것은 외려 중국이라고 한다. 국내에서 사용되는 자전거의 99퍼센트는 중국에서 생산되고 있기 때문이다. 자전거를 즐겨 타는 이들이야 그나마 도로가 생긴 것을 기뻐할지 모르겠으나 자전거를 끌고 인공으로 조성한 환경을 보러 직접 4대강 유역까지 찾아갈 사람이 과연 얼마나 될지 적이 의심스럽다.

하지만 이런 얘기는 그동안 지겹도록 해온 것. 그러니 문제를 좀 다른 각도에서 조명해보자. 내게 가장 황당했던 것은, 백로가 살던 터전을 없애고 거기에 백로 알을 형상화한 인공구조물을 갖다놓았다는 소식이다. 누가 봐도 미친 짓이다. 문제는 이 '미친' 감성을 이해하는 것이다. 왜 그런 게 아름답게 느껴질까? 각하의 이 해괴한 감성은 근대의 개발주의 이데올로기와 관련이 있다.

각하의 미감을 파악하려면 자연미와 예술미(인공미)의 관계에 관한 18세기 미학 논쟁으로 돌아가야 한다. 당시에 낭만주의자들은 자연미를 예술미 위에 올려놓았다. 가령 칸트에게 자연은 인공의 모범, 위대한 예술은 자연처럼 보여야 한다. 실제로 독일 낭만주의자들의 작품 속에서는 마치 자연이 살아서 꿈틀거리는 것처럼 느껴진다. 낭만주의적 관념 속에서 인간은 대자연에 포섭된 미약한 존재일 뿐이다.

반면 헤겔과 같은 고전주의자들은 예술미의 우월함을 믿었다. 왜 예술이 필요한가? 헤겔에 따르면 그것은 자연의 결함 때문이다. 자연은 불완전하기에 그것을 인공미(예술)로 완성해야 한다는 것이다. 헤겔의 생각은 근대 개발주의 이데올로기의 미학적 표현이라 할 수 있다. 자연을 인간(의 필요)에 뜯어 맞춰라. 카를 마르크스까지도 이 이데올로기에서 자유롭지 못했다. '자연의 인간화. 그것이 진보다.'

이런 걸 멋지다 생각하는 미감은 이제 그만

산업혁명은 개발 이데올로기의 기술적 실현이었다. 이후 자연은 정복의 대상이 되었다. 자연은 무엇인가? 그것은 '자원의 보고', 즉 마음대로 꺼내다 쓸 수 있는 자원의 창고다. 여기에는 좌우의 차이도 없다. 존재하는 것은 그저, 자연을 착취해 얻은 결과물을 '사적으로 분배하느냐', '사회적으로 분배하느냐'의 차이일 뿐이다. 20세기 초 독일 사민당의 강령 한 구절. "자연은 공짜로 존재한다."

이것이 헤겔의 '주객동일성' 원리의 현실적 함의다. 주체(인간)와 객체(자연)의 동일성을 추구한다는 것은 곧 자연에서 오직 인간의 필요에 적합한 것만 본다는 걸 의미한다. 가령 A와 B를 잇는 최단 코스는 직선이라는 명제에 따라 숲을 가로질러 도로를 건설하면 숲의 생명은 끊어지고 동물들의 생태계가 파괴된다. 각하도 4대강에서 오직 자기가 보고 싶은 것만 본다. 그것도 온갖 수치를 왜곡해서 본다.

이로써 자연의 진짜 자연스러운 모습은 간단히 파괴된다. 물론 개발을 통해 우리는 자연의 위협에서 벗어나 발전할 수 있었다. 하지만 그 결과 이제는 거꾸로 인간이 자연을 위협하게 되었다. 한동안 인간들은 자신도 자연에 속한 존재라는 것을 망각하고 살 수 있었다. 하지만 자연의 복수가 인간의 생체에 미치기 시작하자 이 미친 개발주의의 무덤에서 서서히 생태주의 의식이 자라났다.

이 변화는 서구사회가 산업사회에서 산업 이후 사회로 이행하는 시점에 발생했다. 산업사회의 목표가 자연력을 인공력으로 바꾸어놓는 데 있었다면 산업 이후 사회에서는 외려 인공력으로 자연력을 모방하는 것이 중요한 과제가 된다. 가령 빗방울을 튕겨내는 나뭇잎의 오돌토돌한 표면을 모방하면 눌어붙지 않는 프라이팬을 만들 수 있다. 이 미메틱(mimetic, 재현적·모방적) 테크놀로지야말로 산업 이후의 새로운 기술의 상징이다.

인터페이스의 관점에서 접근해보자. 가령 산업혁명의 인터페이스는 기계에 인간의 신체를 뜯어 맞춘다. 한마디로 인간이라는 생명체마저 기계로 바꾸어놓는 셈이다. 그러다 보니 노동자들에게는 군대식 규율이 요구되었다. 인간의 직업군 중 가장 기계에 가까운 것이 바로 군인이 아닌가. 아마 각하가 생각하는 이상적 인간도 이런 것이리라. 명령에 따라 삽질하는 기계로서의 인간.

정보혁명의 시기에는 역전이 일어난다. 디지털 인터페이스의 목표는 생체를 기계에 맞추는 게 아니라 기계를 생체에 맞추는 데 있다. 최근 유행하는 디지로그*'라는 말은 이 생체친화적 기술의 다른 이름일 것이다. 디지털은 순수 수학적(0, 1) 기술이나, 우리는 그것을 이용한 장치를 거의 아날로그 세계의 대상처럼 다룰 수 있게 되었다. 이것이 '자연의 인간화'에 대립되는 '기계의 생체화'다.

어떤 테크놀로지와 더불어 살 것인가

아무리 자연과 생태가 중요하다 하나 오늘날 러다이트운동(19세기 영국에서 일어난 기계 파괴 운동)은 불가능하다. 선악과를 따먹은 이후 아담과 이브가 '선악'의 판단에서 자유로울 수 없게 되었듯 어차피 문명이 시작된 이상 인간은 테크놀로지와 더불어 살아야 하기 때문이다. 그렇다면 문제 삼아야 할 것은 '어떤 테크놀로지인가?' 하는 문제이리라. 한 가지 분명한 것은 디지털 시대에 4대강 사업과 같은 테크놀로지는 거대한 시대착오라는 점이다.

우리나라에도 이미 좋은 예가 있다. 가령 청계천 사업과 선유도공원을 비교해보자. 청계천 사업이 자연을 인공으로 바꾸어놓았다면 선유도공원은 인공을 자연으로 바꾸어놓았다. 4대강과 태화강을 비교해보자. 4대강 사업이 애먼 자연에 '공구리'를 쳤다면 태화강 사업은 인공을 다시 자연으로 되돌려놓았다. 태화강의 부활은 4대강 사업과

---

* 디지로그
디지털과 아날로그의 합성어로 아날로그 사회에서 디지털 사회로 이행하는 과도기 혹은 디지털 기반과 아날로그 정서가 융합하는 첨단기술을 의미하는 말이다.

정면으로 대립되는 방식으로 이루어졌다.

산업혁명의 테크놀로지냐, 정보혁명의 테크놀로지냐. 기술에 대한 이 관념의 차이가 미감을 결정하기 마련이다. 가령 산업혁명의 마인드를 가진 사람은 백로가 강변에 낳은 진짜 알보다 수문에 설치된 백로 알의 인공구조물을 더 아름답게 느낄 것이다. 반면 정보혁명의 마인드를 가진 사람에게는 거대한 인공구조물이 흉측하게 느껴질 것이다. 하긴 그러고 보니 백로 알보다는 거대한 쥐똥을 닮은 것 같다. ✚

+ 20
컵라면

3분 만에 만끽하는
따뜻한 한 끼의 위대함

인스턴트 라면이 세상에 처음 등장한 건 1958년.
일본 식민지였던 타이완 출신 일본인
안도 모모후쿠가 만든 '치킨라면'이
세계 최초의 라면으로 기록되어 있다.

컵라면 창세기, 위대한 탄생

고품격 패션 아이템인 최초의 컵라면,
발명자 모모후쿠 회장에게 '노벨행복상'을…

+ 진중권

'노벨행복상'이라는 게 존재한다면 최초의 수상자로 자장면 개발자와 함께 인스턴트 라면 발명자를 추천하고 싶다. 단돈 몇 백 원에 한 끼의 '따뜻한' 식사를 맛볼 수 있다는 것은 기적에 가까운 일이다. 우리에게 이 행복을 맛보게 해준 사람은 일본 식품회사 닛신의 안도 모모후쿠 회장. 그는 1958년 최초로 인스턴트 라면(치킨라면)을 개발했다. 라면을 끓여 먹을 때마다 그의 머리를 쓰다듬어주고 싶다. 라면이 없었다면 한국의 경제성장도 지금보다 몇 년 더 늦어지지 않았을까?

마카다미아 깡통이 준 영감

최초의 컵라면이 등장한 것은 1971년. 당시 일본에서 라면산업은 정체기에 접어들었다. 라면 생산에 참여하는 기업이 대폭 늘어났기 때문이다. 이때 안도 회장은 "시장이 축소되는 지금이야말로 신제품 개발의 적기"라는 판단을 내리고 시장의 정체를 극복할 돌파구를 모색한다. 그는 인스턴트 라면의 국제화에서 돌파구를 찾았다. "맛에는 국경이 없다. 하지만 문화, 전통, 관습의 차이를 이해하지 않으면 안 된다." 이미 그는 1966년부터 인스턴트 라면의 국제화를 위해 구미 각국을 돌아다니며 아이디어를 모으던 차였다.

이 여행을 통해 그는 서양인들은 라면을 먹을 때 젓가락을 사용하지 않는다는 당연한 사실을 깨닫게 된다. 그리고 종이컵에 주스를 부어주는 자동판매기와 더불어 그에게 결정적 영감을 준 것은 슈퍼마켓 바이어와의 만남이었다. 이 사내는 인스턴트 라면을 끓인 뒤 컵에 면을 넣고 그 위로 국물을 부어 포크로 먹었다고 한다. 여기서 그는 그릇을 대신할 새로운 용기가 필요하다는 사실을 깨닫는다. "새로운 맛을 그릇이 아닌 새로운 용기에 넣어 포크로 먹을 수 있게 하면 인스턴트 라면은 국제적 식품이 될 수 있다."

여행을 마치고 일본으로 귀국하는 비행기 안에서 안도 회장은 뜻하지 않게 또 다른 영감과 마주치게 된다. 기내식으로 받은 마카다미아 너츠 용기다. 그것은 납작한 알루미늄 깡통을 종이 뚜껑으로 덮은 밀폐 용기로, 손으로 종이를 떼어내 개봉하게 되어 있었다. 안도 회장은 스튜어디스에게 부탁해 그 땅콩 용기를 갖고 내린다. 윗부분을 종이 뚜껑으로 밀폐한 용기라는 발상은 여기서 나왔다. 회장에게 영감을 준 이 위대한(?) 마카다미아 용기는 아직도 닛신 사에 보존되어 있다고 한다.

일본으로 돌아온 뒤 안도 회장은 먼저 용기 개발에 착수한다. 자기, 유리, 종이, 플라스틱 등 온갖 재료를 실험한 끝에 연구팀이 도달한 결론은 스티로폼이었다. 스티로폼은 일단 보온성이 좋아 열효율이 높고 단열성이 우수해 손으로 잡아도 뜨겁지 않다. 거기에는 당연히 이유가 있다. 스티로폼을 전자현미경으로 들여다보면 한 겹이 아니라 공기층을 포함한 중층 구조로 되어 있음을 알 수 있다. 겹겹의 층 사이에 낀 공기층이 안으로는 열을 보존하고, 밖으로는 열을 차단하는 역할을 해주는 것이다.

과학에서는 이를 프랑스 화학자의 이름을 딴 '르샤틀리에의 원리'로 설명하는 모양이다. 이는 '외부에서 어떤 스트레스가 오면 그 스트레스를 줄이는 방향으로 평형이 이동하거나 그 방향으로 에너지가 흐른다'는 원리다. 컵라면 용기에 갑작스레 높은 온도의 물이 들어오면 용기는 그 열을 줄이려고 어떻게 해서든 그 열을 내보내려 할 것이다. 하지만 면이 익으려면 열이 빠져나가는 것을 최대한 막아야 한다. 그것이 스티로폼의 발포發泡 속에 든 공기가 하는 역할이다. 열전도는 고체보다 기체에서 느리기에 공기가 열의 절연체 역할을 하는 것이다.

또 하나의 문제는 용기 모양을 결정하는 것이었다. 개발팀은 컵라면 용기의 디자인을 위해 약 40가지 형태를 놓고 실험을 거듭했다. 그중에서 안도 회장의 마음에 든 것은 '한 손으로 쥐기 쉽고 잡아도 미끄러지지 않는 형태'였다. 연구팀은 그 조건을 만족시키는 형태로는 '종이컵을 크게 만든 컵 모양이 최고'라는 결론을 내리게 된다. 여기까지 약 한 달의 시간이 걸렸다. 오늘날에는 다양한 형태의 용기가 존재하나 최초의 컵라면은 글자 그대로 컵 모양을 하고 있었다.

면발과 포장에 숨은 과학적 비밀

면의 개발이 시작된 것은 그보다 늦은 1970년이다. 면 개발에는 안도 회장이 개발팀에 던져준 힌트, 이른바 '덴푸라의 지혜'가 큰 역할을 했다고 한다. "그릇 아래 가라앉은 튀김은 기름 위에 떠오를 때 가장 알맞게 튀겨진다." 면발에서 가장 중요한 것은 역시 뜨거운 물에 면발이 고루 익게 만드는 것이다. 컵라면에서 면을 꺼내 구조를 살펴보면 위로 갈수록 면발의 구성이 촘촘하고 아래로 갈수록 느슨하다. 뜨거운 물은 위로 올라가므로, 밀도 차이로 인해 면이 용기 안에서 고르게 익는 것이다.

면은 용기의 중간 부분에 걸린다. 어느 TV 프로그램을 보니, 면이 바닥에서 떨어져 있어야 고루 익는다고 한다. 하지만 닛신 사의 홈페이지는 이를 보관과 운송의 문제로 설명한다. 면이 중간에 걸려 있어야 운송 중에 부서지지 않고 용기 구조도 더 튼튼해진다는 것이다. 하지만 면을 용기 중간에 끼워넣는 게 쉽지는 않았던 모양이다. 안도 회장은 어느 날 침대에서 천장이 회전하면서 하늘과 땅이 뒤집힌 느낌을 받는다. 이 체험 뒤 그는 컵에 면을 넣는 대신 면 위에 컵을 끼워넣는 발상의 전환을 하게 된다.

분말수프를 만드는 데는 역시 재료 선정이 중요하다. 재료를 선정할 때 가장 어려운 일은 새우 품종을 고르는 것이었다고 한다. 이를 위해 개발팀은 세계 각지에서 60여 종의 새우를 들여와 실험했다. 그리하여 선택된 것이 인도 서해안의 일부 지역에서만 잡히는 새우다. 말린 새우로는 최고의 품종이라고 한다. 이렇게 개발된 세계 최초의 컵라면은 1971년 이래로 이름만 'Cup O'Noodle(컵 오 누들)'에서 'Cup Noodle(컵 누들)'로 바뀌었을 뿐, 지금까지 맛과 모양을 원형 그대로

1971년 안도 회장은
직접 도쿄 긴자의 '보행자 천국'으로 나가
청바지와 미니스커트를 입은
젊은 세대를 대상으로 판촉행사를 벌였다.
그때만 해도 컵라면은 싸구려가 아니라
고품격 음식이자 첨단을 달리는
젊은이들의 패션 아이템이었던 셈이다.

보존하고 있다.

당시 컵라면 하나의 가격은 100엔이었다. 적정 가격의 네 배에 달한다는 지적이 있었으나 안도 회장은 높은 가격이야말로 컵라면의 높은 가치를 보여준다고 역설했다. 컵라면은 자위대의 비상식량으로 시험 판매되어 호평을 받기도 했다. 1971년 안도 회장은 직접 도쿄 긴자의 '보행자 천국'으로 나가 청바지와 미니스커트를 입은 젊은 세대를 대상으로 판촉행사를 벌였다. 그때만 해도 컵라면은 싸구려가 아니라 고품격 음식이자 첨단을 달리는 젊은이들의 패션 아이템이었던 셈이다.

국제화는 절반만 성공, 편의성 강조돼

일반 라면의 경우 포장과 냄비와 그릇이 분리되어 있다. 컵라면 용기 속에서 이 세 가지는 하나가 된다. 우리가 컵라면을 먹는 것은 무엇보다 편리함 때문이다. 하지만 애초에 컵라면을 개발한 동기는 '편의성'이 아니라 '국제화'에 있었다. 오늘날 컵라면이 세계 80개국 이상에서 팔린다 하나 일본이나 한국에서만큼 컵라면이 일상에 깊이 들어와 있는 것은 아니다. 그런 의미에서 컵라면의 국제화는 절반의 성공에 그친 셈이다. 유럽의 슈퍼마켓에서는 컵라면에 뜨거운 물을 부어주지 않는다.

컵라면의 편의성이 빛을 발하는 곳은 역시 PC방이다. 하지만 거기서 컵라면을 먹는 게 법적으로는 아주 복잡한 모양이다. 강원도의 한 지역에서는 라면에 물을 부어줘도 되나 가져다주면 안 된다. 충북의 한 지역에서는 물을 부어주거나 가져다주는 것 모두 불법이다. 제주도의 어느 지역에서는 PC방에서 컵라면을 파는 것 자체를 금한다. 반면 전남의 한 지역에서는 단무지만 주지 않으면 문제가 없다. 2011년 6월 민주당 이낙연 의원의 질의에 보건복지부는 "PC방에서 컵라면에 물을 부어줘도 된다"고 대답했다. 휴, 컵라면에 물 붓기 참 힘들다. ✚

도시 젊은이들의 삶 한 컵

빛나는 발명품인 동시에
여유 없는 삶을 응축한 서글픈 기호식품

+ 정재승

여러 나라의 음식문화를 서술한 역사책에 따르면 인스턴트 라면이 세상에 처음 등장한 건 1958년이다. 일본 식민지였던 타이완 출신 일본인 안도 모모후쿠(닛신식품 회장)라는 청년이 만든 '치킨라면'이 세계 최초의 라면으로 기록되어 있다.

라면 면발이 꼬불꼬불한 이유

우리나라의 연간 라면 소비량은 무려 36억 개다. 국민 1인당 소비량이 연간 80개에 이르는, 2위와 큰 격차를 보이는 압도적인 세계 1위다. 1963년 국내 최초로 판매된 삼양라면 가격이 10원으로, 당시 김치찌개 백반 가격이 30원 정도였다니, 라면은 50년 전부터 허기진 서민들의 배를 채워주는 식사 대용품이었다(당시 정부의 강력한 혼·분식 장려 정책은 라면 판매에 날개를 달아주었다!).

컵라면은 1971년에 탄생했다. 일본의 라면회사 닛신에서 방수 물질인 폴리스티렌 컵 안에 얇은 라면발을 담아 뜨거운 물로 데워 먹을 수 있는 컵라면을 세계 최초로 만들었고, 그것을 삼양식품이 우리나라에 들여온 것이 1972년이었다.

라면 맛의 비결은 3~4분이라는 짧은 시간 안에 면발이 쫄깃쫄깃하게 잘 익는 것이다. 그러려면 칼국수 면발처럼 넓적하고 두꺼우면 안 되고, 뜨거운 물과 닿는 표면적을 최대한 넓히려면 면발이 가늘어야 한다. 부피가 같다면 그 안을 채우는 면발이 가늘수록 상대적으로 표면적이 넓어지니까.

꼬불꼬불한 라면 면발을 모두 펴면 그 길이가 약 50미터에 달한다. 면발이 꼬불꼬불한 이유는 뜨거운 물과 접촉하는 면적이 넓어야 쉽게 익고, 국수 면발처럼 한 방향으로 말려 있을 때보다 여러 방향으로 얽혀 있어야 잘 부서지지 않아서다(게다가 한 방향으로 곧게 뺀 면발은 머리카락을 연상시키기 때문에 '보기에 징그럽다'는 의견으로 꼬불꼬불하게 만들어야만 했다). 또 영양가를 높이면서 유통 과정에서 보존 기간을 늘리려면 튀김 공정에서 짧은 시간에 많은 기름을 흡수해 튀겨야 하는데, 이때 수분 증발을 도울 수 있는 '공간'이 필요하다(이것이 꼬불꼬불한 라면에 숨겨진 화학공학이다).

현재 우리나라에서 시판되는 라면의 종류는 약 300가지다. 그중에서 우리 국민이 가장 즐기는 라면은 단연 신라면인데, 시장점유율이 40퍼센트에 이른다. 다음으로 안성탕면(18퍼센트), 삼양라면(11퍼센트), 오징어짬뽕(6퍼센트), 너구리와 수타면(5퍼센트) 등이 바싹 뒤를 쫓고 있다.

2000년 일본에서 벌어진 설문조사에서 '20세기 일본의 발명품 중 가장 빛나는 발명품'으로 라면이 선정되었다. 매년 전 세계적으로 940억 개(2008년 기준)가 소비되는 메가 히트 상품(그중 절반은 중국에서, 나머지 절반은 인도네시아, 일본, 한국, 러시아 등에서 판매되고 있다)이지만 라면은 소비자의 웰빙 의식이 높아지는 구조적 변화로 인해 최근 10년간 판매량이 지속적으로 감소하고 있다. 그렇다면 과연 컵라면은 세상에서 사라질까?

개인적으로는 그렇지 않을 것이라고 생각한다. 전 세계가 도시 중심으로 개편되는 상황에서 컵라면은 도시문화에 빠질 수 없는 식문화이기 때문이다. 이를 이해하려면 지난 세기 동안 도시 발달이 우리 식문화에 끼친 영향을 살펴봐야 한다.

도시와 함께 발달한 인스턴트 식문화

수백 년 전만 해도 도시 냄새란 음식 냄새를 뜻했다. 진한 향신료 냄새, 고기 굽는 냄새, 향긋한 채소 냄새가 그 도시의 사람 사는 향기였다. 우리에겐 '정치적 광장'으로 알려진 로마의 '포룸'이나 아테네의 '아고라'는 원래 음식을 사고파는 시장이었다. 사람들은 시장에 모여 음식을 거래하며 사교활동을 하고 정치적 논쟁을 벌였던 것이다.

자동차와 냉장고가 등장하자 대규모 슈퍼마켓은 도시 외곽으로 옮겨졌고, 냉동포장 기술이 발달해 닭과 돼지 등 육류를 시골에서 잡아 이송하자 도시에서 음식 냄새는 점차 사라졌다. 불과 20년 전만 해도 서울에선 닭장 안에서 파닥거리는 닭들 중에 한 마리를 골라 그 자리에서 잡아주는 시장 풍경이 흔했지만 지금은 사라진 지 오래다. 이런

풍경이 사라진 것은 그런 방식으로는 도시인들의 엄청난 육식문화를 도저히 감당하기 어려웠기 때문이다. 대규모로 사육된 소, 돼지, 닭을 산지에서 직접 잡은 뒤 포장, 이송하지 않고는 도시인들의 포악한 식성을 당해내지 못한다.

인간이 육식을 즐기기 시작한 것은 채 1만 년이 못 되지만, 지금 같은 '육류의 폭식문화'는 20세기 들어 나타났다. 우리나라 국민의 연간 육류 소비량은 무려 37킬로그램이다. 연간 120킬로그램에 달하는 미국의 육류 소비에 비하면 적은 편이지만 40년 전보다 무려 10배 가까이 늘어난 양이다.

전 세계적으로 도시 인구가 농촌 인구를 초월한 때는 2006년이다. 현재 도시는 지구 자원의 75퍼센트를 소비하고 있으며, 2050년까지 도시 인구는 지금의 두 배로 늘어날 전망이다. 물론 대한민국도 예외는 아니다.

이는 도시가 농촌이 없으면 존재할 수 없는 생활주거 형태라는 의미이기도 하다. 도시가 인간의 음식문화를 어떻게 변화시켜왔는지를 연구하는 영국 런던 대학교 연구원 캐럴린 스틸의 저서《배고픈 도시 Hungry City》에 따르면 하나의 도시를 먹여살리는 데 도시 면적의 100배에 해당하는 넓은 농지가 필요하다. 식량을 생산하고 공급하는 농촌, 저장하고 운송하는 물류유통회사, 간편 요리를 제공하는 가공식품 제조회사와 레스토랑이 없다면 이제 도시는 하루도 생존하기 어렵다.

소 한 마리를 키우는 데 사람 한 명이 먹는 곡물의 11배가 필요하고, 쇠고기 1킬로그램을 생산하는 데 보리 1킬로그램을 생산하는 데 드는 물의 1000배가 필요하다고 하니, 육류를 폭식하는 도시는 가히 농촌에 기생하는 삶의 형태라 해도 과언이 아니다.

1630년 영국의 어느 시인이 〈가난한 자가 모든 것을 지불한다〉라는 소곡에서 노래했듯이 "왕은 모두를 다스리고/성직자는 모두를 위해 기도하고/변호사는 모두를 변호하고/농부는 모든 것을 지불하고, 또 모두를 먹인다"는 표현이 한없이 씁쓸하기만 하다.

이처럼 도시의 발달은 포장육과 수많은 건조·냉동 식품을 도시로 수송하는 식문화를 발달시켰다. 바쁘고 빠른 도시문화는 이 시대의 젊은이들에게 충분한 식사 시간을 제공하지 못하는 형편이다. 아침이나 점심을 간단한 도시락이나 삼각김밥으로 때워야 하는 경우가 비일비재하며, 그 한가운데 컵라면이 놓여 있다. 공상과학 영화에서 상상하던 '간편한 캡슐형 식사'의 역할을 우리 시대 컵라면이 대신 수행하고 있다고나 할까?

도시인의 건조한 일상을 대변하는

컵라면은 방부제와 건조·포장 기술을 통해 식사라는 문화를 거세하고 건강이라는 가치를 편리로 대체하면서 도시인들의 삶의 속도를 네 배쯤 빠르게 돌리는 타임머신이다. 3분의 짧은 조리 시간과 건조한 면발, 1회용 컵에 담긴 한 끼 식사. 컵라면은 21세기 대한민국을 살아가는 도시 젊은이들의 삶을 농축해 보여준다. 끊임없이 소비되는 여유 없는 삶, 성찰이 부족한 건조한 일상. 그것이 도시를 떠나지 못하는 젊은이들이 보내는 오늘의 삶이며, 그들의 '컵라면 인생'은 앞으로 한 세기가 지나더라도 도무지 바뀔 것 같지 않다. 컵라면 옆에 다소곳이 놓인 '중국산 김치'와 재료의 정체를 알 수 없는 '핫바'가 우리가 다음 세대에게 물려줄 대한민국의 암울한 미래다. +

+21
테오 얀센

예술가는 끊임없이 창조주가 되려 한다

"예술과 공학 사이의 장벽은 우리 마음속에만 존재합니다."

― 테오 얀센

하나의 생태계를 창조하다

생명을 향한 천착과 공학적 발상…
자연의 모사가 아닌 우주적 스케일의 실험

+ 정재승

　카이스트 학부생들을 위한 '바이오공학의 이해' 수업 시간에 가장 인기 있는 로봇은 미국 스탠퍼드 대학교 기계공학과에서 만든 '스티키봇Stickybot'이다. 디자인연구센터 마크 컷코스키 소장과 그의 동료들이 도마뱀의 발을 흉내 내 만든 이 로봇은, 벽을 타고 걸어다닐 수 있는 '탐사용 로봇'이다. 유튜브에 올라 있는 스티키봇 동영상을 보여주면 학생들이 열광한다. "와, 이건 예술이야!"
　'도마뱀 로봇'이란 게 얼핏 생각해보면 별거 아닌 것 같지만 사실 여간 신기한 녀석이 아니다. 도마뱀처럼 벽을 타고 오르려면 발바닥이 벽에 붙어서 쉽게 떨어지지 않아야 하지만 다음 발을 내딛으려면 또 쉽게 떨어져야 하기 때문이다. 어떻게 '끈적이는 발바닥'을 만들 수 있을까?

새로운 관절 구조의 영역을 탐색하다

스탠퍼드 대학교 연구팀은 실제 도마뱀의 발을 연구한 결과 도마뱀 발에 난 무수한 털 돌기가 특정한 방향으로만 끈적여서 아래에서 위로 벽에 접촉할 땐 끈적이고, 위에서 아래로 발을 뗄 땐 쉽게 떨어진다는 사실을 알았다. 이 '방향성 접착력directional adhesion' 원리를 그대로 적용해 만든 로봇이 바로 스티키봇이다. 정교하게 맞물린 근육과 도마뱀을 그대로 흉내 낸 '도마뱀 발바닥'은 그 자체로 인간 테크놀로지가 도달할 수 있는 생체모방 기술의 정수다. 스티키봇은 2006년 〈타임〉이 선정한 '가장 뛰어난 발명품'이었다.

그런데 이 테크놀로지가 과학자들에게 각별히 흥미로운 것은 도마뱀의 발바닥을 그대로 흉내 낸 스파이용 로봇을 갖게 되어서가 아니라 생명체의 운동기관을 좀더 넓은 관점에서 바라볼 수 있게 해주었기 때문이다. 우리 주변엔 두 발로 걷거나 네 발로 보행하는 동물이 대부분이지만 생명체의 운동기관은 실로 다양하다. 온갖 생명체들이 다양한 방식의 관절 구조를 이용해 움직인다. 과연 그들의 보편적인 공통점은 무엇일까? 우리는 그 이상의 가능성을 상상할 수 없을까? 외계 생명체를 발견하게 된다면 그들도 지구 생명체와 유사한 다리 구조를 가지고 있을까?

이 흥미로운 질문에 대한 답을 얻기 위해 다양한 관절 구조의 가능성을 탐색한 천재가 있었으니, 바로 조 클랜이다. 그는 '클랜 링키지Klann Linkage'라 불리는 아주 독창적인 운동기관을 발명해 특허를 얻었다. 그는 최소의 프레임과 크랭크축을 사용해 몸이 출렁이지 않고 부드럽게 수평으로 이동할 수 있는 가장 간단한 운동기관을 제안했다. 이게 가능하다면 언젠가는 그의 발명품이 '바퀴'를 대체할 수 있을 거라 그는 믿었다!

2005년 미국과 캐나다의 과학자들이 만든 '몬도 거미Mondo Spider'는 클랜 링키지를 활용해 여덟 개 다리로 보행하는 최초의 로봇이었다. 이 로봇은 울퉁불퉁한 지형에서도 보행이 가능하고 무거운 몸체를 안정적으로 이동시킬 수 있는 관절기관을 가졌다. 쉽게 말하자면 화성에서 외계 생명체와 싸울 전 우주적 스케일의 탱크(지구인들의 무기!)에 효율적인 발이 생긴 셈이다. 아쉽게도 아직은 많이 불편해 보이지만 우리는 움직이는 물체가 가질 수 있는 보편적인 관절 구조의 가능성을 탐색하는 시도를 해온 셈이다.

이런 일이 예술 분야에서도 벌어지고 있다. 네덜란드의 키네틱 아티스트 테오 얀센이 대표적인 인물이다. 물리학을 전공한 그는 자신만의 방법으로 조 클랜이 탐색하지 못한 새로운 관절 구조의 영역을 탐색해왔다. 그는 생명체들이 진화해오면서 저마다의 복잡하고 효율적인 관절 구조를 가진 데 착안해 그만의 생태계를 만들고 자신의 아틀리에에서 진화를 실험해왔다.

스스로 에너지를 활용하는 예술품

그의 첫 원시생명체 '아니마리스 불가리스'는 플라스틱 관을 뼈대로 구성하고 크랭크축으로 이루어진 척추를 가지고 있다. 인간처럼 그의 다리에는 허벅지와 종아리 그리고 발이 있다. 그것도 아주 많이. 바람이 풍부한 해변에 살고 있는 이 동물은 노란 플라스틱 관을 일종의 단백질처럼 생체의 기본 구조로 한다. 접착테이프를 통해 조직이 좀더 복잡한 기관으로 커졌고, 기관은 케이블로 연결된 관절을 서서

히 갖게 되었으며, 그러면서 스스로 일어서서 걸을 수 있는 최초의 해변동물 '아니마리스 쿠렌스 불가리스'로 진화해갔다(그의 작품을 독일에서 처음 보고 큰 충격에 빠졌었는데, 네덜란드와는 달리 바람이 적은 우리나라에서 2010년에 연 전시회에선 그의 작품이 해변을 거니는 모습을 제대로 볼 수 없어 무척 아쉬웠다).

'빠르게 걸을 수 있는 동물만이 살아남는다'는 새로운 진화의 법칙을 적용하자 해변동물들은 좀더 복잡하고 정교한 다리 구조로 진화하게 되었다. 움직임이 느린 개체는 도태되었다. 번식 시기에 다양한 관절 구조의 돌연변이가 생겨나기도 했는데, 더 효율적인 녀석들은 살아남을 가능성이 더 높았다. 좀더 큰 체격을 얻기 위해 플라스틱 대신 나무로 변한 녀석들, 바람 대신 스스로 파워를 만들어내거나 압축펌프를 동력으로 사용하는 녀석들도 생겨났다. 테오 얀센의 작품들은 그 자체로 거대한 생태계였다.

그의 작품을 '21세기에 주목해야 할 예술품'으로 손꼽은 데는 이유가 있다. 그는 다른 키네틱 아티스트들과는 달리 예술작품이라는 점유된 공간에 시간성을 부여하는 데 그치지 않고 '에너지'를 가장 중요한 구성 요소로 간주했다. '인과관계의 연속이 시간을 만들어낸다'는 동역학이나 균형(밸런스)과 대칭에 초점을 맞추는 대신 운동의 기원인 에너지에 초점을 맞추고 어떻게 예술품이 스스로 운동을 위해 에너지를 활용하는 구조를 갖게 되었는지를 고민했다.

'해변의 모래와 바람 그리고 물, 이 안에서 어떻게 예술작품이 역동성을 유지하기 위해 관절을 바꾸어야 하는가?'라는 예술적인 질문은 '엔트로피와 에너지, 그 안에서 어떻게 해변의 바람을 활용하는 새로운 관절 구조를 가질 수 있는가?'라는 공학적 질문과 정확히 일치하는 것이었다. 그가 BMW 광고에서 했던 말, "공학과 예술의 경계는 우리 마음속에만 있다"는 것은 최소한 그에게만은 허세가 아니었다. 그의 예술적 창의성은 생명에 대한 천착에서 비롯되었고, 예술적 혁신은 공학적 발상의 전환으로 귀결되었다.

조 클랜을 포함해 많은 공학자들과 우주생물학을 연구하는 천문학자들은 우주라는 일반적인 환경에 존재 가능한 보편적 생명체의 구조와 기능을 이해하고 싶어 한다. 스위스의 예술가이자 초현실주의자 H. R. 기거가 외계 생명체의 외형에 오랫동안 천착해왔다면 테오 얀센은 그들의 다리 구조에 매달려왔다. 덕분에 우리는 기괴한 작품을 넘어 생명과 동력에 대한 전 우주적 스케일의 이해를 얻고 있는 셈이다(바람을 동력으로 움직이는 그의 작품을 흔히 친환경 생명체라고 부르지만 여기서 환경은 전 우주적 스케일의 환경이다).

모사가 아닌 창조와 진화

한때 예술의 목적은 세상을 있는 그대로 모사하는 것이었다. 2차원 평면에 3차원 세상을 담기 위해 다양한 방식으로 노력하기도 했으나 사진술의 발달은 그런 노력을 초라하게 만들었다. 세상의 본질을 화폭에 담으려는 시도는 점, 선, 면으로 세상을 잘게 나누어 쪼개거나 여러 각도에서 본 세상을 하나의 화폭에 담는 입체파로 이어지기도 했다. 세상의 본질이 시간의 역동성이라면 잭슨 폴록 같은 추상화가의 작품은 역설적이게도 더없이 사실적인 구상화이리라.

이제 예술가들은 우리가 살고 있는 세상을 작품 속에 담으려는 노력을 과감히 포기하고, 새로운 세상을 창조하려 들고 있다. 소설가는 '이야기'라는 원자로 이루어진 물질적 공간을 꿈꾸고 사진가는 프레

이제 예술가들은 우리가 살고 있는 세상을
작품 속에 담으려는 노력을 과감히 포기하고,
새로운 세상을 창조하려 들고 있다.
소설가는 '이야기'라는 원자로 이루어진 물질적 공간을 꿈꾸고,
사진가는 프레임 안에 그가 꿈꾸는 세상을 재구성해 창조한다.

임 안에 그가 꿈꾸는 세상을 재구성해 창조한다. 키네틱 아티스트는 생명의 시간을 아틀리에에서 재조작해 새로운 생태계를 진화시키고 있다.

'자연에서 배운다'를 실천하는 바이오미메틱스Biomimetics 연구자들을 조롱이라도 하듯 테오 얀센은 자연과 함께하는 방식으로 공학자들의 그것보다 더 정교하면서도 효율적인 생명체를 만들어내고 있다. 21세기 예술가는 자연을 창조하기 위해 테크놀로지의 붓을 휘두르는 신이 되었다. +

21세기의 레오나르도 다빈치

해변을 유유자적 거니는 키네틱 아트
자연에서 생명으로 진화하는 기계

✚ 진중권

조각도 한다. 기계도 만든다. 그림도 그린다. 글도 쓴다. 이 복잡한 인간 테오 얀센은 지난 20여 년간 해변에 '움직이는 조각kinetic sculpture'을 설치해왔다. 미술을 모르는 이라도 누구나 한 번쯤은 유튜브를 통해 BMW 광고에 사용된 그의 작품을 접해봤을 게다. 2010년 대전의 어느 미술관에서 이 네덜란드 작가를 초청한 바 있다. 그의 작품은 해변처럼 광활한 환경에 설치되어야 하나 몇 가지 사정 때문에 열린 공간이 아니라 전시실의 실내에 갇혀 있었다고 한다. 장엄한 효과는 없었지만, 그럼에도 관람객들 사이에서 큰 인기를 끌었다고 한다.

마술이 아닌 기술로, 미술품을 살아 움직이게

굳이 '움직이는 조각'의 기원을 찾자면 저 멀리 고대로 거슬러 올라가야 한다. 기록에 따르면 그리스의 장인 헤론은 신상들이 원을 그리며 회전하는 제단을 만들었다고 한다. 아마 이것이 인류 최초의 '키네틱 아트'일 것이다. 어떤 의미에서는 17세기에 널리 퍼졌던 자동인형 automaton 역시 키네틱 아트로 볼 수 있다. 하지만 자동인형은 당시에 조각이라기보다는 차라리 오늘날의 '로봇'에 가까운 개념으로 받아들여졌다. 본격적인 의미의 키네틱 아트는 20세기 초에 등장한다.

키네틱 아트는 거칠게 말해 '움직이는 조각'이다. 르네상스의 예술가들에게 "조각이 움직인다"라고 말하면 아마 그들은 "그것은 마법"이라 소리쳤을 게다. 그 마법을 대신해준 것이 바로 기술이다. 키네틱 아트는 산업혁명(동력혁명)의 예술이라 할 수 있다. 키네틱 아트에 움직임을 주는 것은 바람, 동력, 아니면 인력이다. 가령 미국 조각가 알렉산더 콜더의 모빌은 바람의 흐름에 따라 움직이고, 스위스 조각가 장 팅겔리의 작품은 동력으로 움직이며, 최초의 키네틱 아트라 할 수 있는 마르셀 뒤샹의 자전거 바퀴는 사람이 손으로 돌려야 한다.

키네틱 아트는 '모던'이라는 시대의 산물이다. 과거의 노동이 자연(인간)의 힘으로 이루어졌다면 현대의 생산은 주로 기계의 힘으로 이루어진다. 마찬가지로 전통적 예술이 자연을 모방했다면 현대의 예술은 인공을 모범으로 삼게 된다. 현대의 대표적 인공물이 바로 기계가 아닌가. 현대 회화가 추상적, 기하학적 문양과 더불어 기술적 도면을 닮아가는 것은 그와 관련 있을 것이다. 키네틱 아트는 기계의 외양만이 아니라 그것의 동작까지 모방한다. 그런 의미에서 키네틱 아트는 모던의 기계미학 그 자체인지 모른다.

바람의 힘으로 움직이는 테오 얀센의 작품 역시 넓은 의미에서는 키네틱 아트에 속한다. 하지만 그의 작품은 더 이상 '모던'하지 않다. 왜? 생명을 기계화하는 것이 모던의 특성이라면 얀센의 작업은 기계를 생명화하는 데 그 본질이 있기 때문이다. 그의 작품에서 '기계'라는 인공은 외려 자연의 '생물'이 되려 한다. 20세기의 키네틱 아트가 산업사회를 반영한다면 얀센의 그것은 산업 이후의 사회 정신을 상징한다. 한마디로 모던의 키네틱 아트가 기계공학적이라면 얀센의 작품들은 생명공학적이다.

진화론을 기계로까지 연장시킨다고 할까? 얀센의 목표는 새로운 기계생물의 종種을 창조해 그것들이 마침내 해변에서 살아남는 능력을 갖출 때까지 진화시키는 데 있다. 각각의 종은 고유의 유전적 특성이 있다. 우수한 유전자는 진화 과정에서 살아남고 그렇지 못한 것은 도태한다. 그는 PVC와 레모네이드 페트병으로 만든 이 기계들을 새로운 생명체로 간주해 학명까지 붙인다. 가령 '아니마리스 쿠렌스 벤토사Animaris Currens Ventosa'. '바람으로 움직이는 놈'이라는 뜻이리라.

한국 작가 최우람도 정교한 모양과 섬세한 동작을 하는 인공생명체들을 만들어왔다. 이 기계생명체들에도 역시 학명이 부여된다. 그의 내러티브 속에서 기계생명체들은 도시의 에너지를 먹고사는 것으로 설정되나 실제로는 동력(전기)으로 움직인다. 테오 얀센의 작품은 이와 다르다. 그것은 인공의 동력이 아니라 해변에서 부는 바람을 먹고 살기 때문이다. 이렇게 산업의 동력에 의존하지 않고 자연에서 바로 에너지를 섭취한다는 점에서 얀센의 작품은 탈산업적postindustrial이다.

창조주가 되고픈 예술가의 새로운 후계자

테오 얀센의 기계생명은 해변이라는 조건에 최적화되어 있다. 크랭크축을 따라 수십 개의 발들은 타이어에 비해 표면에 닿는 면적이 작다. 이것이 저항을 줄여줘 녀석들은 외려 자동차보다 효율적으로 해변의 모래사장 위를 거닌다. 한마디로 놈들의 발은 '바퀴의 진화한 형태'인 셈이다. 해변에서 생존에 가장 중요한 격률은 '물을 피하라'는 것이리라. 기계생명에는 촉수로 사용되는 가는 파이프가 달려 있어서 다리가 물에 잠겨 파이프에 공기 대신 물이 흡입될 경우 녀석은 곧바로 방향을 바꿔 뭍으로 걸어나올 것이다.

얀센의 기계생명은 원시적이나마 뇌까지 갖고 있다. 뇌가 처리하는 것은 0과 1의 신호. 이 1비트의 처리 능력으로 놈들은 자신의 생존에 가장 필요한 판단을 내린다. '어디가 물이고, 어디가 뭍인가.' 이 판단을 못 내리면 아마 놈들은 밀물 때 익사하고 말 것이다. 일단 촉수를 통해 받아들인 신호는 뇌로 전달되고, 뇌는 다시 근골격기관에 신호를 보내 생존에 필요한 행동을 취하게 만든다. '물이냐, 뭍이냐?' 이 1비트 흑백의 현실. 기계생명의 눈에는 세계가 그렇게 단순하게 비칠 것이다.

기계생명은 지금도 계속 진화하고 있다. 진화 과정에서 나타난 새로운 종에는 종종 이전의 종이 갖지 못한 새로운 기능 혹은 새로운 생존 전략이 부가된다. 가령 해변이라는 조건에서 생명체에게 위험한 것은 밀물만이 아니다. 바닷가에 흔한 강풍도 기계생명을 하늘로 날려버려 망가뜨릴 수 있다. 그래서 그 생명체 중 어떤 놈은 바람이 강해지면 그 힘으로 해머를 작동시켜 발을 땅속에 박아넣는다. 물론 제 몸을 대지에 고정해 강한 바람에 휩쓸리지 않으려는 것이다.

테오 얀센, 〈아니마리스 페르치피에르 프리무스〉, 2006년.

가장 최근에 탄생한 종은 에너지 저장 능력까지 갖고 있단다. 즉 부는 바람을 페트병 속에 압축해 저장했다가 그 공기를 바람이 없을 때 동력으로 꺼내 쓰는 것이다. 이렇게 에너지의 섭취와 소비를 시간적으로 분리함으로써 기계는 생명체에 한 걸음 더 가까워진다. 하지만 그의 기계생명은 아직 해변이라는 환경에서 혼자 살아가지 못한다. 얀센의 도움 없이 살아가려면 아직 갖춰야 할 기능이 많을 게다. 얀센이 하는 작업의 요체는 생존에 필요한 그 기능을 생각해내고 그 해법을 기술적으로 창안하는 데 있다.

얀센은 수년 내에 자신의 생명체들이 자립 능력을 획득할 것이라고 자신 있게 단언한다. 그때쯤이면 그는 자신의 생명체들을 모두 해변에 방사할 작정이라고 한다. 그가 창조한 인공동물들이 유유자적 거니는 해변의 모습을 상상해보라. 아마 동물원에서 탈출한 동물들이 도시의 거리를 활보하는 모습 못지않게 장관일 것이다. 그놈들은 거기서 인간의 도움 없이 살아가다가 수명이 다하면 숨을 거둘 것이다. 그렇게 죽은 기계동물들의 사체로 덮인 해변의 모습은 또 얼마나 으스스할까?

머리는 진화했으나 몸은 그대로인 인간에 대한 오마주

빅토리아 시대에 컴퓨터가 있었다고 가정해보자. 가령 원리는 디지털이나 몸체가 목공으로 제작된 컴퓨터다. 내 눈에는 얀센의 기계생명이 그런 장치로 보인다. 얀센의 작품은 첨단의 콘셉트를 원시적 기술과 결합한다. 그리하여 가까이서 보면 매우 엉성하게 엮은 PVC 구조물이나 멀리서 보면 정교하게 움직이는 생명체다. 이렇게 생물학적 기제를 재현하는 인공생명의 기획을 가내수공업의 기술로 구현했다는 점. 그의 기계생명이 지닌 치명적 매력은 여기서 나오는 게 아닐까? +

+ 22
올해의 인물

우리에겐 늘 영웅이 필요하다

Person of the Year.
1927년부터 시작된 〈타임〉이 선정하는
그해에 가장 많은 영향을 끼친 인물.

사람만 한 아이템은 없다

〈타임〉 선정 올해의 인물
호명되는 이름들로 변화를 읽는다

+ 진중권

연말이면 거의 모든 매체에서 '올해의 인물'을 발표한다. 산업계, 정치계, 예술계, 문화계, 기술계 등 가장 영향력 있었던 인물은 분야마다 다를 것이다. 거기에 나라마다 사정이 다르다 보니, 매체의 국적에 따라서도 선정되는 인물은 달라질 것이다. 하지만 그 모든 '올해의 인물' 중에서 가장 주목을 받는 것은 단연 미국의 시사주간지 〈타임〉에서 선정한 것이리라. 〈타임〉에서는 2011년의 인물로 '시위자Protester'를 꼽았다.

양적 평가냐 질적 평가냐

'올해의 인물'은 1927년 〈타임〉에서 한가한 주에 뉴스거리가 될 만한 아이템을 만들어내려는 시도에서 비롯되었다. 마침 그해에 〈타임〉은 린드버그의 대서양 횡단 비행을 커버스토리로 싣지 않기로 결정했던 차. 이 결정적인 편집상의 실수를 만회하려고 린드버그를 '올해의 인물Man of the Year'로 선정한 것이 이 제도의 기원이라고 한다. 동기가 무엇이었든 '올해의 인물'은 거의 모든 매체에서 한 해를 마감하는 포맷이 되었다.

'올해의 인물'이라 하나 대상이 인물로 한정되는 것은 아니다. 컴퓨터(1982년)나 지구(1988년)처럼 무생물이 선정되는 일도 있다. '맨Man'에서 '퍼슨Person'으로 명칭이 바뀐 것은 1999년이지만 그 이전이라 하여 남자만 선정된 것도 아니다. 윈저 공이 왕위를 포기하게 만든 월리스 심프슨(1936년), 장제스의 부인 쑹메이링(1937년), 영국의 엘리자베스 2세(1952년), 필리핀의 코라손 아키노(1986년) 등이 여성으로서 '인물(Man)'에 선정된 바 있다.

때로는 사회적, 정치적 집단이 '올해의 인물'이 된다. 가령 헝가리의 자유투사들(1956년), 평균적 미국인(1969년), 미국의 여성들(1975년), 미국의 병사들(1950, 2003년). 흥미로운 것은 내부고발자(2002년)와 시위자(2011년)다. 한국과 미국의 차이를 이보다 더 극명하게 보여주는 예가 또 있을까? 가령 이문옥 감사관과 김용철 변호사가 내부고발의 대가로 겪어야 했던 극심한 고통을 생각해보라. 〈타임〉이 기리는 '시위자'도 한국에서는 거의 범죄자 취급을 받는다.

'올해의 인물'로 선정되는 것은 일반적으로 명예롭게 여겨진다. 선정된 이들이 대개 긍정적 업적을 낸 이들이기 때문이다. 하지만 정작

〈타임〉에서 제시하는 선정 기준은 질적이라기보다는 양적이다. "그해에 일어난 일들에 좋은 방향이든 나쁜 방향이든 가장 큰 영향을 끼친 인물." 그 덕분에 1938년에는 히틀러가, 1939년과 1942년에는 스탈린이, 1979년에는 호메이니가 각각 '올해의 인물'로 선정될 수 있었다.

하지만 역대로 선정된 인물들이 대개 '위인'이다 보니, 인물의 선정에 알게 모르게 질적 평가가 개입하기도 한다. 가령 1979년 호메이니를 '올해의 인물'로 선정한 것은 미국 정부와 공중의 심리를 적잖이 자극했다. 9·11 테러가 발생한 2001년의 인물은 〈타임〉의 기준에 따르면 마땅히 오사마 빈라덴이 되어야 했다. 하지만 정작 그해에 '올해의 인물'로 선정된 것은 엉뚱하게도 뉴욕 시장 루돌프 줄리아니. 누가 그의 이름을 기억할까?

비슷한 일은 또 있었다. 1999년은 20세기의 마지막 해이자 지난 1000년을 마감하는 해이기도 했다. 이를 기념해 〈타임〉은 '올해의 인물'과 함께 '금세기의 인물(아인슈타인)'과 '지난 1000년의 인물(구텐베르크)'을 선정했다. 문제는 '금세기의 인물' 후보로 히틀러가 올라온 것이었다. 〈타임〉이 제시한 양적 기준으로 보면 마땅히 히틀러가 선정되어야 하나 수상(?)의 영예는 결국 아인슈타인에게 돌아갔다.

단골 수상자 대통령에서 이름 없는 '당신'까지

역대 수상자(?)의 면모를 살펴보면 압도적으로 많은 것이 역시 미국의 대통령들이다. 캘빈 쿨리지, 허버트 후버, 제럴드 포드를 제외하고 미국의 모든 역대 대통령이 적어도 한 번 이상 '올해의 인물'로 선정되었다. 특히 프랭클린 루스벨트는 세 차례(1932, 1934, 1941년)에 걸쳐

'올해의 인물'에 오르는 기록을 세웠다. 단, 아이젠하워는 재임 기간에는 물론, 그 훨씬 이전에도 연합군 총사령관의 자격으로 '올해의 인물'에 오른 바 있다.

그다음으로 많이 꼽힌 인물은 옛 소련의 지도자들이다. 스탈린(1939, 1942년), 흐루쇼프(1957년), 안드로포프(1983년), 고르바초프(1987, 1989년), 푸틴(2007년). 20세기는 과연 미소 냉전의 시대였다. 한편 독일은 아돌프 히틀러(1938년), 콘라트 아데나워(1953년), 빌리 브란트(1970년) 세 사람을 명단에 올렸다. 영국의 지도자로는 처칠(1940, 1949년)과 엘리자베스 여왕(1952년), 프랑스의 지도자로는 피에르 라발(1931년)과 샤를 드골(1958년)의 이름이 눈에 띈다.

중국은 장제스와 쑹메이링(1937년), 덩샤오핑이 두 번(1978, 1985년) 이름을 올렸으나 이상하게도 마오쩌둥은 명단에 빠져 있다. 열강이 아닌 나라에서는 인도의 간디(1930년), 사우디아라비아의 파이살 왕(1974년), 이집트의 사다트(1977년), 이란의 호메이니(1979년), 폴란드의 레흐 바웬사(1981년) 등이 '올해의 인물'에 이름을 올렸다. 한국의 자취는 1950년에 선정된 '미국의 병사들' 속에서나 찾아볼 수 있다. 그해는 한국전쟁이 발발하던 해였다.

호명된 이들의 이름 속에서 우리는 식민주의에서 제2차 세계대전, 미소 냉전과 자원전쟁, 사회주의국가의 개혁과 개방으로 이어지는 20세기 역사를 엿본다. '올해의 인물'은 그야말로 인물로 보는 세계사다. 이 맥락에서 〈타임〉은 즐겨 칼라일을 인용한다. "세계사는 위인들의 전기에 불과하다." 이게 어디 정치나 정세만의 문제겠는가? 선정된 영웅들의 명단 속에서 우리는 또한 20세기에 일어난 산업과 경제의 변화를 읽을 수도 있다.

예를 들어 20세기 초·중반만 해도 서구는 아직 산업화 단계에 머

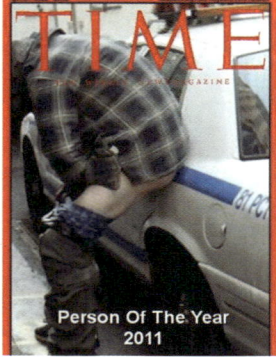

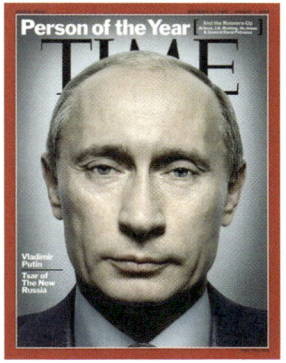
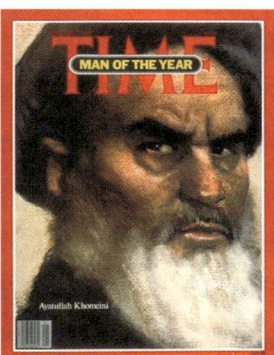

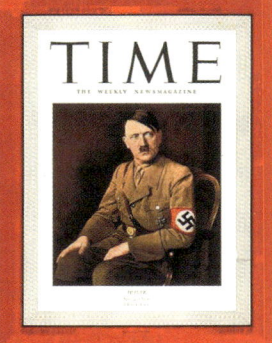

물러 있었다. 크라이슬러 그룹의 창시자 월터 크라이슬러(1928년), 제너럴모터스의 지도자 할로 커티스(1955년)는 산업화의 영웅이었다. 하지만 1982년 컴퓨터가 '올해의 인물' 반열에 오른 뒤에는 아마존의 설립자 제프 베조스(1999년), 페이스북의 창시자 마크 주커버그(2010년)가 새로운 신화로 떠올랐다. 이들은 디지털로 무장한 정보화 사회의 영웅이다. 2005년 보노와 함께 '착한 사마리아인'으로 선정된 빌 게이츠 부부도 정보화 사회의 영웅이다. 선정은 못 되었지만 2011년에는 스티브 잡스가 작고한 인물로는 최초로 올해의 인물로 뽑힐지 화제를 모으기도 했다.

나도 한 번쯤 꿈꿔볼까

그런가 하면 2006년 〈타임〉은 "올해 일어난 가장 큰 변화 중 하나는 온라인 백과사전, 영상파일 공유 사이트, 블로그 사이트를 비롯한 개인 미디어의 확산"이라며, 이 영역에서 활약한 '당신'을 '올해의 인물'로 뽑기도 했다.

'뽑을 사람이 그렇게 없었느냐?'는 비난도 있으나 이 결정은 우리의 주목을 끌 만하다. '올해의 인물'의 역사철학, 즉 칼라일의 영웅사관을 일거에 뒤엎어버렸기 때문이다. 흥미로운 것은 〈타임〉에서 밝히는 선정 사유. "'당신'은 월드와이드웹을 파고들어 새로운 디지털 민주주의의 틀을 세우고, 대가 없이 그저 좋아서 하는 일임에도 전문가 못지않은 실력을 발휘하고 있기 때문이다." 그 '당신'을 우리의 정부는 탄압한다.

2008년 어느 포털 사이트에서 '올해의 인물'을 뽑는 인터넷 투표를 한 적이 있다. 투표 30분 만에 워스트 1위를 달린 것은 물론 이명박 대통령. 베스트는 노무현 전 대통령이었다. 투표는 중단되고 선정 방식이 바뀌더니, 결과도 수정되었다. 워스트 강병규, 베스트 김연아. 각하가 '당신'들한테 욕먹는 데는 다 이유가 있다. ✛

SNS, 올해의 인물을 말하다

전문가 의견 또는 설문 대신
140자 속 주요 인물 인용지수를 주목해보자

✚ 정재승

언제부터인가 연말에 받는 기자들의 전화로 한 해를 정리한다. '올해의 책' 선정을 위해 최고의 책을 추천해주세요." "'올해의 인물'을 세 명만 꼽아주세요." 한 해 동안 우리나라를 들썩거리게 했던 사건 사고를 반추하고, 화제와 논란의 중심에 선 사람들을 떠올리며 다사다난했던 한 해를 정리한다. 격랑의 틈새에서 평온했던 내 삶에 고마움을 느끼며 12월의 달력을 접는 것이 연례 일상이 되었다.

두 번이나 '올해의 인물'로 선정된 우리

가장 권위 있는 '올해의 인물'은 미국의 시사잡지 〈타임〉이 선정한 인물일 것이다. (미국인들이 보기에) 전 세계적으로 가장 큰 영향력을 끼친 인물, 사람들 사이에서 가장 화제가 되었던 인물을 꼽는 기획이다. 이왕이면 긍정적 영향을 끼친 사람들 중에 고르게 마련이다. 〈타임〉도 1938년에 아돌프 히틀러를, 1939년과 1942년엔 이오시프 스탈린을, 1979년에는 이란 종교지도자 아야톨라 호메이니를 '올해의 인물'로 선정했지만 아무래도 김정일이나 유영철을 '올해의 인물'로 선정했다고 상상해보면 우울할 테니 말이다.

한 해 동안 세상을 떠들썩하게 했던 '올해의 인물'들을 보며 가끔은 부러움을 느낀다. 더 나은 세상을 만들려고 막강한 영향력을 행사했던 그들, 결국 그들이 세상에 유익했는지는 훗날 역사가 판단하겠지만 '올해의 인물'로 선정된 것만으로도 그들은 (훌륭한 분인지는 몰라도) 대단한 사람들임이 틀림없다. 명불허전이라 하지 않았던가. 이름은 헛되이 전해지는 법이 없다.

참, 나도 〈타임〉의 '올해의 인물'에 선정된 적이 있지! 2006년 〈타임〉의 '올해의 인물'은 바로 'YOU'였으니까. 2011년에도 '반값 등록금' 시위와 한-미 자유무역협정FTA 반대시위에 참여했으니, 2011년 '올해의 인물'도 되겠군. 나는야, 시위자The Protester.

위키피디아에 따르면 〈타임〉이 '올해의 인물'을 선정하기 시작한 것은 1927년이다. 그해 초 비행기로 대서양을 횡단했던 찰스 린드버그 기사를 커버스토리로 다루지 못한 실책을 만회하기 위해 그를 '올해의 인물'로 다루면서 처음 이런 기획기사를 시작하게 되었다고 한다. 미국 대통령들은 대부분 한 번씩 선정되었고, 프랭클린 루스벨트는 무려 세 번이나 선정되었다고 한다.

과학자들은 그다지 '올해의 인물'과 친하지 않다. 가끔 반갑게 선정자 명단에서 얼굴을 보기도 하는데, 〈타임〉은 1960년 세계적 업적을 쏟아내며 인류의 지적 유산에 지대한 공헌을 한 '미국 과학자들'을 '올해의 인물'로 선정했고 1968년에는 아폴로 8호에 탑승한 우주인들을 선정했다. 역사상 가장 유명한 우주선은 닐 암스트롱을 태워 달 표면에 착륙한 아폴로 11호지만 아폴로 8호는 지구인을 싣고 처음으로 달 궤도를 돌며 달의 뒷면을 관찰한 최초의 우주선이었다. 그 공로로 우주비행사 프랭크 보먼과 제임스 로벨 주니어, 윌리엄 앤더스가 '올해의 인물'로 선정된 것이다. 1996년에는 단백질 분해효소 억제제를 이용해 후천성면역결핍증AIDS 치료제를 개발한 타이완계 미국인 데이비드 호 교수(록펠러 대학교)를 선정하기도 했다.

그러나 누구보다 주목해야 할 과학자는 〈타임〉이 새로운 밀레니엄을 맞이하며 1999년 말 선정한 '금세기의 인물'이다. 프랭클린 루스벨트와 인도의 독립운동가 마하트마 간디를 제치고 '금세기의 인물'로 선정된 사람은 바로 물리학자 알베르트 아인슈타인이었다. 1998년 워싱턴DC 케네디센터에서 열린 한 심포지엄에 모인 패널들이 '금세기 최고의 인물을 한 명만 꼽는다면 누구인가'에 대해 열띤 논쟁을 하자 1999년 12월 마지막 호에 〈타임〉이 실제로 선정하게 되었다(당시 논쟁한 패널에는 저녁뉴스 앵커인 댄 래더와 스티브 잡스 전기를 쓴 〈타임〉 편집자 월터 아이작슨이 있었고 아이작슨의 아이디어로 〈타임〉은 '금세기의 인물'을 선정하게 되었다). 20세기를 한마디로 정리하면 '과학과 기술의 시대'라 평가할 수 있음에 따라 과학자를 대표하는 상징적 인물인 아인슈타인을 '20세기 인물'로 선정했다는 것이다.

'20세기 인물'로 선정된 이는 아인슈타인.
이로써 20세기는 과학과 기술의 시대로 정의된다.

© 연합뉴스

'구글링'이 뽑은 2011년의 인물은 안철수

70억 인구가 한 시대를 함께 살아가지만 그들이 세상에 끼친 기여와 영향은 다르고 '역사의 수레바퀴'는 몇몇 영웅들에 의해 굴러간다고 믿는다면 '올해의 인물'은 역사적 인물에 대한 동시대적 반추일 것이다. 사람들은 가장 의미 있는 사람을 '올해의 인물'로 선정하는 듯 보이지만 '올해의 인물' 속에서 시대정신을 읽고 역사의식을 투영하며 '의미'를 찾아내려고 한다.

그렇다면 과학자로서 자연스레 묻게 되는 질문 하나. 과연 '올해의 인물'을 선정하는 가장 적절한 방법은 무엇일까? 지극히 주관적인 선정 과정을 공정하게 만들려는 의도가 아니라 원래 취지인 '가장 큰 영향을 끼친 사람, 가장 화제가 되었던 인물'을 우리는 과연 어떻게 찾을 수 있을까 하는, 순전히 과학적인 의문인 것이다.

과연 지금처럼 몇몇 '오피니언 리더'들에게 물어보거나 기자나 편집자들이 모여 토론을 통해 결정하는 것이 가장 적절한 방법일까? 웹사이트에서 설문조사를 하거나 자신들의 잡지와 신문에 가장 많이 등장한 인물을 선택하는 것으로 객관성을 얻을 수 있을까?

추천하고 싶은 방법은 트위터나 페이스북에서 언급된 주요 인물들의 인용지수를 측정하는 방법이다. 사람들의 주요 관심사, 주장과 의견, 감정과 태도가 고스란히 담겨 있는 트위터 글들에서 가장 많이 언급되고 큰 영향을 끼친 사람을 '올해의 인물'의 강력한 후보로 추천하면 어떨까? 다행히 과학자들은 트위터에서 언급된 사람을 찾거나 사용한 단어들로 그들에 대한 평가를 추정하는 프로그램을 개발했으니, 그걸 이용하면 적절하리라.

실제로 구글은 검색 결과를 통해 선거 결과를 예측하고 질병의 전

염 경로를 추정하기도 했다. 한 예로, 복잡계 네트워크를 연구하는 카이스트 물리학과 정하웅 교수가 일반인을 대상으로 하는 수업에서 '10·26 서울시장 보궐선거' 전날 구글에서 박원순과 나경원을 검색한 결과와 실제 선거 득표율을 비교해 보여주었는데, 두 수치가 상당히 일치해 수강생들의 탄성을 자아내게 했다.

'올해의 인물'을 선정할 때도, 예를 들어 2011년 혹은 2012년이라면 주요 후보인 안철수와 박근혜, 문재인 등의 이름을 구글에서 한 번 쳐보시라는 것이다. 2011년 12월 22일 현재, 구글에서 '안철수 2011'을 치면 4600만 개가 검색되는 반면, 박근혜는 4300만 개가 검색된다. 2011년 대한민국 '올해의 인물'로는 안철수가 좀더 적절해 보인다는 게 '구글 검색 결과'일 수 있다(구글 검색에서 실제로는 '박근혜'의 검색 결과가 더 많으나 2011년으로 한정해 검색하면 '안철수'보다 적다).

SNS가 강력 추천하는 '올해의 인물'은?

좀더 일반인들의 관심사나 의견에 초점을 두고 싶다면 뉴스나 광고, 홍보 등까지 검색되는 구글보다는 트위터나 페이스북에서 가장 많이 인용되고 회자되는 정도를 통해 '올해의 인물'을 선정하면 좀더 시대정신을 읽는 데 도움이 될 것이다. 만약 언론사들이 이런 걸 시도해볼 뜻이 있다면 과학자들은 이제부터 '말도 안 되는 글들을 웹사이트와 SNS에 배설하는 알바부대, 댓글부대'를 색출하는 프로그램을 개발할 뜻이 기꺼이 있다.

사람들은 이들 영웅을 통해 시대를 이해하고, 이 세상을 이끌어줄 누군가를 갈망하는 마음으로 '올해의 인물'을 뽑고 싶어 한다. '올해의 인물'은 '되고 싶은 욕망'보다 '뽑고 싶은 욕망'이 더 강하다는 점에서 영웅을 기다리는 시대의 욕망이다. 그러나 본질적으로 '올해의 인물'은 진정한 영웅이 될 수 없다. 그들에 대한 대중적 욕망은 유효기간이 겨우 일 년이니까. '올해의 인물'로 선정되는 순간 그는 곧바로 우리들의 욕망 리스트에서 사라지고 마는, 유효기간 일 년의 한시적 영웅인 것이다. '올해의 인물'은 '뽑으려는 욕망'이 투영된 흥행 불패의 이벤트일 뿐, 영웅을 찾겠다는 의도는 처음부터 담고 있지 않았으니까. ✚

+ 에필로그

진중권+정재승,
그들이 노는 법

진중권

자신을 조각 미남이라 믿는 각진 남자

+ 정재승

　진중권 선생과 처음 얼굴을 마주한 건 10년 전 일이지만, 또 그와 글을 함께 쓰기 시작한 건 3년 전 얘기지만 내 이름은 아주 오래전부터 그와 함께 어울렸다. 유시민과 진중권을 언급할 때면 빠지지 않는 사자성어, 재승박덕才勝薄德, 하는 말은 맞지만 말하는 방식이 밉상이라며, 재주는 있으나 덕이 없다고 그들을 감정적으로 비판할 때 사람들은 내 이름을 사용한다. 나는 우리가 진한 인연으로 언젠가 만나게 될 줄 진작에 알았다.

합리적 논거, 유머, 전투력을 갖추고 비난을 무릅쓰는 키보드 워리어

　진중권 선생과 글을 함께 쓰기 시작하면서 "그는 실제로 만나보면 어떤 사람인가요?"라고 물어보는 사람을 종종 만난다. 그가 사석에서도 전투적인 어법을 사용하는지, 까칠한 성격의 소유자는 아닌지 궁금해들 한다. 이 글의 독자들도 아마 비슷한 호기심을 가지고 있으리라.

그의 글에서 종종 풍기는 피비린내 나는 독설이나 냉소적인 비아냥은 그의 일상에선 찾아보기 어렵다. 그는 실상 조용한 편이고 덜 사회적이며 공격적인 어투를 별로 즐기지도 않는다. 먼저 말을 건네지 않으면 스스로 말을 꺼내는 경우가 많지 않다는 점에서, 자신의 개인사를 잘 드러내지 않으며 상대방의 개인사에도 그다지 관심이 없다는 점에서, 자주 만나도 소소한 일상을 공유하려는 노력을 크게 기울이지 않는다는 점에서 그렇다(앗, 경비행기 얘기랑 필리핀 세부 술집 얘기는 빼고). 사회적 이슈나 학문적 주제에 대해 이야기하는 걸 그는 훨씬 더 즐긴다. 그런 점에서 그는 거울신경세포가 발달한 '두정엽형 인간'이라기보다는 추상적 사고가 발달한 '전전두엽형 인간'에 더 가깝다. 최소한 나 같은 '남자' 앞에선.

사회적 이슈에 대해 사람들이 대개 '예'라고 생각할 때 그가 '아니오'라고 말하며 격한 논쟁도 불사하는 것을 보고, 혹자는 그가 공명심이나 유명세에 안달 나서 주목받으려고 그러는 거라는 둥, 피학적인 심성이 있어 악플을 즐긴다는 둥 쉽게 말한다. 그러나 그건 그를 잘 모르고 하는 소리다. 개인적인 관찰에 따르면 그의 그런 태도와 행동은 스스로 자신에게 부여한 '논객의 본분'에 충실하려는 노력이며, 자신의 판단과 미감에 솔직하려는 '시대와의 불화'에 기인한다. 아니, 20세기엔 박정희나 조·중·동 같은 독재권력, 언론권력, 보수권력과 싸웠고, 21세기엔 황우석 사건, 영화 〈디 워〉 논쟁 등 대중집단적 파시즘과 싸워왔다는 점에서 논객으로서 그의 삶은 '권력과의 불화'로 점철되었다고 말하는 편이 더 적절하리라.

그는 사회적 이슈가 터졌을 때 (시간이 충분히 흐른 뒤 '심사숙고를 통한 복기'를 하는 학자들과는 달리) '곧바로' 이 사태를 어떻게 바라보고 어떤 태도를 취해야 하는지 제안하는 논객의 업무에 늘 열심이다. 또 자신이 판단하기에 옳지 않거나 미학적으로 촌스러우면, 그걸 굳이 '틀렸다', '촌스럽다' 대놓고 말해야 속이 시원한 '모난 성격의 소유자'다. 영화평론가들을 대신해 〈디 워〉의 지지자들과 싸워주었듯 황우석의 지지자들과 대신 싸워주었다는 점에서 과학자들은 그에게 빚을 지고 있다.

비난을 먹으며 자라나는 남자

그가 전투적인 '게시판 댓글 싸움'을 즐기는 건 유명해지려는 노이즈마케팅 차원이 아니라 그가 지금까지 살아온 삶이 그래왔기 때문인 것 같다. 언젠가 내게 얼핏 들려준 얘기에 따르면 그는 어린 시절부터 주변 사람들과 언쟁하길 즐겼다고 한다. 이때 가장 중요한 철칙이 뭐고 하니 바로 "약 오르면 지는 거"라는 것. 이 철학을 그는 지금도 인터넷 게시판과 트위터에서 금과옥조처럼 지키는 것 같다.

그래서인지 그는 글로 남을 놀리고 약 올리고 비웃는 데는 정말 '국내 최강'이다. 그는 남들이 아무리 비판하고 막말을 해도 더한 독설로 응수한다. 읽는 사람이 통쾌할 정도로. 그의 박학다식, 사회적 이슈의 핵심을 꿰뚫는 통찰력, 냉소와 풍자가 질펀하게 밴 유머, 어느 것 하나 안 부러운 게 없지만 그중 가장 부러운 것은 바로 수많은 사람들과 논쟁을 하고 비난을 받더라도 상처받지 않고 끄떡없이 버티는 '표도르급 맷집'이다. 99개 칭찬보다 하나의 비판에 상처받고 곧바로 반성 모드로 들어가는 나로서는 그의 담대함이 늘 존경스럽다(보수주의자들의 비난에는 전혀 상처받지 않던 그지만 최근 몇 년 동안 진보 진영으로부터의 비판과 몰인정만은 그도 견디기 힘들었다고 토로했다).

20세기, 수많은 논객들이 세상에 등장했지만 아직까지 살아남아 사랑받고 인정받으며 그 직을 업으로 하는 사람은 진중권뿐이다. 그건 그가 합리적인 논거, 통쾌한 유머, 시원한 전투력, 그리고 무엇보다 대중에 휩쓸려가지 않고 쏟아지는 비난을 무릅쓰고 적진으로 뛰어드는 용기를 지녔기 때문이리라. 특히 '촛불시위'를 기점으로 논객으로서의 사회참여 방식이 '21세기형'으로 진화한 것도 그가 오래 살아남는 데 크게 기여했다. 논리와 풍자라는 검으로 권력의 모리배들과 전투를 벌이는 걸 게임처럼 즐기고 대중과 다중접속역할수행게임을 하는 그는 '키보드 워리어'다.

그처럼 전투적으로 싸워줄 합리적이고 진보적인, 그러면서 늘 사회적 약자 편에 서주는 논객을 가졌다는 것은 우리 시대의 행운이다. 그런 의미에서 그가 논쟁을 벌였던 유시민, 강준만, 김규항, 〈나는 꼼수다〉의 통찰력 역시 더없이 소중하다. 때론 동의할 수 없고 때론 불편하기도 하지만 우리 시대는 그들의 논쟁에서 세상을 배우고 우리 사회를 낯설게 보는 지혜를 얻는다.

그가 논객으로 오래 살아남을 수 있었던 이유는 추정과 음모의 오류에 빠지지 않고 합리적인 추론과 증거 중심의 사고를 했다는 것, 이른바 '우리 편 철학'과 패거리 사고에 휩쓸리지 않고 우리 진영에라도 입바른 소리는 하고야 마는 객관적 태도를 잃지 않았다는 데 있다. 그렇기에 과학자인 나에겐 사회적 이슈가 생길 때마다 달리는 그의 발언이 대체로 타당하게 들린다("'크로스'엔 날 선 논쟁이 없다!"며 독자들이 심심해하는 것도 그 때문이다. 그게 우리 콘셉트예요!).

만화가 강풀에 따르면 진중권 선생이 옳은 말을 하면서도 대중에게 욕을 먹는 건 결국 나중에 자신의 말이 옳았다고 결론이 났을 때 멋있게 가만히 있어주면 좋으련만 그러지 않고 "거봐, 내 말이 맞았지?" 하며 끊임없이 트윗 글을 쏟아내기 때문이란다. 동의한다.

진중권의 최대 단점은?

한 가지 안타까운 건, 늘 그가 쏟아내는 사회적 발언이 화제에 오르다 보니 그가 성실한 미학자이며, 특히 '기술미학' 분야에서 많은 작가를 국내에 소개하고 꾸준히 탐구하는 연구자라는 사실이 크게 알려지지 않았다는 점이다. 아마도 다음번 그와의 '크로스'는 '인간의 뇌가 어떻게 현대 미학을 받아들이게 되었는지'에 대한 흥미로운 학술서가 되지 않을까 조심스레 몽상해본다.

요즘 그가 변했다며 그의 트윗 글을 지켜워하는 사람들에게 그의 최대 단점 하나를 폭로한다. 그가 평소 스스로를 '장동건·원빈급으로 잘생겼고 미학적으로 완벽하다'는 취지의 트윗 글을 종종 남기는데, 이게 '진심'이라는 것. 자신을 '조각 미남'이라고 믿는 이 '각진 남자'는 자신의 외모를 평가할 때만은 평소의 고급스러운 미적 취향을 전혀 발휘하지 않는다는 게 큰 흠이다. 호전의 기미가 전혀 없다. +

20세기, 수많은 논객들이 세상에 등장했지만 아직까지 살아남아 사랑받고 인정받으며 그 직을 업으로 하는 사람은 진중권뿐이다. 그건 그가 합리적인 논거, 통쾌한 유머, 시원한 전투력, 그리고 무엇보다 대중에 휩쓸려가지 않고 쏟아지는 비난을 무릅쓰고 적진으로 뛰어드는 용기를 지녔기 때문이리라.

정재승

끌어안고 볼 비비고 싶은 테디베어

+ 진중권

10여 년 전 문화방송의 차인태 아나운서가 휴가를 떠나는 바람에 2주간 대타로 라디오 프로그램의 진행을 맡은 적이 있다. 첫 방송 진행 경험이기도 했지만, 무엇보다 짭짤한 출연료로 인해 아직까지 그 방송은 내게 각별한 기억으로 남아 있다. 정재승 선생을 처음 만난 것은 그 프로그램을 통해서였다. 마침 섭외된 인물이 《과학 콘서트》의 저자 정재승. 책의 내용을 설명하다가 예를 들기 위해 책을 일부러 바닥에 떨어뜨리던 모습이 아직도 눈에 선하다.

군더더기 없는 과학 커뮤니케이터

그로부터 몇 년이 지난 뒤, 어느 출판사 직원의 주선으로 그를 동국대 앞에서 다시 만났다. 당시 예술과 과학기술의 통섭에 관심 있던 나는 그에게 언젠가 이 주제로 책을 같이 쓰자고 제안했던 것으로 기억한다. 가장 최근의 기술이나 예술의 문제에 인문학적 관점과 자연과학적 관점을 교차시키면 흥미로운 결과가 나올지 모른다는 막연한 생각에서 꺼낸 제안이었다. 뚜렷한 생각이 있던 것은 아니었기에 실현 가능성도 크지는 않았다. 그 제안은 그렇게 잊혔다.

또 몇 년이 지나 그 출판사에서 다시 연락이 왔다. '크로스'라는 제목으로 〈한겨레21〉에 연재를 하고, 그 결과물을 책으로 묶는 게 어떻겠느냐는 것이었다. 어떻게 된 일인지는 모르겠지만 아마 정재승 선생이 몇 년 전 동국대 앞에서 내가 한 그 제안을 기억하고 있었던 모양이다. 아무튼 원래 내가 제안한 것은 상아탑을 위한 하드코어 이론 작업이었다. 하지만 출판사가 내민 기획은 일반 대중을 위한 글을 주간지에 연재한다는 소프트코어 작업이었다.

그 때문에 한편으론 시큰둥한 마음도 있었지만 파트너가 정재승 선생이므로 나름 흥미로울 것이라는 기대감이 생겼다. 그가 어떤 글을 쓸까 호기심도 컸다. 그렇게 시작된 것이 바로 '진중권과 정재승의 크로스'다. 연재를 시작한 이후 자연스레 둘이 접촉할 기회도 늘어나, 이제는 내가 정재승 선생의 수업에 초청받아 카이스트에서 특강을 하면 정재승 선생은 나의 부탁으로 내가 관계하는 '기술미학연구회'에서 특강을 하는 식으로 강의로도 '크로스'를 실천하는 사이가 되었다.

불행히도 뇌과학을 전공하는 학자로서 정재승을 평가할 능력은 내게 없다. 아마 그가 쓴 논문은 내게 그냥 외계어로 보일 것이다. 내가 첫눈에 알아본 것은 '과학 커뮤니케이터'의 능력이다. 처음 만났을 때 그는 복잡한 문제를 단순하고 명료하게 설명해내는 능력으로 내게 깊은 인상을 남겼다. 사실 그는 글 못지않게 말도 매끈하여, 군더더기 없는 간결하고 명확한 언어로 사안의 핵심을 쉽게 이해시키는 능력이 있다.

실제로 그의 특강을 몇 차례 들은 적이 있다. 항상 프레젠테이션을 위한 시각자료와 더불어 흘러가는 그의 강연에는 모종의 '스토리텔링'이 있다. 그리하여 '뇌과학'을 주제로 한 강연이 긴장과 이완을 반복하며 흘러가는 것이 잘 짜인 기승전결을 가진 한 편의 드라마를 보는 듯하다. 커뮤니케이터는 단지 어려운 것을 쉽게 말하는 수준을 넘어 동시에 재미있게 말할 줄 알아야 한다. 정재승 선생의 강연에는 '과학적 극작술'이라 부를 만한 것이 있다.

또 한 가지 빼놓을 수 없는 것은, 그가 과학은 물론이고 예술과 인문학에 대해서도 폭넓은 지식을 갖고 있다는 점이다. 한마디로, 그는 우리 사회에서 보기 힘든 '통섭형 인간'이다(이를 상징하듯이 그를 처음으로 대중에게 알린 책 《과학 콘서트》의 구성은 악곡 형식을 취하고 있다). 가령 과학, 예술, 인문학의 세 분야를 자유로이 횡단하면서 그는 '과학의 눈으로 본 예술', '인문학의 눈으로 본 과학' 등 다양한 하이브리드를 만들어낸다.

알고 보면 쉬운 남자

대중을 상대로 한 저서와 강연을 통해 그는 어느덧 '과학의 대중화'라는 말을 들으면 가장 먼저 떠오르는 사람이 되었다. 사회를 위한 그의 기여는 거기서 그치지 않는다. 과학자들의 '재능기부'를 받아 문화적으로 소외된 지방을 찾아가 그곳 사람들에게 수준 높은 과학적 교양을 선사하는 것도 그가 이 사회를 위해 하는 일 중의 중요한 부분이다. 그런가 하면 일간신문의 칼럼을 통해 사회적 문제에 대해 부드러우나 날카로운 발언을 쏟아놓기도 한다.

그의 사회적 실천, 사회에 대한 배려는 어떤 정치적, 이념적 대의에서 나오는 것으로 보이지 않는다. 이는 내가 그의 인성 중에서 가장 부러워하는 것, 즉 그의 '사회적 지능'의 자연스러운 발현일 것이다. 옆에서 지켜본 정재승은 세상의 그 어떤 누구와도 친구가 될 수 있는 사람이다. 처음 전학 와서 어색해하는 아이에게 제일 먼저 다가가 말을 건네주는 급우, 혹은 누구라도 끌어안고 볼을 비비고 싶은 '테디베어' 같은 친구다.

골목에 한 무리의 아이들이 모여 논다고 하자. 그 중심엔 마치 자석처럼 다른 아이들을 자기에게로 끌어당기는 한 아이가 있을 게다. 그게 정재승이다. 이것이 내게 비친 그의 인상이다. 실제로 그는 어딘지 어린아이같이 천진한 구석이 있다. 정재승이라는 고리를 거치면 대한민국의 모든 이와 연결될 것만 같은 느낌이랄까? 실제로 최근에 내가 새로 알게 된 사람들은 대부분 그가 한 달에 한 번꼴로 주최하는 사적인 술자리에서 만났다.

'크로스'의 취지는 원래 통섭의 정신에 있다. '영국의 정재승'이라 할 수 있는 C. P. 스노는 일찍이 1950년대에 인문학과 자연과학의 간극이 너무 벌어진 것이 영국이 쇠망하는 원인이라 진단한 바 있다. 디지털 테크놀로지가 아날로그 매체들의 질적 차이를 지워버리듯이 21세기에는 더 이상 '전문화'로 특징되는 근대적 정신문화만으로는 충분하지 않다. 두 문화는 대화를 나눠야 한다.

사실 정재승 선생이 하는 작업과 내가 하는 작업은 일맥상통하는 데가 있다. 나 역시 한편으로는 철학이나 인문학의 지식을 대중화하고, 다른 한편으로는 인문학을 예술이나 과학기술과 결합하는 데 관심이 있기 때문이다. 이 공통성이 그와 나를 이 기획 속에 하나로 묶어주었을 것이다. 인문학이 과학에 자신을 열어놓고 과학이 인문학에 시선을 돌릴 때 나와 정재승 선생 사이에서 이루어진 즐거운 만남이 가능할 것이다.

그래도 '디스'

한 가지 아쉬움이 남는다면 애초에 나의 하드코어 제안, 즉 예술-인문학-자연과학의 통섭을 위한 본격적인 이론 작업은 이루어지지 않았다는 점이다. 그런 의미에서 아직 우리 사이에는 '크로스 시즌3'가 남은 셈이다. 그 작업이 이루어진다면 그건 이 지면 밖의 일일 것이다. 언젠가 그 작업이 이루어진다면 그때 가장 먼저 다룰 영역은 뇌과학과 예술의 중간 지대를 이루는 '신경미학Neuro-aesthetics'이 되지 않을까?

통섭에도 상대가 있어야 한다. 그런 의미에서 이 사회에 정재승 선생 같은 상대가 존재한다는 것은 내게 개인적으로 큰 행운으로 여겨진다. 물론 그에게 아쉬운 점이 전혀 없는 것은 아니다. 가령 그가 나만큼의 미모만 가졌더라도, 그는 지금보다 몇 배의 사회적 영향력을 즐기고 있지 않을까? (정재승 선생에 관한 글을 쓴다고 트위터에 올렸더니, 여러 트위터러로부터 그를 꼭 "미학적으로 디스"해달라는 간곡한 주문이 올라왔다.) +

한마디로, 그는 우리 사회에서 보기 힘든 '통섭형 인간'이다. 가령 과학, 예술, 인문학의 세 분야를 자유로이 횡단하면서 그는 '과학의 눈으로 본 예술', '인문학의 눈으로 본 과학' 등 다양한 하이브리드를 만들어낸다.

이 책에 사용된 사진은 저작권을 가지고 있는 분들의 허락과 도움을 받아 게재한 것입니다. 저작권자를 찾지 못하여 게재 허락을 받지 못한 일부 사진에 대해서는 저작권자가 확인되는 대로 게재 허락을 받고 통상의 기준에 따라 사용료를 지불하도록 하겠습니다.

크로스 season 2

초판 1쇄 발행 2012년 8월 6일
초판 15쇄 발행 2024년 1월 22일

지은이 진중권 + 정재승
발행인 이봉주 **단행본사업본부장** 신동해 **편집장** 김경림
교정 윤정숙 **표지디자인** 민진기 **본문디자인** 박대성 **일러스트** 김중화
마케팅 최혜진 이은미 **홍보** 반여진 허지호 정지연 송임선
제작 정석훈

브랜드 웅진지식하우스
주소 경기도 파주시 회동길 20
문의전화 031-956-7366(편집), 02-3670-1123(마케팅)
홈페이지 www.wjbooks.co.kr
인스타그램 www.instagram.com/woongjin_readers
페이스북 www.facebook.com/woongjinreaders
블로그 blog.naver.com/wj_booking

발행처 ㈜웅진씽크빅
출판신고 1980년 3월 29일 제406-2007-000046호

ⓒ 진중권·정재승, 2012
ISBN 978-89-01-14899-1 04100

웅진지식하우스는 ㈜웅진씽크빅 단행본사업본부의 브랜드입니다.
저작권법에 의해 한국 내에서 보호를 받는 저작물이므로 무단전재와 무단복제를 금합니다.
이 책 내용의 전부 또는 일부를 이용하려면 반드시 저작권자와 ㈜웅진씽크빅의 서면 동의를 받아야 합니다.

※ 책값은 뒤표지에 있습니다.
※ 잘못된 책은 구입하신 곳에서 바꾸어드립니다.